Brasilianos

Capítulos avulsos de história da formação brasileira

Brasilianos

Capítulos avulsos de história da formação brasileira

Jurandir Malerba

alameda

Grafia atualizada segundo o Acordo Ortográfico da Língua Portuguesa de 1990, que entrou em vigor no Brasil em 2009.

Edição: Haroldo Ceravolo Sereza
Editor assistente: Jean Ricardo Freitas
Projeto gráfico, diagramação e capa: Jean Ricardo Freitas
Assistente acadêmica: Bruna Marques
Revisão: Juarez Antunes
Imagem da capa: *Cena de Rua (patrão e escravo)*, de Jean Baptiste Debret

Esta obra foi publicada com apoio do PPGH/UFRGS.

CIP-BRASIL. CATALOGAÇÃO-NA-FONTE
SINDICATO NACIONAL DOS EDITORES DE LIVROS, RJ

M213B

Malerba, Jurandir
Brasilianos : capítulos avulsos de história da formação brasileira
Jurandir Malerba. - 1. ed.
São Paulo : Alameda, 2017.
334 p. : il. ; 21 cm.

Inclui bibliografia
ISBN: 978-85-7939-348-8

1. Historiografia. I. Título.

17-42217 CDD: 907.2
CDU: 82-94

ALAMEDA CASA EDITORIAL
Rua 13 de Maio, 353 – Bela Vista
CEP 01327-000 – São Paulo, SP
Tel. (11) 3012-2403
www.alamedaeditorial.com.br

Agradecimentos

Minha imensa gratidão a
Carla Carvalho de Almeida, amiga de vida inteira, e a
José Augusto Ribas Miranda,
que me deram a oportunidade de suas parcerias;
e ao Programa de Pós-graduação em História da UFRGS,
pelo apoio institucional.

Aos professores que tive, que me fizeram professor.

Sumário

Prefácio

O conjunto de ensaios reunidos nesta antologia sintetiza, em alguma medida, a trajetória profissional de seu Autor. Versando sobre temas caros à historiografia brasileira atual, particularmente àqueles e aquelas interessados na compreensão do processo de formação do Estado e da nação brasileiros desde o século XIX, esta obra recobre, com abundância de reflexão historiográfica, mas também com apoio em fontes primárias, questões candentes como a dinâmica da economia colonial, a construção histórica de personagens centrais do processo de independência, embates historiográficos em torno a esse tema, agentes e instituições determinantes do Estado monárquico e tópicos caros ao pensamento social brasileiro. Um diferencial de suas incursões históricas e historiográficas é que Malerba as realiza fincado em sólida base teórica e metodológica, sempre destacada, o que enriquece a(s) narrativa(s) com meta reflexões sempre instrutivas aos iniciantes no ofício.

No primeiro capítulo, dando realce à obra de Ciro Flamarion, Malerba, em coautoria com Carla Almeida, enfrenta a tradição, ou as tradições da nossa história econômica, percorrendo um caminho que vem de Roberto Simonsen; atravessa as interpretações iniciadas por Caio Prado Junior e as diversas vertentes historiográficas que dela emergiram, passando pelo impulso que a entrada em cena de Celso Furtado deu à área, com a introdução do tema do desenvolvimentismo, a partir do entendimento das origens do nosso subdesenvolvimento, até desaguar nos fundamentais estudos sobre a escravidão enquanto negócio, tema explorado por autores de geração mais recente como João Luís Fragoso, Manolo Florentino, Hebe Mattos e Sheila Castro Faria, entre tantos.

Nos dois capítulos em que se debruça sobre a historiografia da Independência, o Autor analisa os problemas temporais e conceituais que cercam o tema (quando e qual Independência?). No primeiro, ele volta-se aos estudos do século XIX e XX, de Varnhagen até José Honório Rodrigues; no capítulo seguinte, Malerba estabelece uma ponte entre o livro organizado por Carlos Guilherme Mota, *1822: dimensões*, lançado no âmbito das comemorações dos 150 anos da independência e *A independência brasileira: novas dimensões*, organizado pelo próprio Malerba, e publicado pela Editora FGV em 2006. Reflexão que demonstra bem como determinadas perspectivas e abordagens consideradas essenciais para pensar a Independência variaram de uma geração para outra na historiografia.

Os dois capítulos sobre o período joanino, tema de expertise do Autor, haverão de provocar o interesse do leitor. No primeiro desses dois artigos, o autor produz uma análise da bibliografia que compôs a base da imagem historiográfica de d. João VI desde o texto de 1830 do diplomata francês, Hyde de Neuville, que foi muito próximo do rei de Portugal, até os nossos dias. É o tipo de arqueologia que precisava ser feita há muito tempo e que contribui para separar, ou pelo menos classificar de forma crítica, os perfis históricos do personagem, estabelecendo as permanências tanto do lado de cá quanto do lado de lá do Atlântico.

Lidando com um tema que animou o debate durante as comemorações dos 200 anos da chegada da corte, o artigo "Sobre o tamanho da comitiva" é tentativa bem fundamentada de rebater a tese de Nireu Cavalcanti, replicada por outros historiadores, de que a comitiva que acompanhou d. João VI ao Brasil não alcançou nem de longe o número consagrado pela historiografia de 15 mil pessoas. Malerba analisa os documentos e avança na discussão do que então se entendia como "pessoal" pois, ao lado do nome de cada uma dessas "pessoas" listadas, aparecem palavras como "familiares" e "criados" sem que o número destes seja registrado.

Um olhar para os bastidores da proclamação da República é o artigo *Baile de fantasias: as festas chilenas, a monarquia e a república*, onde Malerba se propõe a estabelecer a configuração dos elementos que estiveram presentes nos dias que antecederam e sucederam imediatamente ao 15 de novembro. O autor procura articular as festas em torno da esquadra chilena que motivaram o baile da Ilha Fiscal, o próprio baile, a Proclamação da República e os diversos atores que participaram daquele episódio revelando a atmosfera que envolvia a corte nos seus últimos dias. Valendo-se principalmente de artigos publicados na imprensa, o autor nos proporciona neste capítulo uma interessante viagem no tempo, através do olhar dos atores e dos espectadores, arrematando: "Os homenageados chilenos não poderiam imaginar que ancorariam numa monarquia e zarpariam semanas depois de uma república".

O capítulo seguinte, em coautoria com José Augusto Miranda, analisa a tradição do bacharelismo como marca importante na formação do Estado e da sociedade brasileira no império. O diploma em um curso de Direito foi sempre o bilhete de entrada obrigatório para as "altas instâncias da burocracia imperial", tradição que remonta aos tempos coloniais quando nossas autoridades vinham da Universidade de Coimbra. O capítulo seguinte é uma densa reflexão sobre a história do Brasil nos séculos XIX e XX com o objetivo de demonstrar "que inúmeros problemas estruturais que maculam a sociedade brasileira têm origem histórica".

A esse desafio que se impõe, Malerba responde demonstrando que o nosso século XIX "foi marcado pela opção das elites de mando, agrárias e mercantis, por manter a forma subordinada de inserção do Brasil no mercado e no concerto das nações, o que fez reproduzir no país independente todos os vícios de origem gerados no mundo colonial". Desde as teses sobre o necessário branqueamento do povo brasileiro "contaminadas pelo cientificismo acadêmico europeu do início do século XX" até os esforços dos desenvolvimentistas na definição de políticas públicas que viabilizassem a superação do atraso, passando pelas teses de Freyre, Holanda e Caio Prado Jr. o esforço de pensar o Brasil manejou os recursos disponíveis no acervo universal de ideias mesclando-as com a intuição dos nossos pensadores.

No último capítulo, Jurandir Malerba enfrenta o tema do patriarcalismo, presente na sociologia brasileira dos anos 1930, notadamente em Sergio Buarque de Holanda e a forma como o conceito foi "subitamente defenestrado da pauta por volta dos anos 1970". O autor abre a possibilidade de um diálogo com a obra do sociólogo Jessé Souza que considera o patriarcalismo ultrapassado enquanto chave analítica para analisar o Brasil de hoje. Historiador, Malerba invoca o caráter da longa duração sobre o processo transformador das visões de mundo de uma determinada sociedade para questionar se aspectos daquele mesmo patriarcalismo podem ser diagnosticados no quadro de retrocesso em se vê hoje mergulhada que a sociedade brasileira.

Reunindo uma coleção de artigos e conferencias produzidos pelo historiador Jurandir Malerba ao longo dos últimos anos de sua trajetória profissional, este livro representa uma excelente contribuição para enfrentar alguns temas importantes da historiografia brasileira contemporânea. O caráter didático dado à forma dos capítulos e a produção de sínteses tão necessárias para a bibliografia, recomendam a adoção dessa obra nos nossos cursos universitários de História.

Isabel Lustosa
Fundação Casa de Rui Barbosa

Qual uma introdução

Acumulam-se nas nove peças aqui coligidas três décadas de vida profissional consagradas aos estudos brasilianos, que, juntamente com a pesquisa em teoria e historiografia, constituem campo crucial de minha formação e trajetória acadêmica. A educação básica, assim digamos, começou na graduação em História feita nos insanos anos 1980 na UFOP, com mestres fundamentais da magnitude de Andréa Lisly, Ida Lewkowicz e Luiz Victor Tavares de Azevedo; a iniciação na pesquisa na área deu-se no mestrado cursado na Universidade Federal Fluminense, onde estudei com mestres como Ciro Flamarion Cardoso, Leandro Konder, Hamilton Monteiro e Ilmar R. de Mattos, os dois últimos tendo orientado em diferentes momentos minha dissertação de mestrado sobre o pensamento jurídico no Império, intitulada *Sob o verniz das ideias; liberalismo, escravidão e valores patriarcais no Código Criminal do Império do Brasil*, defendida em 1992. Esse trabalho começou por encanto, no Arquivo Nacional do Rio de Janeiro, quando o documento original do Código Criminal do Império de 1830, assinado por D. Pedro I, caiu-me às mãos meio por acaso. Nele, partindo da exegese crítica do Código Criminal e da obra de quarenta e quatro juristas que o glosaram até 1888, mergulhei a fundo na formação do Estado imperial brasileiro com vistas a analisar, por meio dos juízos de valor emitidos por este setor da elite letrada do Império, o arcabouço mental e a base doutrinal a que recorreu a classe senhorial na construção do Estado monárquico, no que respeita a seu ordenamento jurídico.[1]

Na tese de doutorado que defendi em 1997, intitulada *A corte no exílio; interpretação do Brasil joanino*, meu novo objeto, se tinha o eixo problemático na constituição das elites formadoras da nação-Estado brasileira em seus momentos germinais, emancipava-se do campo das ideias para esse território mais dilatado, difuso e evanescente, que alguns chamam "cultura" e outros, "civilização". O foco passava, por um lado, para as reconfigurações do ser social – do *habitus* – promovidas pelo encontro de duas configurações sociais distintas, a sociedade de corte migrada com o rei desde a fuga da família real em 1808 e os residentes na capital fluminense; por outro, para as formas e práticas do Estado português no Brasil.[2]

Nos anos 2000, minha pesquisa em história do Brasil no século XIX gravitou em torno do tema da independência. Em 2003, num estágio pós-doutoral junto ao Centre for Brazilian Studies da Universidade de Oxford, minha principal atividade foi a de coordenar o History Workshop "New Approaches to Brazilian Independence", patrocinado pelo CBS e pelo **St. Antony's College.** O CBS, com Leslie Bethell à frente, convidou outros oito *experts* no tema, provenientes de Portugal, Estados Unidos, Canadá, e Brasil – entre os quais Jorge Miguel Pedreira, Hendrik Kraay, Kirsten Schultz, Lilia Schwarcz, Isabel Lustosa, Iara Lis Schiavinato, João Pinto Furtado e Márcia Berbel. O debate foi fortemente alentado pela presença dos *chairs* das seções, cinco dos mais proeminentes latino-americanistas da Grã-Bretanha. Já no primeiro dia, a excelência do material e do debate deixava clara a possibilidade de editar o produto do evento em formato livro. Prof. Leslie Bethell e eu imediatamente entabulamos a proposta, entusiasticamente acolhida pelos conferencistas. Convidamos

1 *Os Brancos da Lei.* Liberalismo, escravidão e mentalidade patriarcal no Império do Brasil. Prefácio de Ciro Flamarion Cardoso. Maringá: EDUEM, 1994.

2 *A corte no exílio; civilização e poder no Brasil às vésperas da Independênc ia (1808-1821).* São Paulo: Companhia das Letras, 2000.

mais dois historiadores para completar a obra (Anthony MacFarlane e Luiz Geraldo Silva), que foi publicada em 2006 pela Editora da Fundação Getúlio Vargas, com prefácio do próprio Prof. Bethell.[3]

Em dezembro de 2010 fui a Berlim a convite do Instituto de América Latina da Freie Universität e do Deutsches Historisches Museum para participar do congresso internacional "Bicentenario: 200 años Independencia en América Latina: Historia entre memoria y futuro", onde proferí a conferencia "Dom João VI, rey de Brasil: entre la historia y la memoria". Desse primeiro contato com Lateinamerika Institut (LAI)/FU provavelmente decorreu o convite para inaugurar a Cátedra Sérgio Buarque de Holanda de Estudos Brasileiros, no ano letivo 2012/2013. Entre as atividades desenvolvidas nesse período estão as disciplinas ministradas no LAI, uma sobre a independência, outra sobre a formação do Estado e da nação brasileira no XIX, outra sobre a obra de Sérgio Buarque e uma quarta sobre o pensamento social brasileiro. O relato acima é uma síntese muito breve da minha trajetória de pesquisa e reflexão que dá lastro ao objeto deste livro, tratado em nove capítulos.

O primeiro, em coautoria com a Professora Carla Maria Carvalho de Almeida (UFJF), colega dos bancos de graduação no ICHS/UFOP e de mestrado na UFF, consiste num balanço historiográfico sobre o problema da dinâmica interna e dos atores históricos na sociedade colonial e ecoa um grande debate desde sempre em curso. Esse trabalho foi publicado em inglês na revista *Storia dela Storiografia* em 2015, em número temático sobre "New Themes in Latin American Historiography".[4] O se-

3 *A independência brasileira: novas dimensões*. Rio de Janeiro: Editora da FGV, 2006. Do estágio em Oxford resultaram outras publicações, como: Esbozo crítico de la reciente historiografia sobre la Independencia del Brasil (desde 1980) In: GONZÁLEZ, Jorge Enrique (ed.). *Nación y nacionalismo en América Latina*. Bogotá : Universidad Nacional de Colombia; CLACSO, 2007, p. 213-244.

4 Publicado, em coautoria com Carla Maria Carvalho de Almeida, como: "Rediscovering Portuguese America : Internal Dynamics and New Social Actors in the Historiography of Colonial Brazil. A tribute to Ciro Flamarion Cardoso."

gundo capítulo foi resultado de um exercício de pesquisa sobre historiografia da independência, originalmente publicado na veneranda *Revista do Instituto Histórico e Geográfico Brasileiro*.[5] O terceiro, reverberando discussões teóricas e historiográficas fortes sobre o tema da independência iniciados em Oxford, apareceu pela revista *História*, da Unesp.[6] O quarto, abordando a litigiosa memória historiográfica de D. João VI, consiste na peça que apresentei no evento comemorativo do bicentenário das independências na América Latina em 2010 no Museu Histórico de Berlim, originalmente publicado em livro organizado por Stefan Rinke, de circulação restrita no Brasil.[7]

"Sobre o tamanho da comitiva" adentra o antigo e jamais solucionado debate acerca do número de neófitos chegados com D. João ao Rio de Janeiro nos inícios de 1808, para o qual ofereço um exercício metodológico em defesa do argumento de que se tratavam de mais de dezena de milhares e não de centenas de pessoas, como defendido por alguns.[8] O sexto capítulo, em pareceria com José Augusto Ribas Miranda, retoma a constituição e o papel dos quadros da elite letrada dos "bacharéis" na formação do Estado imperial, nos planos jurídico e diplomático, e foi

---

Storia della Storiografia, Roma, v. 67, p. 91-104, 2015. (New Themes in Latin American Historiography),

5 Publicado como "Para uma História da Independência - apontamentos iniciais de pesquisa". Rio de Janeiro, *Revista do Instituto Histórico e Geográfico Brasileiro*, v. 165, p. 59-86, 2004.

6 Publicado como "As independências do Brasil". São Paulo, *História*, v. 24, p. 99 – 126, 2005.

7 Publicado como "D. João VI, rey del Brasil. Entre la historia y la memória". In: Stefan Rinke; Hans-Martin Hinz; Fredrik Schulze. (Org.). *Bicentenario: 200 Jahre Unabhängigkeit in Lateinamerika. Geschichte zwischen Erinnerung und Zukunft*. Stuttgart: Verlag Hans-Doiter Heinz/ Akademischer Verlag, 2011. p. 203-227.

8 Publicado como Sobre o tamanho da comitiva". Rio de Janeiro, *Acervo – Revista do Arquivo Nacional do Rio de Janeiro*, v. 21, p. 47 – 62, 2008.

também publicado na Alemanha em 2014 por Stefan Rinke.[9] "Baile de fantasias", escrito durante meu tempo em Berlim, verte sobre os intensos momentos derradeiros da monarquia brasileira, oferecendo um exercício de interpretação histórica desse evento dramático filtrado em várias camadas temporais. Foi publicado originalmente em espanhol na revista *História*, em Santiago do Chile em 2013 e serviu de introdução a uma obra coletiva sobre as *festas chilenas* no ano seguinte.[10]

O século XIX foi o tempo da construção do Estado-nação brasileiro, feito uma monarquia numa sociedade de base escravista. No século XX, vários pensadores proeminentes do chamado "pensamento social brasileiro" procuraram fazer sentido do país, por meio de sua história e da constituição de nosso povo. No capítulo "Heranças Brasileiras", destacam-se alguns elementos resgatados à história, a fim de se pensar a realidade brasileira, a trajetória do país e, nela, a forma como alguns de nossos principais pensadores interpretaram nosso itinerário histórico; quais diagnósticos fizeram e soluções ofereceram em diferentes momentos da trajetória histórica brasileira.[11]

---

9 Publicado, em coautoria com José Augusto Miranda, como: Expertise jurídica na construção do Estado monárquico no Brasil do século XIX. In: Rinke, Stefan/ González de Reufels, Delia (eds.). (Org.). *Expert Knowlegde in Latin American History: Local, Transnational, and Global Perspectives.* Stuttgart: Hans-Dieter Heinz Akademischer Verlag, 2014, p. 15-36.

10 "Bailes de fantasías: las Fiestas Chilenas, La Monarquia y El Golpe Militar de La República en El Brasil (1889)". *Historia* (Santiago, Chile), v. 46, p. 395-419, 2013. MALERBA, J. Heynemann, Claudia Beatriz; RAINHO, Maria do Carmo. T. (ed). *Festas chilenas: sociabilidade e política no Rio de Janeiro no ocaso do Império.* Porto Alegre: EDIPUCRS, 2014.

11 Publicado como "Heranças brasileiras: construção e descontrução do Brasil (século XIX e XX)" In: Claudia Passador and João Luis Passador (org.). *Gestão Pública e Desenvolvimento no Século XXI: Casos da Companhia de desenvolvimento dos Vales do São Francisco e Parnaíba (Codevasf)...*(São Paulo : Annablume/ Fapesp), 2007, p. 79-106.

Por fim, a atestar a persistência de determinadas práticas políticas e estruturas mentais de longa duração no tempo presente, o último capítulo retoma a questão do "patriarcalismo" como tópica do pensamento social brasileiro e indaga da pertinência da impugnação a ele feita recentemente como instrumento analítico supostamente obsoleto para se pensar o Brasil *vis-à-vis* o quadro político nacional recente, marcado pelo golpe de Estado midiático-jurídico-parlamentar que vivemos em 2016.

Exceto por este último capítulo, inédito, não se traz aqui nada que não tenha sido veiculado em diferentes formatos nos últimos dez anos. Mas quando uma carreira acadêmica já se conta em décadas, terá algum sentido recoletar às gerações mais novas essas velhas discussões, senão como testemunho de uma trajetória pessoal, principalmente como material para a história da nossa historiografia.

Capítulo 1

Redescobrindo a América Portuguesa Dinâmica interna e novos atores sociais na historiografia sobre o período colonial no Brasil[1]

O historiador brasileiro Ciro Flamarion Cardoso (1942-2013) deixou marcas profundas e perenes na historiografia contemporânea. Erudito e versátil, transitou por distintas áreas do ofício, passando por campos de investigação como as sociedades coloniais nas Américas, a reflexão teórica e metodológica, a semiótica e a história antiga, esta última talvez sua paixão maior. Está fora de nossas possibilidades e intensões inventariar suas contribuições decisivas a todos estes eixos de investigação a que se dedicou ao longo da carreira. Neste texto depositamos o foco exclusivamente do impacto de suas ideias sobre as sociedades coloniais das Américas na historiografia brasileira.

Nesse sentido, falar em Ciro Cardoso é também inevitavelmente demarcar a inflexão ocorrida no final dos anos de 1970 e na década seguinte na historiografia brasileira sobre o período colonial. Ciro Cardoso teve para a historiografia sobre o período colonial na América portuguesa o mesmo peso que teve Carlos Sempat Assadourian para a historiografia do período colonial na América Hispânica. Contemporâneos, estes historiadores foram responsáveis por chamar a atenção para as di-

1 Publicado, em coautoria com Carla Maria Carvalho de Almeida, como: Rediscovering Portuguese America : Internal Dynamics and New Social Actors in the Historiography of Colonial Brazil. A tribute to Ciro Flamarion Cardoso. *Storia della Storiografia*, Roma, v. 67, p. 91-104, 2015. (New Themes in Latin American Historiography),

nâmicas internas destas regiões numa conjuntura em que grande parte dos historiadores se aferravam a análises ensaísticas derivadas de formulações teóricas macro-estruturais sem grande fundamentação empírica. Suas reflexões produziram uma necessária revisão nas explicações correntes sobre a escravidão nas Américas e também sobre o estatuto das sociedades coloniais.

Numa época em que o trânsito internacional dos historiadores brasileiros não era tão frequente como hoje, Ciro Cardoso circulou por várias instituições europeias e latino-americanas, entrando em contato com métodos de pesquisa e preocupações comuns a outras tradições historiográficas (VINCI DE MORAES e REGO 2001, p. 215-6). Sobretudo sua ligação com pesquisadores latino-americanos ligados à compreensão da América Hispânica e sua recusa em se ligar a um marxismo esquemático para a explicação da realidade colonial o conduziram a estar alerta para a necessidade de se observar a lógica interna das sociedades americanas e não reduzí-las a meros apêndices da economia europeia. Tendo realizado seu doutoramento na Université de Paris X sob orientação de Frédéric Mauro, também seu contato com a tradição historiográfica francesa da história quantitativa e serial teria papel fundamental na influência que exerceu sobre uma excepcional geração de jovens pesquisadores brasileiros formados na década de 1980 nos nascentes programas de pós-graduação das universidades brasileiras. Em consonância com as proposições de C. S. Assadourian, Hector Perez Brignoli, Maria Yeda Linhares, dentre outros, as ideias de Ciro Cardoso abriram caminho para um novo modo de se refletir sobre o período colonial, valorizando a lógica interna das sociedades americanas sem abrir mão de pensá-las integradas à dinâmica externa. É sobre o peso de suas reflexões para o delineamento da atual historiografia sobre o período colonial no Brasil que versará este texto. Para tanto, procuraremos traçar uma breve genealogia das principais linhas interpretativas sobre o período colonial brasileiro que maior repercussão tiveram na construção do pensamento historiográfico sobre o período, notadamente no que diz respeito aos aspectos econômicos e sociais e à administração colonial.

Em 1937, com a publicação de *História econômica do Brasil* de Roberto Simonsen, inaugura-se no Brasil uma nova forma de se pensar o passado da nação. Superava, enfim, uma historiografia acoplada ao projeto de construção do Estado-nação brasileiro[2] para dirigir o olhar à História Econômica que, no entanto, também não deixou de se apoiar em grandes marcos. Com esta obra, Simonsen introduziu a noção de ciclos na História do Brasil. Dividiu e periodizou o período colonial em várias fases ou ciclos, aos quais corresponderia a predominância da exploração de um dado, determinante, por sua vez, de todas as demais atividadesEm Simonsen, o surgimento e sucessão dos ciclos estariam intimamente condicionados à demanda externa. Criava-se, então, uma nova periodização da História do Brasil com base nas atividades econômicas e não mais nos marcos políticos. Seguindo esse raciocínio, a História do Brasil colonial teria presenciado, inicialmente, o ciclo da indústria extrativa que tinha no pau-brasil um dos mais importantes produtos; o segundo ciclo seria o do açúcar; num terceiro momento, sem se constituir exatamente em uma fase ou ciclo, teríamos presenciado um período de "outros fatores econômicos", dentre os quais se destacaria a pecuária; e finalmente, o ciclo da mineração. A noção de ciclos ou fases, além de ter viés metodológico, no sentido de que auxilia a organizar logicamente o conjunto de circunstâncias de que se compõe a História, também traz em si uma concepção específica do fator econômico:

> (...) em cada ciclo desenrola-se um *processus* segundo o qual o factor dominante desaparece, se fortalece e depois de um apogeu decai e mesmo desaparece - e na recorrência de tal *processus* para vários produtos e atividades su-

2 Cf. CEZAR, 2004, p. 11-29; CEZAR. 2011, p. 45-65; CEZAR 2003; KHALED JR, 2010; REIS, 1999; GUIMARÃES, s/d.

> cessivamente é que reside propriamente o caráter cíclico (MAGALHÃES GODINHO, 1970, p. 11).

Como bem alertaram Maria Yedda Linhares e Francisco Carlos Teixeira a ideia de que uma determinada atividade produtiva, após seu apogeu, conhece o declínio para em seguida praticamente desaparecer, não dá conta da complexidade do setor econômico. Em primeiro lugar, uma atividade econômica, mesmo que preponderante, pode - e quase sempre é o que ocorre - conviver paralelamente com o desenvolvimento de várias outras. Além disso, o surgimento de um novo produto não está diretamente relacionado ao declínio ou desaparecimento de outro anteriormente preponderante, mas sim, a vários fatores muito mais complexos que permeiam a realidade econômica de uma região ou país. Existe uma forte carga teleológica na noção de ciclos, uma vez que nada indica para o pesquisador, *a priori*, que um determinado produto tem que entrar em decadência ou mesmo desaparecer, caracterizando-se dessa forma um ciclo[3].

Por outro lado, a noção de ciclos teve também um lado positivo e fecundo no sentido de que possibilitou pensar o país numa perspectiva de história regional, deixando de lado generalizações que rondavam o absurdo em nome de uma história nacional. Isso não significa a negação da possibilidade de síntese na História, mas sim de um determinado tipo de síntese que ampliava para toda a realidade brasileira contextos específicos de determinadas regiões. Paradoxalmente, o que poderia ter se constituído no maior mérito da utilização dessa noção para a historiografia brasileira se transformou num dos seus principais pontos negativos. Isto porque, o que essa tradição historiográfica fez foi eleger as regiões do litoral nordestino, das Minas Gerais e do Vale do Paraíba do Rio de Janeiro e de São Paulo, associadas aos produtos correspondentes a cada um daqueles ciclos, como o que teria sido relevante na história

---

3 LINHARES e SILVA, 1981, p. 111. Uma excelente síntese da bibliografia sobre a história econômica brasileira, com ênfase na questão agrária, em MOTTA, 2014.

do Brasil, relegando ao segundo plano as demais regiões brasileiras e a dinâmica de suas interações.

Uma nova fase da historiografia brasileira se abriria em 1942 com a publicação de *Formação do Brasil contemporâneo*, de Caio Prado Júnior. Nesta obra, Caio Prado rompia com a ideia dos ciclos e definia um novo tipo de interpretação da história do Brasil: "Todo povo tem na sua evolução vista à distância, um certo sentido" (PRADO Jr, 1983, p. 19), e o sentido da História do Brasil teria sido o de se constituir num quintal da economia europeia. A sociedade colonial teria sido inteiramente moldada para que fornecer os produtos, principalmente tropicais, que exigisse o mercado europeu. Nessa perspectiva, a sociedade que se formou no território brasileiro não teria nenhuma possibilidade de se autodeterminar ou de se autodesenvolver. Acumulações endógenas estariam fora de alcance nessas sociedades e um mercado interno frágil e irrelevante relegava a produção de artigos para o seu abastecimento, notadamente alimentos, ao segundo plano. Desdobrava-se daí a consideração da quase total dependência em relação ao mercado externo, inclusive para o abastecimento da região com os produtos necessários a sua reprodução.

Na década de 1950, outras reflexões viriam se juntar às ideias de Caio Prado e, em certo sentido, ampliá-las. Trata-se da teoria do subdesenvolvimento da CEPAL e, dentro dela, mais especificamente no que nos interessa, o pensamento de Celso Furtado. Nessa época prevaleciam duas noções acerca do subdesenvolvimento. Uma, que via as economias subdesenvolvidas como criações de suas próprias forças; outra, que pensava o subdesenvolvimento apenas como uma etapa de um processo de crescimento pelo qual passariam essas sociedades até alcançarem o nível de economias capitalistas desenvolvidas. Celso Furtado propôs uma nova forma de se pensar o subdesenvolvimento:

> (...) as economias subdesenvolvidas não eram uma etapa, mas um produto específico do sistema capitalista, desde a sua formação, isto é, desde a expansão mercantilista da

> Europa em direção às colônias. E apesar de que, de forma geral, essas economias estão insertas no processo internacional e, portanto, delas pode-se dizer que são também economias capitalistas, constituem uma diferença no interior do capitalismo (OLIVEIRA, 1986, p. 154).

Para sublinhar tal diferença ou tal especificidade do capitalismo subdesenvolvido, Celso Furtado buscou na dependência o fator explicativo desta situação e é aí que o autor entra no ponto que nos interessa mais de perto: a gênese dessas sociedades, que já nasceriam subordinadas. Para Furtado o Brasil colônia seria uma sociedade totalmente comandada e determinada pelo mercado externo, não passando de um apêndice da economia europeia e, dessa forma, como para Caio Prado, não possuiria capacidade de auto-desenvolvimento. Todas as alterações que ocorriam no setor produtivo colonial eram determinadas pelo mercado internacional. Por esse mecanismo eram inicialmente definidos os produtos que seriam cultivados e explorados. Também o ritmo da produção seria assim determinado: em conjunturas internacionais favoráveis à comercialização de tais produtos, a produção era ampliada extensiva e ilimitadamente até o ponto que o permitisse a disponibilidade de terras e mão-de-obra. Já em situações de diminuição da demanda externa, ocorreria também uma diminuição no ritmo da produção dos artigos de exportação, havendo um deslocamento do excesso de mão-de-obra para setores da produção de alimentos para o abastecimento do mercado interno.

Ou seja, também as atividades voltadas para o mercado interno seriam comandadas exclusivamente pelas flutuações do mercado internacional, o que confirmaria a incapacidade do sistema escravista para se auto sustentar:

> (...) para Furtado, o crescimento mercantil e monetário da produção não vinculada ao mercado internacional dependia, em última instância, de fatores externos. Na fase A (fase de expansão) a produção para o mercado interno

> - compreendida como circulação efetiva de mercadorias e moedas - ampliava-se. Já na fase B, apesar das atividades não exportadoras poderem se expandir, elas o faziam negando o caráter mercantil anterior, o que, consequentemente reduzia o mercado interno. Deste modo, a fase B representaria estagnação não apenas para a agroexportação mas também, para o mercado interno, isto é, para a economia em seu conjunto[4].

Os anos 70 conheceram uma nova fase da historiografia sobre a escravidão e presenciaram um amplo debate acadêmico principalmente sobre o estatuto da sociedade colonial. Num dos polos desse debate estava o eminente historiador uspiano Fernando Antônio Novais, que retomou e desenvolveu a noção de Caio Prado do "sentido da colonização". A ideia central do esquema de interpretação das estruturas coloniais de Novais é o conceito de "Antigo Sistema Colonial", que se constituiria no conjunto de relações entre metrópole e colônia e seria, através do exclusivo colonial, um dos fatores fundamentais para a acumulação primitiva de capital europeia. Derivada dessa noção, desdobra-se o entendimento de que as sociedades coloniais seriam desde sua gênese economias capitalistas inseridas mundialmente no chamado "capitalismo comercial". Através do exclusivo colonial, a burguesia metropolitana se apropriaria de todo o excedente produzido na colônia, não havendo, portanto, nenhuma possibilidade de reprodução ampliada auto-sustentada. Radicalizando as ideias de Caio Prado Júnior, para Fernando Novais, o "sentido" da colonização ou do sistema colonial mercantilista teria sido o de se constituir na "principal alavanca na gestação do capitalismo moderno" (NOVAIS, 1983).

Quanto ao regime de trabalho que se estabeleceu nas colônias, este só poderia ser compulsório, que melhor se adaptava às necessidades da acumulação primitiva, totalmente incompatível com o trabalho

---

4 FRAGOSO, João Luís R. Modelos explicativos da economia escravista no Brasil. In: CARDOSO, 1988, p. 17.

livre ou assalariado. A utilização do escravo africano, em específico, teria sido determinada pelos grandes lucros que o tráfico propiciava, no que estava totalmente de acordo com a lógica da acumulação primitiva. Nesse sentido, a sociedade colonial brasileira só podia ser compreendida levando-se em consideração a indissociável ligação entre o latifúndio, a monocultura e a escravidão organizada em grandes plantéis, tudo isso submetido à lógica do exclusivo colonial. Nas formulações de Fernando Novais encontramos subjacente a ideia de que as sociedades coloniais das Américas teriam por destino produzir a baixo custo mercadorias que permitissem a sua revenda em patamares de lucros extraordinários, capazes de satisfazer os anseios de acumulação dos negociantes europeus. Como reverso desta mesma moeda, as sociedades americanas deveriam se constituir em mercados consumidores dos produtos manufaturados europeus, dinamizando a produção industrial naquele continente. Completando o sentido ou o destino destas sociedades, a escravidão seria a forma inevitável de utilização da mão-de-obra principalmente por tornar ainda maior a acumulação de capitais em mãos dos negociantes europeus, advinda do lucrativo negócio de compra e venda de homens e mulheres do continente africano. Novais retomava as ideias do clássico livro *Capitalismo e Escravidão* de Eric Willians publicado em 1944[5]. Nessa obra, Willians relacionava diretamente a escravidão negra e o tráfico de escravos à acumulação de capitais que teria financiado a revolução industrial, embora posteriormente o capitalismo industrial já amadurecido viesse a ser o responsável pela destruição do sistema escravista. Nessa perspectiva, também para Novais a desestruturação do sistema escravista no Brasil seria uma decorrência de variáveis externas. Segundo este autor:

5 WILLIAMS, 1944. Disponível em https://archive.org/details/capitalismandsla033027mbp. No Brasil a obra só foi passou a circular publicada em português em 1975. É extensa a literatura histórica herdeira da matriz teórica proposta por Novais. Ver, a título de exemplo, PUNTONI, 2013; FERLINI, 1988; FERLINI, e ARRUDA, 1998; ARRUDA, 1982. ARRUDA, 2012.

> A grande contradição nas economias coloniais consistia em que surgiram como setores produtivos altamente especializados, inseridos no processo de ampliação da economia mercantil, vinculadas às grandes rotas do comércio mundial; internamente, porém, as próprias maneiras de produzir impostas pela lógica do sistema determinavam um mercado muito reduzido. As áreas coloniais estavam à mercê de impulsos provenientes do centro econômico dominante, e não podiam auto-estimular-se. Ao funcionar plenamente, o sistema colonial mercantilista ia criando, por sua própria dinâmica, as condições de sua crise e de sua superação: funcional na era do "capitalismo comercial", tornar-se-ia um anacronismo a ser superado sob o capitalismo industrial[6].

Desse tipo de explicação infere-se a ideia de que as sociedades coloniais eram formadas basicamente pelos grupos sociais envolvidos diretamente no modo de produção que orientava toda a organização social do período: senhores e escravos. Todos os demais atores sociais, quando mencionados, teriam papel irrelevante na conformação da estrutura social, uma vez que os únicos protagonistas diretamente envolvidos na estrutura produtiva eram os grandes senhores proprietários de engenhos ou lavras e os seus escravos.

As teses e autores acima apresentados sumariamente constituem os principais eixos explicativos de uma tradição historiográfica que, dos anos 30 do século XX até muito recentemente, se pautou basicamente nas relações externas da colônia para analisar a sociedade que se estruturou na América Portuguesa. Todas essas análises tinham em comum a ênfase na impossibilidade de as sociedades coloniais apresentarem uma lógica de funcionamento que lhes fosse inerente e, portanto, a questão do mercado interno, quando não era ignorada, tinha sua importância redu-

---

6 NOVAIS, 1983, *passim*. CARDOSO 1984, p. 70.

zida ao limite. As produções voltadas para o abastecimento do mercado interno não seriam capazes de gerar nenhum tipo de acumulação endógena. Foi essa também a interpretação que até muito recentemente se reproduziu de modo quase hegemônico em toda a literatura voltada para o ensino de história nas escolas de ensino fundamental e médio no Brasil.

Realmente inovador foi o outro polo do debate que se estabeleceu nos anos 70 e que teve em Ciro Flamarion S. Cardoso e Jacob Gorender seus principais elaboradores. Foi Ciro Cardoso quem primeiro propôs uma forma de interpretar a história das sociedades coloniais que levasse em conta as suas especificidades internas e não só suas vinculações com o mercado externo:

> Tais sociedades só revelam o seu pleno sentido se forem consideradas como integrantes de um sistema mais vasto, na medida em que surgiram como anexos complementares da economia europeia, dependentes de áreas metropolitanas, elementos que devem ser levados em conta na análise que pretenda descobrir a racionalidade das estruturas econômico-sociais da colônia. Mas também é verdade que as atividades de conquista e colonização tiveram como resultado o aparecimento de sociedades cujas estruturas internas possuem uma lógica que não se reduz exclusivamente ao impacto da sua ligação com o mercado mundial em formação e com as metrópoles europeias. Por isso, a sua concepção em termos de anexos complementares, de partes constitutivas de conjuntos mais amplos, mesmo sendo - como o é - um momento central da pesquisa, é claramente insuficiente[7].

7 CARDOSO, Ciro F. Santana. As concepções acerca do "sistema econômico mundial" e do "antigo sistema colonial": a preocupação obsessiva com a "extração do excedente". *In*: LAPA, 1980, p. 109-110. Essas ideias já haviam sido esboçadas

Com essa perspectiva, o autor esboçou uma interpretação da sociedade colonial baseada no conceito de modo de produção escravista que teria como principais características: uma estrutura produtiva que comportava dois setores agrícolas vinculados, sendo um, o sistema escravista dominante voltado para a agroexportação, e o outro, um setor de produção camponesa desenvolvido pelos próprios escravos e subordinado ao primeiro; um baixo nível de desenvolvimento das forças produtivas, combinado com o uso extensivo dos recursos naturais e da força de trabalho; uma lógica inseparável do sistema escravista e do capital mercantil no nível macroeconômico; ao nível da empresa a lucratividade desta guardava uma íntima relação com a redução dos custos de produção e a busca da auto-suficiência; finalmente, a reprodução deste modo de produção dependia do tráfico de escravos africanos e de outros fatores extra-econômicos[8].

Partindo dessa primeira formulação feita por Ciro Cardoso a respeito do modo de produção escravista colonial, Jacob Gorender desenvolveu o que poderíamos chamar de uma economia política do sistema escravista, ou seja, procurou definir as leis de funcionamento desse modo de produção. Os traços mais gerais do escravismo colonial seriam: um mercado interno pouco elástico; o escoamento da produção para um mercado externo já constituído e em expansão; um tipo de dependência caracterizado por ter o capital mercantil como elo entre duas esferas autônomas; caráter colonial no sentido econômico do termo (voltado para o mercado externo, inclusão na divisão internacional do trabalho e nenhum controle do mercado exterior); compatibilidade entre escravidão e economia mercantil proporcionada pela conjugação a um mercado externo apropriado; o modo de produção escravista colonial como totali-

---

por Ciro Cardoso em publicações anteriores: CARDOSO, Ciro F. S. Sobre los modos de producción coloniaes de América. In: ASSADOURIAN, 1979.

8 CARDOSO, 1983. Algumas questões foram reelaboradas pelo autor em *Escravo ou camponês? O protocampesinato negro nas Américas*. São Paulo: Brasiliense, 1987.

dade orgânica possuidora de leis específicas; autonomia da esfera da circulação e, presença de leis de reprodução e relações de produção internas que incorporam a circulação mercantil como pressuposto, estabelecendo relações de distribuição intrínsecas ao modo de produção (GORENDER, 1985, p. 163-164).

Mesmo dentro dessa abordagem que tentava compreender a lógica da sociedade colonial a partir de suas determinações internas, encontravam-se ainda formulações originadas em Caio Prado Júnior, Celso Furtado e mesmo Fernando Novais. Esse é o caso, por exemplo, das noções de insignificância do mercado interno e da determinação externa como único fator explicativo das flutuações verificadas na economia colonial (FRAGOSO, 1988, p. 22).

De todo modo, o grande mérito desta tendência historiográfica que partia das indagações propostas por Ciro Cardoso foi ter rompido com aquela outra tradição que, privilegiando uma análise em termos exclusivos das relações metrópole-colônia, acabava por definir uma quase ausência de movimento interno na sociedade colonial. Esta nova proposta de abordagem da sociedade brasileira fez com que os olhos dos historiadores se voltassem para questões das realidades específicas de desenvolvimento do mundo colonial. Nesse sentido, abriu caminho para novos questionamentos que foram a partir dos anos de 1980 cada vez mais debatidos e aprofundados. Na universidade Federal do Rio de Janeiro e na Universidade Federal Fluminense, estas linhas mestras de questionamento propostas por Ciro Cardoso e também pela Profa. Maria Yedda Linhares[9] tiveram um papel decisivo na formação e consolidação de um grupo de pesquisadores, posteriormente designados por alguns como *Escola do Rio* em contraposição aos historiadores que, ainda que sob nova roupagem, continuaram a reproduzir as linhas centrais das teses anteriores do capitalismo comercial e da dependência externa como mote explicativo das sociedades coloniais (*Escola Paulista*). Este grupo

9 LINHARES e SILVA 1981; MOTTA, 2014.

de historiadores ligados às universidades do Rio de Janeiro seria responsável por uma mudança interpretativa fundamental sobre o período colonial com o desenvolvimento de pesquisas empíricas fundamentadas em fontes até então pouco exploradas pelos historiadores brasileiros de forma sistemática. Os alertas de Ciro Cardoso sobre a necessidade de fugir das formulações lineares sobre os modos de produção e de se voltar o olhar para as dinâmicas internas das sociedades americanas para melhor compreendê-las, os apelos de Maria Yedda Linhares sobre a premência de se analisar as diversas práticas agrícolas desenvolvidas no Brasil desde o início da colonização portuguesa que iriam muito além das grandes plantações de cana-de-açúcar, aliados ao crescimento e profissionalização dos programas de pós-graduação verificados nas universidades brasileiras nos anos de 1980 se conjugaram para abertura de novas searas de investigação para os jovens pesquisadores que iniciavam seus estudos.

Neste contexto, merecem destaque os trabalhos de cinco jovens historiadores formados nos dois programas de pós-graduação citados acima justamente por terem levado à frente pesquisas empíricas que redimensionaram os olhares sobre as grandes linhas que sustentavam as interpretações anteriores. Os trabalhos de João Fragoso, Manolo Florentino, Francisco Carlos Teixeira da Silva, Hebe Mattos e Sheila de Castro Faria, refletiram todos, em maior ou menor grau os questionamentos que Ciro Cardoso havia feito sobre a sociedade colonial no Brasil.

Orientado pela Professora Maria Yedda Linhares, e seguindo os caminhos propostos por Ciro Cardoso, João Luís Ribeiro Fragoso levaria às últimas consequências a tentativa de explicar a sociedade colonial brasileira através de sua lógica interna. Baseando-se em pesquisa realizada sobre o Vale do Paraíba Fluminense e utilizando-se de fontes cartoriais, notadamente das contas de tutela dos Ofícios de Órfãos e Sucessões, e em noções como a de recriação de sistemas agrários em áreas de fronteira, Fragoso desvendou a racionalidade intrínseca de funcionamento do sistema escravista, que tinha como "sentido" a preservação das estruturas sociais ali montadas (FRAGOSO, 1983) muito mais do que servir como fornecedor de produtos exigidos pela metrópole ou de funcionar como consumidor dos produtos manufaturados europeus como era até então suposto pelas explicações correntes.

Logo a seguir, em sua tese de doutorado sobre a praça mercantil do Rio de Janeiro na qual utilizou, dentre outras fontes, inventários *post-mortem*, registros de entradas e passagens de mercadorias e registros de escrituras de compra e vendas, Fragoso demonstrou a existência de um processo de acumulação endógena centrada principalmente em mãos de negociantes residentes no Rio de Janeiro. Demonstrou também que a economia colonial ia muito além da grande plantação e era formada por uma série de circuitos mercantis movimentados por diversas formas de produção pré-capitalistas que não guardavam estrita relação de dependência com as flutuações do mercado externo. Revelou e existência de uma circulação econômica interna no território colonial ligando a praça mercantil do Rio de Janeiro à produção de alimentos da região do sul de Minas Gerais, que se mantinha extremamente dinâmica mesmo em períodos de baixa do comércio externo[10]. O estudo de Fragoso demonstrou que a economia agroexportadora se constituía num mercado para os setores escravistas voltados para o abastecimento interno. Com isso, reafirmava também que "...a economia escravista-colonial não seria apenas um mero reflexo de determinações externas e nem se resumiria à agroexportação" (FRAGOSO, 1988). Segundo o autor é necessário que se compreenda a economia colonial a partir de um fenômeno de contínua recriação de sistemas agrários em áreas de fronteira, que tinha como "sentido" a preservação das estruturas sociais internas.

10 FRAGOSO, 1990. Tese (Universidade Federal Fluminense). Posteriormente publicado em livro: FRAGOSO, 1992. Um grupo importante de pesquisa criou-se em torno desses autores. Cf. FRAGOSO e GOUVÊA (Org.) 2014; FRAGOSO, FERREIRA e KRAUSE, 2013; FRAGOSO e SAMPAIO, 2012; GOUVÊA e FRAGOSO, 2009; FRAGOSO, SAMPAIO, e ALMEIDA, , 2007; FRAGOSO, GOUVÊA, e BICALHO, 2010; BICALHO, 2003; SAMPAIO e FRAGOSO (Org.) 2012; SAMPAIO, 2003.

Mais ou menos na mesma época, em tese de doutorado orientada por Ciro Cardoso, Manolo Florentino[11] trouxe à tona um novo olhar sobre a escravidão na América Portuguesa. Também inspirado pelos questionamentos de Ciro Cardoso sobre o sistema escravista colonial, Florentino demonstrou que o tráfico atlântico de escravos que abastecia a América Portuguesa com levas constantes de homens e mulheres africanos era em grande medida controlado por negociantes residentes na praça mercantil do Rio de Janeiro, mantendo no território colonial grande parte do excedente produzido nestas transações. Além disso, e ainda mais importante, demonstrou a enorme capacidade de reprodução da economia colonial mesmo em fase de retração do mercado internacional. Segundo Florentino, para explicar esta situação:

> A escravidão aparecia então como uma das variáveis centrais, na medida em que, por reproduzir-se por meio do tráfico atlântico, permitia acesso a trabalho barato. O cerne da questão radica na separação promovida pela produção social do escravo na África entre o valor do cativo enquanto ser de cultura e seu preço de mercado, baixo pois em geral tratava-se de um prisioneiro de guerra. O baixo preço de mercado do escravo se transmitia em cadeia através do Atlântico e chegava às fazendas e cidades da América portuguesa. Combinado ao ínfimo valor social da terra e dos alimentos, o reduzido custo social do escravo representava uma variável fundamental para o contínuo crescimento da economia colonial,

11 FLORENTINO, 1991. Tese (Universidade Federal Fluminense). Publicado pela primeira vez pelo Arquivo Nacional, cf. FLORENTINO, 1995. Atualmente a Editora da Unesp prepara a publicação da 5ª edição o livro.

> independentemente das fases de retração do mercado internacional[12].

Por isso mesmo, a propriedade escrava estava muito mais difundida na sociedade colonial do que a historiografia mais tradicional era capaz de supor. Os estudos de Manolo Florentino e Fragoso conseguiram explicar o que muitos outros trabalhos com fontes documentais diversas (sobretudo locais) já apontavam: como era possível a tanta gente possuir escravos no Brasil colonial? Inclusive forros? Como demonstraram, era possível porque, se de um lado a existência de um mercado interno dinâmico para setores como produção de alimentos era capaz de propiciar uma acumulação endógena que garantia o acesso a essa forma de mão de obra, por outro, o baixo custo da produção social do escravo na África garantia seu baixo preço no mercado colonial.

No livro conjunto que publicaram pela primeira vez em 1993 (FRAGOSO e FLORENTINO, 1993), analisando a economia do Rio de Janeiro do final do século XVIII e primeira metade do XIX, Fragoso e Florentino demonstram que mesmo em fase B do ciclo de Kondratieff (de retração econômica, demarcada no período de 1816 a 1850) setores econômicos importantes da região vivenciaram um processo de expansão, ao contrário do que se esperaria de uma economia exclusivamente dependente das flutuações externas. Embora nesse intervalo tenham caído tanto as receitas com a exportação do açúcar pelo Porto do Rio de Janeiro (1799 a 1811) quanto o preço do café no mercado internacional (1821 a 1831), houve uma expansão destes setores na região fluminense. Na região do norte fluminense, de 324 engenhos existentes em 1800, registram-se aproximadamente 700 em 1828 e foi também nesse período que se deu a implantação da economia cafeeira na região do Vale do Paraíba Fluminense. Foi também por ocasião da fase B do ciclo de

12 FLORENTINO, Manolo. Entrevista concedida a *Café História* (25/09/2012). Disponível em: http://cafehistoria.ning.com/entrevista-manolo-florentino. Ver também , FLORENTINO, JUCA, e CAMPOS, 2006; FLORENTINO, 2005.

Kondratieff que se verificou um grande crescimento do comércio e da produção de produtos direcionados ao abastecimento do mercado interno. Lançando mão dos registros de passagens de mercadorias nos postos de fiscalização situados nas entradas e saídas das estradas e portos do Rio de Janeiro, Fragoso e Florentino demonstraram que entre 1818 e 1828 a entrada de reses, toucinho e carne salgada vindas de Minas Gerais cresceu em 170%; o volume de charque exportado do Rio Grande do Sul para o Rio de Janeiro aumentou quase 250% e as importações de farinha de mandioca de diferentes regiões registraram um aumento de 307%. Esse crescimento tão expressivo da demanda interna em contexto de contração do mercado internacional demonstrou de modo irrefutável a existência de uma relativa independência da economia interna em relação ao mercado internacional. As teses da dependência externa das sociedades coloniais, por tanto tempo derivadas das formulações teóricas anteriores, foram definitivamente postas em cheque por estas novas e contundentes evidências empíricas.

Em tese de doutorado, também defendida na Universidade Federal Fluminense, Francisco Carlos Teixeira da Silva fez uma análise das crises de subsistência no período colonial e trouxe nova contribuição à discussão sobre o mercado interno. A este respeito sua ideia central é que o setor de abastecimento não era parte de uma economia natural dentro da *plantation* nem resultado de uma produção camponesa. Segundo o autor, este setor se desenvolveu com base em relações de produção escravistas e voltado para o mercado[13]. Nesse sentido, contrapunha-se também a algumas ideias persistentes mesmo dentro da linha historiográfica inaugurada por Ciro Cardoso e desenvolvida por Jacob Gorender que ainda insistia no papel subordinado das atividades voltadas para o abastecimento interno. Para Gorender, por exemplo, o modelo da plantagem bissegmentada comportaria um setor dominante de atividade de agro-

13 SILVA, 1991. Ver também TEIXEIRA DA SILVA, 1981; TEIXEIRA DA SILVA e LINHARES, 1999.

exportação e outro de agricultura de subsistência, cabendo a este último um papel secundário dentro do conjunto da economia. Criticando os trabalhos que insistiam em apresentar evidências empíricas que indicavam a força e autonomia do mercado interno, Jacob Gorender afirmava:

> De início, desfaçamos o equívoco de que as atividades agrícolas e outras voltadas para o mercado interno viessem a constituir o eixo principal da economia escravista colonial. No escravismo colonial, o mercado interno funcionava como suporte da produção para exportação. Tinha caráter subsidiário, secundário, mesmo quando envolvia grande número de pessoas. Mas um historiador que se ocupa de um aspecto secundário não é, só por isto, um historiador "secundário". Não precisa supervalorizar o seu tema para ganhar *satus* (GORENDER, 1990, p. 81).

Ou seja, na perspectiva desse autor, quando comparada à lógica organizacional do setor voltado para o mercado externo, aquele outro setor dedicado a fornecer produtos para o mercado interno, notadamente alimentos, teria um caráter meramente espontâneo e secundário. Como observaram Maria Yedda Linhares e Francisco Carlos Teixeira da Silva, prevalecia ainda, mesmo no pensamento de um autor comprometido com o olhar para a dinâmica interna das sociedades americanas, "uma visão *plantacionista* da sociedade colonial" (LINHARES e SILVA, 1981).

Apesar da crítica de Gorender, o que se verificou nas décadas de 1980 e 1990 foi a proliferação de estudos que revelavam a importância dos setores da economia dedicados a produzir para o abastecimento do mercado interno, tornando a visão *plantacionista* no mínimo insuficiente para a compreensão da sociedade colonial. Além dos trabalhos já indicados, uma grande variedade de novas pesquisas proliferou nos cursos de pós-graduação de todo o país, apontando novos caminhos para a historiografia brasileira no que diz respeito ao questionamento do estatuto da sociedade colonial e, mais especificamente, ao papel do mercado interno em seu interior.

Nesta leva de novas pesquisas, destacaram-se as investigações sobre Minas Gerais no período pós-auge minerador, considerado pela historiografia mais clássica como de decadência, já que não se estabeleceria na região nenhuma outra atividade ligada à exportação antes da segunda metade do século XIX, quando se montou a economia cafeeira na região da Zona da Mata mineira. Os estudos de Roberto Martins e, numa outra perspectiva, o de Robert Slenes, chamaram a atenção para o caso de Minas Gerais na primeira metade do século XIX, principalmente pela capacidade que teve a economia mineira de manter o maior contingente de escravos do país sem ter nenhuma atividade significativa de produção para exportação. Ou seja, a maior parte do enorme número de cativos existentes na região estava empregada em atividades não diretamente vinculadas ao mercado externo. O trabalho de Alcir Lenharo acrescentou importantes elementos à discussão, demonstrando como uma região (Sul de Minas) que se dedicava basicamente à pecuária para abastecer o mercado do Rio de Janeiro foi capaz de ter um papel importante nas decisões políticas no período imperial.

Dentro do mesmo grupo de pesquisadores ligados a Ciro Cardoso e Maria Yedda Linhares na Universidade Federal Fluminense, Hebe Mattos e Sheila Castro Faria levaram à frente projetos de investigação sob um prisma mais efetivamente social que trouxeram à tona novos agentes movidos por lógicas comportamentais antes insuspeitas. Em seu livro *Ao sul da História: lavradores pobres na crise do trabalho escravo*, publicado em 1987[14], Hebe Mattos revelou a existência de um grande contingente de pequenos e médios proprietários escravistas em região até então negligenciada pela historiografia. Buscando resgatar as fontes dos arquivos locais do atual município de Silva Jardim, estado do Rio de Janeiro, denominado no século XIX de Capivary, Hebe Mattos desenvol-

14 MATTOS, 1987. Também MATTOS e RIOS, 2005.

veu um trabalho de história agrária com fontes cartoriais evidenciando a existência de uma dinâmica social muitíssimo mais complexa do que se supunha existir no século XIX.

Em trabalho pioneiro, Sheila de Castro Faria utilizou fontes cartoriais e paroquiais que revelaram traços da vida social como sistema de casamentos, formas de acesso à terra e de transmissão do patrimônio, até então desconhecidos. Estes dois trabalhos mostraram a diversidade de condição dos diversos atores sociais, trouxeram à tona a existência de pequenos proprietários escravistas e revelaram traços das relações entre senhores e escravos até então insuspeitas. [15]

Atualmente não há mais dúvidas entre os historiadores brasileiros sobre a importância do mercado interno para a compreensão da dinâmica de funcionamento da sociedade colonial. Trata-se agora de ir além. Aprofundando o que as pesquisas realizadas entre os anos de 1980 e o final da década de 1990 revelaram, mais recentemente, o maior contato dos pesquisadores brasileiros com a historiografia portuguesa e europeia tem suscitado uma série de novos estudos cujo eixo central tem sido repensar a natureza da sociedade colonial brasileira, entendida não mais como um *apêndice da metrópole*, ou como uma realidade dotada de *determinações internas* e por vezes apartada daquela, mas sim, como uma região integrada ao vasto Império Português que tinha seus domínios estendidos desde a Índia e partes da China e Japão, passando pelo norte da África muçulmana e pelas costas ocidental e oriental africanas, até o território do Brasil. Entender a lógica de funcionamento da sociedade colonial brasileira no contexto deste Império tem sido o mote desta linha interpretativa que se estruturou a partir da década de 1990, ganhando força a ideia de uma América Portuguesa regida pela dinâmica de Antigo Regime ou de um "Antigo Regime nos Trópicos". Desse modo, se nos últimos anos, a reflexão sobre o período colonial tem caminhado para enfatizar a dinâmica do Império Português muito mais do que para pen-

15 FARIA, 1998. Ver também FARIA, 1997; MATTOS, 2013.

sar a lógica interna de seus distintos territórios, por vezes de modo desarticulado, podemos afirmar com segurança que as proposições pioneiras de Ciro Cardoso estão na gênese dessas novas abordagens.

Bibliografia

ARRUDA, J. J. A. (Org.). *De colonos a Imigrantes:* Os portugueses no Brasil, São Paulo: Alameda, 2012.

ARRUDA, J. J. A, *O Brasil No Comércio Colonial.* São Paulo, Ática, 1994

ASSADOURIAN, Carlos Sempat. *Modos de producción en América Latina.* Mexico City: Cuadernos de Pasado y Presente, 1979.

BICALHO, M. F. B, *A Cidade e o Império: Rio de Janeiro no século XVIII.* Rio de Janeiro: Civilização Brasileira, 2003.

CARDOSO, Ciro F. Santana (org.) *Escravidão e abolição no Brasil: novas perspectivas.* Rio de Janeiro: Zahar, 1988

CARDOSO, Ciro F. S. Sobre los modos de producción coloniaes de América. In: ASSADOURIAN, Carlos Sempat. *Modos de producción en América Latina.* Mexico City: Cuadernos de Pasado y Presente, 1979.

CARDOSO, Ciro F. Santana e BRIGNOLI, Héctor Pérez. *História econômica da América Latina.* 2a ed. Rio de Janeiro: Graal, 1984.

CARDOSO, Ciro F. Santana. As concepções acerca do "sistema econômico mundial" e do "antigo sistema colonial": a preocupação obsessiva com a "extração do excedente". *In*: LAPA, José Roberto do Amaral (org.). *Modos de produção e realidade brasileira.* Petrópolis: Vozes, 1980.

CARDOSO, Ciro F. Santana. Escravismo e dinâmica da população escrava nas Américas. *Estudos Econômicos*, São Paulo, XIII, n. 1, 1983.

CARDOSO, Ciro F. *Escravo ou camponês? O protocampesinato negro nas Américas.* São Paulo: Brasiliense, 1987.

CEZAR, Temístocles. Como deveria ser escrita a história do Brasil no século XIX. Ensaio de histó-ria intelectual. In: PESAVENTO, Sandra Jatahy. *História Cultural*: experiências de pesquisa. Porto Alegre: UFRGS, 2003.

CEZAR, Temístocles. Lição sobre a escrita da história - Historiografia e nação no Brasil do século XIX. In: *Diálogos*. DHI/UEM, v. 8, n. 1, p. 11-29, 2004. Disponível em: http://www.dialogos.uem.br/ include/ getdoc.php?id=436&article=142&mode=pdf

CEZAR, Temístocles. *L'écriture de l'histoire au Brésil au XIX siècle*: essai sur une rhétorique de la nacionalité, *Historiografías*, v. 2, p. 45-65, Jul- Dic. 2011.

FARIA, S. S. C, *A Colônia Brasileira. Economia e Diversidade.* São Paulo.: Editora Moderna., 1997.

FARIA, S. S. C. *A Colônia em Movimento, Fortuna e Família no Cotidiano Colonial.* Rio de Janeiro: Nova Fronteira, 1998.

FERLINI, V. L. A. (Org.); ARRUDA, J. J. A. (Org.). *Decadência ou crise do Império Luso-Brasileiro*: O novo padrão de colonização do século XVIII. Cascais: Câmara Municipal de Cascais, 1998.

FERLINI, V. L. A, *Terra, Trabalho e Poder*: O Mundo dos Engenhos No Nordeste Colonial. São Paulo: Brasiliense , 1988.

FLORENTINO, Manolo. *Em costas negras*: um estudo sobre o tráfico de escravos africanos para o porto do Rio de Janeiro. c. 1790-c. 1835. Niterói, 1991. Tese (Universidade Federal Fluminense).

FLORENTINO, Manolo. *Em costas negras*: uma história do tráfico atlântico de escravos entre a África e o Rio de Janeiro (séculos XVIII e XIX). Rio de Janeiro: Arquivo Nacional, 1995.

FLORENTINO, Manolo. Entrevista concedida a *Café História* (25/09/2012). Disponível em: http://cafehistoria.ning.com/entrevista-manolo-florentino. Último acesso em 27/06/2016.

FLORENTINO, Manolo. (Org.). *Tráfico, Cativeiro e Liberdade: Rio de Janeiro, séculos XVII-XIX*. Rio de Janeiro: Civilização Brasileira, 2005.

FRAGOSO, J. L. R. (Org.) ; GOUVÊA, Mária de Fátima (Org.). *O Brasil Colonial 1580-1720*. Rio de Janeiro: Civilização Brasileira, 2014 (3 v.).

FRAGOSO, J. L. R. (Org.) ; GOUVÊA, Mária de Fátima (Org.) ; BICALHO, M. F. (Org.). *O Antigo Regime nos Trópicos*: a dinâmica imperial portuguesa, séculos XVI-XVII. 2. ed. Rio de Janeiro: Civilização Brasileira, 2010.

FRAGOSO, J. L. R. (Org.) ; SAMPAIO, A. C. J. (Org.). *Monarquia pluricontinental e a governança da terra no ultramar atlântico luso: séculos XVI-XVIII*. Rio de Janeiro: Mauad, 2012.

FRAGOSO, J. L. R. (Org.) ; SAMPAIO, A. C. J. (Org.) ; ALMEIDA, Carla Maria Carvalho de (Org.). *Conquistadores e Negociantes: Histórias de elites no Antigo regime nos trópicos. América Lusa, séculos XVI a XVIII*. Rio de Janeiro: Civilização Brasileira, 2007.

FRAGOSO, J. L. R. ; FERREIRA, Roberto Guedes ; KRAUSE, T. *A América portuguesa e os sistemas atlânticos na Época Moderna*. Rio de Janeiro: Fundação Getúlio Vargas, 2013.

FRAGOSO, J. L; FLORENTINO, Manolo. ; JUCA, A. C. S. ; CAMPOS, Adriana. P. *Nas rotas do império (eixos mercantis, tráfico e relações sociais no mundo português)*. Vitória: Lisboa: Brasília: Edufes: Instituto de Investigações Científicas e Tropicais:CNPq, 2006.

FRAGOSO, João & FLORENTINO, Manolo. *O arcaísmo como projeto:* mercado atlântico, sociedade agrária e elite mercantil no Rio de Janeiro, c. 1790-c. 1840. Rio de Janeiro: Diadorim, 1993.

FRAGOSO, João Luís R. *Comerciantes, fazendeiros e formas de acumulação em uma economia escravista-exportadora no Rio de Janeiro*: 1790-1888. Niterói, 1990. Tese (Universidade Federal Fluminense).

FRAGOSO, João Luís R. *Homens de grossa aventura: acumulação e hierarquia na praça mercantil do Rio de Janeiro (1790-1830)*. Rio de Janeiro: Arquivo Nacional, 1992.

FRAGOSO, João Luís R. Modelos explicativos da economia escravista no Brasil. *In*; CARDOSO, Ciro F. Santana (org.) *Escravidão e abolição no Brasil: novas perspectivas*. Rio de Janeiro: Zahar, 1988.

FRAGOSO, João Luís R. *Sistemas agrários em Paraíba do Sul (1850-1920)*. Rio de Janeiro, 1983. Dissertação de Mestrado em História (Universidade Federal do Rio de Janeiro).

GORENDER, Jacob. *A escravidão reabilitada*. São Paulo: Ática/Secretaria do Estado e Cultura de S.P., 1990.

GORENDER, Jacob. *O escravismo colonial*. 4a ed. São Paulo: Ática, 1985.

GOUVÊA, Mária de Fátima (Org.) ; FRAGOSO, J. L. R. (Org.). *Na Trama das Redes. Política e negócios no império português*. Séculos XVI-XVIII. Rio de Janeiro: Civilização Brasileira, 2009.

GUIMARÃES, Manoel, L. S. *Uma História da História Nacional*: textos de fundação. Disponível em: http://www.coresmarcasefalas.pro.br/adm/anexos/11122008005626.pdf. Acesso 23/06/2016.

Khaled Junior, Salah H. Horizontes identitários : a construção da narrativa nacional brasileira pela historiografia do século XIX. Porto Alegre: EDIPUCRS, 2010.

LAPA, José Roberto do Amaral (org.). *Modos de produção e realidade brasileira*. Petrópolis: Vozes, 1980.

LINHARES, Maria Yedda e SILVA, Francisco Carlos Teixeira da. *História da agricultura brasileira*: debates e controvérsias. São Paulo: Civilização Brasileira, 1981.

MAGALHÃES GODINHO, Victorino. *Ensaios II*. Lisboa: Livraria Sá da Costa, 1970.

MOTTA, Márcia. O rural *à la gauche*. Campesinato e latifúndio nas interpretações de esquerda 1955-1996. Niterói: EDUFF, 2014.

MATTOS, H. [ou CASTRO, H. M. M], *Das Cores do Silencio*. 3. ed. Campinas: UNICAMP, 2013.

MATTOS, H. ou CASTRO, H. M. M.; RIOS, A. M. L. *Memórias do Cativeiro: Família, trabalho e cidadania no pós-abolição*. Rio de Janeiro: Civilização Brasileira, 2005.

MATTOS, Hebe. *Ao Sul da História*: lavradores pobres na crise do trabalho escravo. São Paulo: Brasiliense, 1987.

NOVAIS, Fernando A. *Portugal e Brasil na crise do antigo sistema colonial (1777-1808)*. São Paulo: HUCITEC, 1983.

MORAES, Reginaldo, ANTUNES, Ricardo e FERRANTE, Vera B. (orgs.). *Inteligência brasileira*. São Paulo: Brasiliense, 1986.

OLIVEIRA, Francisco. Celso Furtado e o pensamento econômico brasileiro. *In*: MORAES, Reginaldo, ANTUNES, Ricardo e FERRANTE, Vera B. (orgs.). *Inteligência brasileira*. São Paulo: Brasiliense, 1986.

PRADO JÚNIOR, Caio. *Formação do Brasil contemporâneo*. 18a ed. São Paulo: Brasiliense, 1983.

PUNTONI, Pedro . *O Estado do Brasil: poder e política na Bahia colonial, 1548-1700*. São Paulo: Alameda Editorial, 2013.

REIS, José Carlos. *As identidades do Brasil*: de Varnhagen a FHC. Rio de Janeiro: FGV, 1999.

SAMPAIO, Antonio Carlos Jucá de (Org.) ; FRAGOSO, João Luís Ribeiro (Org.). *Monarquia pluricontinental e a governança da terra no ultramar atlântico luso: séculos XVI-XVIII*. Rio de Janeiro: Mauad, 2012.

SAMPAIO, Antonio Carlos Jucá de . *Na encruzilhada do império: hierarquias sociais e conjunturas econômicas no Rio de Janeiro (c. 1650 - c. 1750)*. Rio de Janeiro: Arquivo Nacional, 2003.

SILVA, F. C. Teixeira da ; LINHARES, M. Y. L. *Terra Prometida. Uma História da Questão Agrária no Brasil*. 2. ed. Rio de Janeiro: Campus, 1999.

SILVA, Francisco Carlos T. da. *A morfologia da escassez:* crises de subsistência e política colonial no Brasil colônia (Salvador - Rio de Janeiro 1680-1790). Niterói, 1991. Tese (Doutorado em História) - Universidade Federal Fluminense.

VINCI DE MORAES, José Geraldo REGO, José Marcio. *Conversas com historiadores brasileiros*. São Paulo: editora 34, 2001.

WILLIAMS, Eric. *Capitalism and Slavery*. Richmond, Virginia. University of North Carolina Press, 1944. Disponível em https://archive.org/details/capitalismandsla033027mbp.

Capítulo 2

Para uma História Da Historiografia Da Independência[1]

> Em suma se pode dizer que o processo de Independência se realizou entre abril de 1821, com a partida de D. João VI, e agosto de 1825, com o Tratado de Reconhecimento. Uns começam mais cedo, outros ampliam mais para adiante. (...) Pessoalmente, cremos que o processo de Independência em si mesmo teve seu princípio e se encerrou entre a partida de D.João VI aos 26 de abril de 1821 e o reconhecimento por Portugal aos 29 de Agosto de 1825. (RODRIGUES, 1975, v. 3, p. 255-256)

A prudência exige que comecemos com a lembrança expressa de que este é um exercício de crítica historiográfica, mais do que de história "propriamente dita". Portanto, nosso foco de análise recai sobre a tradição historiográfica em torno de um tema, mais do que sobre o próprio tema.[2]

---

1 Publicado como "Para uma História da Independência - apontamentos iniciais de pesquisa". Rio de Janeiro, *Revista do Instituto Histórico e Geográfico Brasileiro*, v. 165, p. 59-86, 2004.

2 Acatamos aqui a clássica distinção erigida da dupla significação do uso linguístico moderno de "história" [*Geschichte*] e "história" [*Historie*], que faz com que ambas expressões possam qualificar tanto a conexão entre os sucessos como sua representação. Cf. SAITTA, 1996, p. 11 e 12. François Hartog retoma o conceito alemão de *Geschichte* de acordo com a formulação original de Droysen, da "história como conhecimento de si mesma". Cf. HARTOG, F. Arte da nar-

Anos atrás, empreendemos um arriscado projeto de pesquisa sobre a história da historiografia da Independência do Brasil. Arriscado por dois motivos principais: o tema ainda suscita ardentes paixões de motivação política, com variadas colorações regionais – o que se depura facilmente dos embates historiográficos atuais; em segundo lugar, há pouca margem de erro na afirmação de que este é o tema mais visitado pela historiografia brasileira desde o advento do próprio fato[3]. Por suas dimensões, o tema da Independência servir-me-á de pretexto, de eixo condutor, para fazer um exercício de história com a historiografia brasileira: porque vigorosa ela atravessa dois séculos de história.[4]

O tema da Independência atravessou, sempre candente, duzentos anos de história do Brasil. A respeitar consagradas periodizações, de Varnhagen a José Honório, a historiografia brasileira teve um ato fundador com a edição do primeiro volume da *Revista do Instituto Histórico e geográfico Brasileiro*, em 1839[5]. Ora, a historiografia da Independência - no sentido restrito da emancipação política da América portuguesa

rativa histórica. In: BOUTIER, e JULIA, 1998, p. 198 ss; KOSELLECK, 1993, p. 177 ss. É elucidativa aqui a definição poética de historiografia que propõe Frank Ankersmit.: "Como um dique coberto por uma camada de gelo no final do inverno, o passado foi coberto por uma fina crosta de interpretações narrativas; e o debate histórico é muito mais um debate sobre os componentes da crosta do que propriamente sobre o passado encoberto sob ela". ANKERSMIT, 1986, p. 26.

3 Nosso levantamento inicial chegou a mais de 600 títulos historiográficos sobre a emancipação política brasileira, considerando apenas livros, artigos em livros e revistas especializadas de história. Agradeço a generosidade e ao profissionalismo de Pedro Tórtima (IHGB) e Eliane Perez (DINF/BN).

4 Basta lembrar a profusão de obras sobre aspectos diversos da Independência surgidos recentemente: LEITE, 2000; LUSTOSA, 2000; MALERBA, 2000; ALBUQUERQUE, 1999; OLIVEIRA, 1999; proença. 1999; souza, 1999; PONTES, 1998; FAGUNDES, 1997.

5 Outros reconhecem tal ato com a monografia escrita por Karl Friedrich Phillp Von Martius, que ganhou o concurso "Como se deve escrever a História do Brasil", promovido pelo IGHB em 1844. A tese do naturalista alemão centrava-se

frente à metrópole europeia, golpe derradeiro no que Fernando Novais consagrou conceitualmente como Antigo Sistema Colonial (novais, 1983) - é cronologicamente anterior à própria instauração oficial de nossa historiografia.

Foi sob o império dos Bragança que se produziu a *opus magna* da Independência do Brasil, da pena de um dos maiores historiadores brasileiros de todos os tempos, Francisco Adolfo de Varhagen.[6] Instaurou-se a República e, ironia, logo viriam as comemorações do Centenário. Foi o pretexto perfeito para a apropriação da memória do grande acontecimento por parte daqueles imbuídos em "restaurar" uma ordem que se perdera e detratar o *status quo*, e outros, firmes no propósito de enxovalhar a velha ordem que já ida tarde, mas resgatando a seu modo o simbolismo da emancipação em prol da causa republicana. Seguiram-se ditaduras, aberturas, renovações políticas, historiográficas, mas o tema manteve-se lá, ícone intocável da brasilidade.

As diversas gerações de historiadores brasileiros, imersos em suas próprias temporalidades históricas, contaram a história da Independência cada qual a seu modo: reiterando teses fundadoras, retificando detalhes equivocados, rejeitando *in limine* aquelas teses e apresentando outras novas. A cada época, foi-se ampliando o acesso a diversos acervos, ao passo que a própria prática historiadora se aprimorava, aperfeiçoando seus instrumentos. A renovação da disciplina histórica acompanhou muito próxima a história da história da Independência do Brasil.

O propósito último deste ensaio é o de resgatar a fortuna crítica da historiografia da Independência, aqueles autores e obras que se propuseram, em diferentes momentos e por motivos diverso, a fazer um

---

na especificidade da trajetória histórica do país tropical, a partir da tese das três raças formadoras. Cf. WEHLING, 1989; também SCHWARCZ, 1993.

6 VARNHAGEN, s/d. Dois excelentes estudos sobre Varnhagen são: WEHLING, 1999 e ODÁLIA, 1997.

balanço da produção historiográfica em torno do tema da emancipação política brasileira.

Primeiro corte obrigatório: Independência, Estado, Nação

A primeira grande delimitação que se impõe é quanto ao próprio conceito de "independência". Até num momento muito avançado da história da historiografia da Independência, não haveria tanto problema nessa definição: a maioria absoluta de seus historiadores até, digamos, Sérgio Buarque de Holanda (e para depois dele), identificam Independência com o fim do jugo colonial que marca os primeiros três séculos da história da América colonizada por portugueses a serviço da coroa lusitana. Numa palavra, consideram o processo da emancipação política, da separação daquilo que virá a ser o Brasil, de Portugal. Daí resulta definirem-se as principais balizas cronológicas do acontecimento ente 1808, com a chegada da família real ou 1821 (quando do regresso do rei à Lisboa) até 1825 (reconhecimento da Independência pelas diplomacias internacionais) ou 1831 (Abdicação de D. Pedro).

A partir de Sérgio Buarque e, em sua linha, Maria Odila da Silva Dias e depois José Murilo de Carvalho[7], começou a historiografia a atentar para a complexidade daquele fenômeno histórico, a partir da apropriada consideração, nele, de aspectos correlatos que devem ser inseridos na análise da Independência, como são a construção do Estado imperial e a formação da nação brasileira[8]. Podemos datar do texto de Maria Odila Dias como o início das periodizações que, guardando aquelas referências, estendem o processo de Independência até 1848 e além.

7 HOLANDA, 1970; DIAS, Maria Odila Leite da Silva. A interiorização da metrópole (1808-1853). In: MOTA, 1972; CARVALHO, 1981; CARVALHO, 1988.

8 Fenômenos distintos que se acoplam no processo civilizador na história ocidental. Cf. ELIAS, 1972.

Em texto recente, István Jancsó e João Paulo Pimenta se enveredam por tais embates historiográficos. A partir da análise do discurso dos deputados brasileiros nas cortes constituintes de Portugal, os autores procurarão demonstrar a complexidade do fenômeno da emergência de uma "identidade nacional", como se prefigura na diferenciação conceitual dos termos *pátria, país* e *nação*, veiculados naqueles discursos. O primeiro estaria mais vinculado ao lugar de origem (numa palavra, a província que o deputado representaria nas cortes); "país" equivaleria à unidade envolvente dessas províncias, aquilo a que "os eleitos por Portugal querem impor uma Constituição"; "nação" seria um conceito mais fugidio, pois escapa de *país* e *pátria*. A nação "brasileira" inexistia ainda quando das cortes constituintes.

Os autores vão argumentar no sentido de que o processo de construção da nação – e, por extensão, de consolidação da Independência – vai arrastar-se por, pelo menos, toda a primeira metade do século XIX, ou até pouco mais além, como corroboram os movimentos insurrecionais eclodidos nas províncias. Sua hipótese é a de que a instauração do Estado brasileiro precede a difusão de um "espírito ou sentimento nacional" (a expressão é minha), pois conviverá, de início, com um feixe amplo de diferenciadas identidades políticas, com trajetórias próprias e respectivos projetos de futuro.

Afirmam, com propriedade (p. 132), que não se pode reduzir o processo de formação do Estado à "ruptura unilateral do pacto político que integrava as partes da América no império português".

> Hoje é assente que não se deve tomar a declaração da vontade de emancipação política como equivalente da constituição do Estado nacional brasileiro, assim como o é o reconhecimento de que o nexo entre a emergência desse Estado com a da nação em cujo nome ele foi instituído é uma das questões mais controversas da nossa historiografia. (JANCSÓ e PIMENTA, 2000, p. 132 ss)

Os autores indicam em nota, com acerto, que foi obra da historiografia imperial, no meio das crises recorrentes de afirmação do Império, procurar conferir ao Estado uma idealizada sustentação por meio do "resgate" do seu passado imediato, do que resultou a elaboração do mito da "fundação tanto do Estado como da nação" a partir do rompimento com Portugal. [9]

Se formos atrelar a Independência com o processo da consolidação da formação da nacionalidade brasileira, poderíamos encontrar argumentos para afirmar que a Independência até hoje, parafraseando Prof. Carlos Guilherme Mota, uma "viagem incompleta". Têm razão autores como Maria Odila da Silva Dias, Ilmar Mattos e todos aqueles elencados por Jancsó e Pimenta, ao compreender que a *construção da nação* é processo que se arrasta, pelo menos, até a segunda metade do século XIX. Mas este não pode confundir-se com a formação do Estado e, menos ainda, com a Independência do Brasil de Portugal, o processo da *emancipação política brasileira*. E é esse o eixo-tema que perseguimos aqui.

Tais complicações no momento do recorte ficam patentes ao se pensar a relação das distintas regiões da América portuguesa, que em breve seriam designadas por províncias, com o movimento emancipatório. Evaldo Cabral de Mello demonstra, com a maestria que lhe é característica, as implicações históricas da construção do mito historiográfico do latente separatismo – e republicanismo – pernambucano, forjado pelos segmentos

9 E apontam para as correntes historiográficas que sustentaram as múltiplas possibilidades históricas inscritas no momento de surgimento do Estado livre brasileiro, desde Caio Prado Jr. (*Formação do Brasil contemporâneo.* 18 ed. São Paulo: Brasiliense, 1983) até hoje. A historiografia da formação do Estado e da nação no Brasil vem recebendo recentemente contribuições de alta qualidade, acrescidas aos trabalhos, já clássicos, de HOLANDA, 1970, p. 9-39 e de DIAS, 1972, p. 164-187 ou MATTOS, 1987. Tal historiografia recente tem tornado muito mais complexa e desafiante a discussão desse tema. Um balanço destas perspectivas encontra-se em JANCSÓ, e PIMENTA, 2000, p. 131-175. Também BERBEL, 1999; SOUZA, 1999; BARMAN, 1988; SANTOS, 1992; MALERBA 2000, entre outros.

vencedores no processo da construção do Estado, na pena de seus porta-vozes conspícuos: a "historiografia saquarema da Independência":

> ... isto é, a historiografia da corte fluminense e dos seus epígonos na República, para quem a história da nossa emancipação política reduz-se à da construção de um Estado unitário. Nesta perspectiva apologética, a unidade do Brasil foi concebida e realizada por alguns indivíduos dotados de grande descortínio político, que tiveram a felicidade de nascer no triângulo Rio-São Paulo-Minas e a quem a pátria ficou devendo o haverem-na salvo da voracidade dos interesses provinciais, como se estes fossem por definição ilegítimos, e do gosto, digamos ibero-americano, pela turbulência e pela agitação estéreis, como se Eusébio, Paulino ou Rodrigues Torres não fossem representantes de reivindicações tão regionais quanto as de Pernambuco, Rio Grande do Sul ou do Pará.[10]

O argumento do eminente historiador pernambucano é extremamente sagaz, ao descortinar os vícios de uma historiografia que se impôs nacional. Ao longo do Império, Pernambuco viveu a permanente suspeita de separatismo por parte dos grupos dirigentes da monarquia, em função do papel de sede dessa macro-região que vai do São Francisco ao Ceará, e que estava submetida ao vigor do entreposto comercial recifense. A historiografia oficial do regime imperial vai encampar a acusação, no sentido de granjear para as províncias do Sul o mérito do papel de construtores da nacionalidade brasileira. Mas,

> Como assinalou Sérgio Buarque de Holanda, "as duas aspirações – a da Independência e a da unidade – não nascem juntas e, por longo tempo ainda, não caminham

10 MELO, Evaldo Cabral de. Frei Caneca ou a outra Independência. In: MELO, 2001, p. 16 ss.

de mãos dadas, *pois se a emancipação só se concretiza verdadeiramente em 7 de Abril de 1831, a unidade nacional não ficou assegurada antes de 1848.*(grifo meu)

Só com o Marquês de Paraná se realizaria a condição fundamental para a unidade, que foi o abrir espaço no poder central à oligarquias nortistas. O argumento de Evaldo Cabral de Melo é o de que não poderia ter havido separatismo em 1817 e 1824, já que inexistia constituída uma nação brasileira nesse momento.[11]

Enfim, compartilhamos da periodização proposta por Sérgio Buarque de Holanda, corroborada por Evaldo Cabral de Mello, que distingue a Independência, entendida como processo de emancipação política (e que se pode situar entre 1808 e 1831), do processo de construção do Estado imperial (que sem dúvida se inicia nesse interregno, com as atividades da Assembleia constituinte em 1823, a outorga da Carta em 1824 e a aprovação do Código Criminal em 1830[12]) e da formação de uma nacionalidade brasileira, esta ainda mais posterior. Embora concordando que tais processos estão umbilicalmente ligados, que a Independência não estará consolidada antes da finalização da construção do Estado (lembre-se que o Código Comercial, simulacro de um Código Civil que só aconteceu na República, é de 1850[13]) e da difusão de uma concepção de nação (muito beneficiada por nosso romantismo nativista), seria

11 Daí sua crítica inevitável a Varnhagen: "É conhecida a antipatia de Varnhagen pela República de 1817, a cujo respeito confessa na *História do Brasil* teria preferido silenciar, o que fará na *História da Independência.* Malgrado essa aversão, ele absteve-se de caracterizá-la de separatista, cônscio provavelmente de que constituiria anacronismo criticá-la por isto, quando o que existia então não era a unidade nacional, mas a unidade do Reino Unido de Portugal, Brasil e Algarves proclamado em 1815." *Idem*, p. 19.

12 Para uma contextualização desses primórdios da estruturação do Estado Imperial, cf. MALERBA, 1994.

13 Cf. SAUL, 1989.

impraticável tentar incluir no meu universo de análise as historiografias correspondentes a esses dois últimos aspectos. Por isso, o enfoque da historiografia do processo da emancipação política brasileira até, pelo menos, o clássico ensaio de Maria Odila da Silva dias, concebe-o como algo que se desenrola, *grosso modo*, entre 1808 e 1831.

Século XIX: Primeiro balanço, por Varnhagen.

Como a Revolução Francesa, a história da Independência começou a ser contada praticamente "a quente"[14]. Temos, desde os primeiros anos, inúmeras histórias, variadas versões desse que, para muitos, constitui-se no "ato fundador da nação" brasileira. Mas demorou pelo menos meio século, após o glorioso 7 de setembro, para que um historiador *avant la lettre* se desse ao trabalho de fazer um arrazoado historiográfico do fato, antes de entrar no mérito da questão. Em sua *História da Independência do Brasil até o reconhecimento pela antiga metrópole, compreendendo, separadamente, a dos sucessos ocorridos em algumas províncias até essa data*, Francisco Adolfo de Varnhagen, Visconde de Porto Seguro, complementava sua obra sobre a formação histórica do Brasil, que havia sido precedida pela *História geral do Brasil*, obra esta que seria para o autor um "preâmbulo da gloriosa *História da Independência* que não tardarei a publicara" [15]. Concluída em 1875, seu notável autor veio a falecer antes da obra vir a lume, tendo sido publicada pela primeira vez apenas em 1916, no tomo LXXIX da veneranda *Revista do Instituto Histórico e Geográfico Brasileiro*.

Preocupado em pautar-se nos limites de uma história científica, a ponto de reiterar em sequentes ocasiões sua atenção para com a "verdade

14 Cf. SCHAFF, 1983, inspiração para este exercício.

15 *Apud* VIANA, Hélio. Explicação. In: VARNHAGEN, s/d., p. 9.

histórica", o autor fez da imparcialidade seu mote[16]. Logo no Prefácio, antes de apresentar a estrutura e a novidade de sua obra, foi tratando de prestar contas com a historiografia que lhe precedera:

> Tais memorandos, destinados a justificar a oportunidade e os direitos da Independência, já viriam hoje serôdios. Nem mais se poderia acrescentar aos de La Beaumelle [17] e Beauchamp[18], publicados em 1823 e 1824, sob as vistas do ativo agente brasileiro Gameiro (Visconde de Itabaiana), no intuito de dispor a opinião geral da Europa, e especialmente da França legitimista e do seu ministro Mr. De Villève, em favor da causa do Brasil. Seguiu-se a publicação, de 1827 a 1830, dos três volumes do Visconde Cairu[19], acompanhados de um quarto, compreendendo as cartas de Pedro I a el-rei seu pai e outros documentos[20], tudo quase exclusivamente só até fins de 1822. Precisos como são estes volumes, pecam pela sua insuficiência e falta quase total de redação e critério; e, mais que uma *História*, eram apontamentos de decretos e discursos conhecidos e até impressos, próprios para serem depois,

---

16 "...propô-se a escrever uma história e não a lisonjear ou adular os sentimentos ou prevenções de uns, nem de outros, nem por considerações com os descendentes vivos, embora poderosos, de uma ou outra parte, tratou de calar censuras, quando as julgou cabidas e justas." P. 12.

17 La Beaumelle, 1823. Traduzido, no ano seguinte, no Rio de Janeiro, com correções e acréscimos, pelo Padre Luís Gonçalves dos Santos. As informações bibliográficas foram extraídas das notas de Hélio Viana à quarta edição da obra em tela.

18 Beauchamp, 1824.

19 LISBOA, 1826 a 1830. 4 t.

20 *Crônica autêntica da Regência do Brasil do Príncipe Real o Sr. D. Pedro de Alcântara em série de cartas a seu Augusto Pai o Sr. D. João VI e proclamações autógrafas, manifestos e diplomas* (1829)

> como foram, aproveitados e postos em estilo por mais corrente pena, e com muitas adições inteiramente inéditas o serão de novo por nós nesta *História*, em que nos comprazemos de citar muitas vezes o consciencioso trabalho do honrado e fecundo setuagenário baiano.
>
> Apareceu depois o inglês John Armitage, publicando em 1836[21] a sua interessante *História* desde a chegada da família real em 1808 até à abdicação de Pedro I em 1831, traduzida por Evaristo da Veiga[22], foi publicada no Brasil em 1837, e goza ainda entre nós de bastante autoridade...

Percebe-se no pequeno excerto um lampejo de crítica, circunscrevendo-se o autor ao conjunto bibliográfico referido à categoria mais propriamente documental do que à historiografia.

Meados do século XX: primeiros ensaios críticos da historiografia da Independência.

Não obstante a farta produção sobre o tema que se seguiu, particularmente no bojo das efemérides do primeiro Centenário, não se constata nova proposição de uma avaliação historiográfica do tema até 1950. Era corrente na primeira metade do século XX esse desdém pelo diálogo com a historiografia.

Para tomar dois exemplos ilustres, referidos por Stanley Stein em seu *bilan* da historiografia do Império, Manuel de Oliveira Lima é um dos autores a aproveitar a onda do Centenário para publicar seu clássico *O movimento da Independência* (LIMA, 1922), o qual já inicia com a discussão sobre o caráter do desquite entre Portugal e Brasil, se teria sido

21 ARMITAGE, 1836. 2 v. Há várias traduções em português, de 1837, 1914 e 1943. Cf. ARMITAGE, 1972.

22 Hélio Viana corrige em nota a atribuição da tradução, com maior possibilidade de pertencer sua autoria a Joaquim Teixeira de Macedo.

"amigável" ou não, no contexto do regresso de D. João VI para Lisboa. Este evento particular seria, para o autor, a baliza cronológica do início da Independência. É digno de nota que o famoso diplomata e historiador comece a obra afirmando que "Tem-se dito da independência do Brazil que foi um desquite amigável entre os reinos unidos". Porém, não se digna sequer a mencionar quer teria sustentado tal tese. É como se a afirmação não tivesse autoria.

Publicada pela primeira vez em 1927, ainda no contexto dos festejos do centenário, a obra *História do Império: a elaboração da Independência*, de Tobias Monteiro (MONTEIRO, 1981. 2 v), é um marco na historiografia da Independência. De modo semelhante ao seu contemporâneo, inicia o primeiro capítulo do Tomo I analisando a complicada situação de Portugal na balança de poder da Europa à época napoleônica. Aqui também nada de balanço historiográfico. Ao contrário, ao longo da obra, são ínfimas as menções a historiadores, diferentemente das fontes documentais, fartamente evocadas.

Alguns autores já destacaram a importância do Instituto Histórico e Geográfico Brasileiro na produção da memória da Independência em relação com a construção de uma identidade nacional brasileira. Noé Sandes, resgatando a "invenção da nação" entre a monarquia e a república, analisou as relações umbilicais que ligavam o IHGB ao Estado monárquico[23], ligação que se manteve em função da capacidade dos dirigentes da Instituição de acoplá-la ao novo regime republicano, sobretudo pela via de cooptação de seus chefes de Estado, como aconteceu com Campos Salles, Rodrigues Alves, Nilo Peçanha, Hermes da Fonseca, entre outros.

As comemorações do centenário constituíram um marco na História do Instituto. Sandes interpreta com propriedade o simbolismo da efeméride para um momento tão delicado que vivia a nação. O próprio presidente Epitácio Pessoa entendeu perfeitamente o contexto, fa-

23 SANDES, 2000, p. 84 ss. A antropóloga e historiadora Lilia Schwarcz também deu boa contribuição ao assunto. Cf. SCHWARCZ, 1993; SCHWARCZ, 1998.

zendo das celebrações do Centenário uma prioridade de seu governo. O IHGB, particularmente, fez marcar a data com a publicação de um tomo especial de sua revista, intitulado *O Anno da Independencia* (Rio de Janeiro: Imprensa Nacional, 1922), no qual se buscou fixar uma cronologia, cabendo a cada conferencista eleger um episódio em torno do fato. São dezesseis alocuções que celebram os cem anos do Fico (09 de Janeiro de 1922), do Ministério de Bonifácio (16 de Janeiro de 1922), da chegada ao Rio de Janeiro da Esquadra portuguesa chefiada por Francisco Maximiliano de Souza (9 de Março de 1922) e assim sucessivamente, passando pelo centenário de manifestos, da aclamação do príncipe D. Pedro, até o de sua coroação (01 de Dezembro de 1922). Consta ainda no mesmo volume um "Catálogo dos livros, folhetos, documentos, retratos, bustos e máscaras que figuraram na Exposição promovida pelo Instituto Histórico em 07 de Setembro de 1922", elaborado por Rodolfo Garcia. Crônicas de fatos memoráveis, nenhum dos textos que compõem o volume tem qualquer preocupação com a historiografia. Ao contrário, era marca distintiva de erudição, naquele círculo, escrever história basicamente revelando novas e inéditas peças documentais. Uma fonte que já houvesse sido citada seu valor diminuído.[24]

O primeiro arrazoado historiográfico sobre a Independência, digno do nome, escrito com a precípua finalidade de mapear a historio-

24 Cabe apenas o registro, para ser desenvolvido em momento oportuno, que tal atitude dos historiadores do IHGB é historicamente datada e sofreu lá suas modificações. Nos *Anais do Congresso de História da Independência do Brasil*, publicado em 1975 ainda no contexto das efemérides do Sesquicentenário, encontram-se alguns trabalhos de teor crítico-historiográfico. Cf. OLIVEIRA, 1975. v. 1:135-144; MAIA, 1975. v. 6:155-184; CORREIA, 1975. v. 4:233-268. Ainda que sem uma discussão teórica que defina um conceito de historiografia a ser respeitado, a existência mesma de tais ensaios nos *Anais* de 1975 já indica uma mudança de atitude dos historiadores do IHGB em relação à prática histórica.

grafia em torno do tema da Independência[25], coube a Otávio Tarquínio de Sousa, encarregado dos verbetes "Independência - 1° Reinado - Regência", do *Manual Bibliográfico* organizado por Borba de Morais e W. Berrien [26]. Em 1950, havia realmente poucas obras substantivas sobre o processo de emancipação política, mas não tão poucas como as resenhadas. O autor, acatando a vertente inspirada em Oliveira Lima, acerta ao iniciar dizendo que não se compreenderá a Independência sem um conhecimento mais profundo do período joanino no Brasil, que, àquela altura, era obra praticamente exclusiva do próprio Oliveira Lima, com seu *D. João VI no Brasil*. (LIMA, 1945. 3 v)

Para o período que antecede imediatamente 1822, sugere como bibliografia indispensável as obras de José da Silva Lisboa, Visconde de Cairu (a *Memória dos benefícios políticos do governo de el-rei nosso Senhor D. João VI*, de 1818); as *Memórias para servir à história do Brasil*, do Padre Luís Gonçalves dos Santos (SANTOS, 1981); o último capítulo do Tomo V da *História Geral do Brasil*, de Varnhagen; e o clássico *D. João VI no Brasil*, de Oliveira Lima. Portanto, o autor junta indistintamente relato, crônica e historiografia, sem a preocupação de expor qualquer justificativa ou critério teórico – e seria um anacronismo cobrar-lhe tanto. Considera aquela última obra, com acerto, "o ponto mais alto da historiografia a respeito da fase preparatória da emancipação Brasileira". (SOUSA, 1950, p. 411)

Sobre a Independência propriamente, são destacados apenas três títulos: a *História da Independência do Brasil*, de Varnhagen; *O movimento da Independência*, de Oliveira Lima (fundamental por ter sido pioneiro ao apontar o caráter de transação do movimento – a tese do

---

25 Há que se considerar o conteúdo do conceito de "historiografia" a cada época. Cf. as definições da história conceitual proposta por KOSELLECK, 1993, e de outros autores, cf. veremos à frente.

26 SOUSA, Otávio Tarquínio. Independência - 1° Reinado - Regência. In: MORAES, 1950.

"desquite amigável") e *A elaboração da Independência*, Tobias Monteiro. Reconhece nas três obras as bases para o estudo da Independência: "Sem este livro [de Tobias Monteiro], o de Oliveira Lima e o de Varnhagen, só se poderá estudar a história da independência brasileira recorrendo às fontes primárias, aos documentos originais".

O biógrafo de D. Pedro exclui de sua análise referências à documentação impressa, como correspondência diplomática e provincial. Merece menor valor, em sua escala, a obra de Melo Morais, *História do Brasil-Reino e Brasil Império* (MORAIS, 1871), assim como as *Annotações*, de Menezes Drummond (DRUMMOND, 1890). Aqui também devemos sublinhar que se tratam de obras de caráter distinto. A primeira, embora realmente fragmentária, "escrita sem método nem rigor", foi produzida na segunda metade do século XIX; a segunda consiste no testemunho de um contemporâneo, que tomou partido no processo, tendo vivido muito próximo de Bonifácio e de outros personagens influentes. Tarquínio arrola, ainda, as *Cartas*, de Marrocos (MARROCOS, 1939), a Revista do Instituto Histórico e os jornais de época.

Na historiografia do Primeiro Reinado, destaque novamente a Tobias Monteiro, a John Armitage, a Pereira da Silva (SILVA, 1864-1868. 7v) (com justas ressalvas), a Cairu (a *História dos principais sucessos políticos do Império do Brasil*) e mais poucas outras obras. Como se percebe, coloca num mesmo plano analítico um historiador (posterior ao fato em um século), um contemporâneo, um memorialista e um cronista áulico da época. A análise historiográfica resume-se, na verdade, a uma indicação crítica da bibliografia existente, o que já não é pouco, considerando-se o estágio de desenvolvimento da disciplina História no Brasil em meados do século XX.

Dez anos depois de Tarquínio, Stanley Stein publicava um ensaio bibliográfico sobre a historiografia do Brasil monárquico (portanto, cujo enfoque cronológico era o período 1808-1889) que marcaria época. É forçoso lembrar que o escopo do ensaio é o de cobrir, em poucas páginas, a literatura dedicada ao período imperial produzida em quarenta anos (1920-1960) e não um estudo específico sobre a historiografia da Independência, a qual, não obstante, está contemplada e por isso o ensaio cabe nesta análise. Stein almeja quase que a uma sociologia do conhecimento: quer verificar se os historiadores, sob pressão das circunstâncias que lhes são contemporâneas, reinterpretaram o passado brasileiro, ou simplesmente iluminaram episódios negligenciados ou esquecidos. Desse objetivo deriva sua proposição metodológica:

> Para alcançar tal objetivo, não se fez nenhuma tentativa de analisar ou mesmo listar todas as publicações disponíveis. Alguns trabalhos foram selecionados primordialmente para ilustrar as correntes historiográficas principais, ou para servir como guias bibliográficos para pesquisas ulteriores. (STEIN, 1960)

Mais importante aqui do que avaliar a crítica historiográfica - de resto erudita e articulada - de Stein, é observar o método empregado para realizá-la. É notável que o grande *brazilianist* americano faz um uso instrumental do conceito de historiografia, a qual é evocada para ilustrar suas teses sobre a história do Brasil monárquico. Pensando-se metodologicamente, trata-se de um dos usos mais perigosos do conceito, uma vez que, se o autor não fez a listagem das publicações disponíveis, não tem parâmetros para dimensionar o universo das obras selecionadas em relação às obras efetivamente existentes; infere-se, ainda, a ausência de um critério objetivo de inclusão de obras no universo de análise, de modo a não se poder avaliar com rigor a significância de obras tanto incluídas como excluídas. A falta de tal critério induz ao risco de se ter deixado obras relevantes de fora e de se ter incluído na análise obras menos significativas no concerto historiográfico.

Com tais limites, o autor passa a analisar a historiografia subdividindo o período 1808-1889 em sub-períodos, contemplando a historiografia tradicional (século XIX) como objeto de sua análise. Para o período de 1808 a 1831, o principal trio de historiadores pré-1920 (ou os "velhos" historiadores) elencados são Armitage, Varnhagen e Oliveira Lima. Stein comenta rapidamente, em um único parágrafo, a obra de cada um e dá seu veredito:

> Enquanto grupo, os velhos historiadores negligenciaram a história econômica e social para enfocar a monarquia como fundadora da Independência e da unidade imperial do Brasil no século XIX. O "povo", como Oliveira Lima sugeriu, não teria sido um fator político. (*Idem*)

Passa, então, a analisar a historiografia, produzida depois de 1920, voltada ao período joanino e o primeiro império, sempre articulando (às vezes mecanicamente) obra e o momento de sua escrita. Destaca os nomes de Tobias Monteiro (*A elaboração da* Independência, 1927) e a biografia de D. Pedro I escrita por Otávio Tarquínio de Sousa [27], sendo suas anotações ao texto quase caricaturais: no primeiro predominaria um viés anti-lusitano indefectível, que renega a reabilitação de D. João promovida por Oliveira Lima e pinta D. Carlota como uma reacionária incorrigível; o segundo cobriria em larga medida as manipulações do poder político desde o casamento dos pais de D. Pedro (1785) até sua morte em Portugal (1834). Embora sustentados por vasta pesquisa documental, ambos falhariam por dar maiores ênfases na política e nos aspectos biográficos dos dirigentes e em função da negligência aos principais aspectos econômicos e sociais daquelas décadas, como a insolvência financeira do primeiro Império e a falência do banco do Brasil, ou a manutenção da escravidão e do tráfico e sua relação com a sobrevivência da monarquia ou o imperialismo brasileiro no Prata (p. 239).

Como dito acima, o próprio objetivo do ensaio não possibilita uma discussão da historiografia da Independência, mas do período, já que o recorte do autor é cronológico. Ainda assim, não fica justificado qualquer critério de inclusão, para que o leitor possa ter um parâmetro

27 SOUSA, 1988. 3 v. A primeira edição é de 1952.

de quais e quantas obras "não significativas" deixaram de fazer parte de sua análise.

Também de 1960 é uma obra que guiou por muitos anos os interessados em iniciarem-se no estudo da nossa história. O polêmico historiador marxista Nelson Werneck Sodré[⊠], em seu verdadeiro guia de leitura da historiografia brasileira (SODRÉ, 1960. 388 p), inicia seus verbetes sempre com uma breve "Introdução Histórica". No caso da Independência, afirma com correção que uma das grandes falhas da historiografia brasileira, no passado e ainda hoje, consiste em dissociar o processo da Independência brasileira do seu contexto histórico global, "seja pelo esquecimento das transformações operadas na Europa desde os fins do século XVIII, que se refletiram nas áreas coloniais e impulsionaram a solução da autonomia, seja pela omissão do que ocorreu na própria América" (p. 122). É interessante o julgamento de Sodré de que o processo de Independência dos povos coloniais em toda a América foi "único", apesar das diferenças, desde o Vice-reinado do México até o do Brasil, passando por Nova Granada, Peru e Prata. Juízo altamente questionável, fundado numa concepção de história estrutural de espectro global. Tal ideia, levada ao paroxismo, é insustentável. Se uma visão de conjunto, que suscite a análise comparativa é necessária e muito bem vinda, ela só ganha sentido em contraponto com o conhecimento das realidades regionais.[28] Menciona, ainda, dez "Fontes principais" para o estudo do processo de "elaboração da Independência" (cap. XIX), livros entre os quais destaca os de Webster (WEBSTER, 1944), Manchester[29] e

28 Como demonstra Richard Graham , no exercício comparativo que faz sobre o imaginário da monarquia entre as pessoas comuns da Argentina, Chile, México e Brasil no início do século XIX. Cf. GRAHAM, Richard. Prefácio. In: MALERBA, 2000, p. iv-viii.

29 MACHESTER, 1933. Há tradução brasileira.

Oliveira Lima[30]; após a listagem apresenta um comentário de um parágrafo sobre cada obra arrolada.

Em seguida aos comentários, indica dezessete "fontes subsidiárias", entre as quais junta historiografia (J. F. de Almeida Prado, Pedro Calmon e Luís Norton[31], entre outros), cronistas de época (Acursio das Neves, Marques de Lavradio)[32] e glosadores posteriores (Mello Morais, Manuel Gomes de Carvalho e Manuel Joaquim de Menezes)[33]. A mesma falta de critérios teóricos claramente estabelecidos para a definição do que seria fonte principal ou subsidiária repete-se no capítulo específico sobre a Independência (cap. XX, p. 128 e ss). Em sua breve "Introdução Histórica", faz uma periodização particular, situando o processo de Independência entre o Fico e os atos de reconhecimento internacional. "Na invasão napoleônica da península Ibérica, a centelha é acesa. A transferência da corte para o Brasil é a primeira fase e irrecorrível. A segunda ocorre depois do regresso da Corte para Portugal". Entre as dez "Fontes principais" distinguem-se: O. Lima (*O movimento da Independência* e *O reconhecimento do Império*), Tobias Monteiro, Otávio Tarquínio, Hildebrando Accioli (ACCIOLY, 1945). Nas dezoito fontes "subsidiárias", outra uma mixórdia: obras de historiografia, crônica de época, documentos impressos. Faltava ainda, nesse momento da disciplina histórica brasileira, um rigor conceitual que só em anos posteriores começaria a se esboçar.

30 LIMA, 1945. 3 v. A primeira edição é de 1908.

31 ALMEIDA PRADO, 1955. 383 p; CALMON, 1943. 324 p.; NORTON, 1979. 338 p. Primeira edição de 1938.

32 NEVES, 1810, Marques de Lavradio. 1937.

33 CARVALHO, Manuel E. Gomes de. *Os deputados brasileiros nas Cortes de Lisboa,* 1979. Primeira edição de 1912; MENESES, 1857.

Anos 70 e além: José Honório Rodrigues e desdobramentos

Talvez a tentativa mais bem-sucedida de estabelecimento de referenciais historiográficos – ainda não em termos de história da historiografia – do processo de Independência está na obra de José Honório Rodrigues. Pioneiro e entusiasta da reflexão historiográfica no Brasil, Rodrigues não poderia deixar de incluir uma carta de orientação bibliográfica de estudos da Independência na grande obra histórica que deixou sobre o tema.[34] Não cabe aqui entrar no mérito da proposta de periodização do processo, situada entre abril de 1821, ano do regresso de D. João a Portugal, e agosto de 1825, com o Tratado de Reconhecimento da Independência (*Idem*, 255). O que nos importa é o arrazoado da documentação publicada (arquivos diplomáticos, sobretudo), correspondência, literatura panfletária, jornais. Dentre aquilo que Prof. José Honório chama de "literatura histórica contemporânea", inclui-se Cairu ("rico em informação e documentação preciosa"), bem como a literatura histórica estrangeira: M. V. A. La Beaumelle, Alphonse de Beauchamp e Armitage, que julga ser "a melhor de todas".

São evocadas ainda fontes estrangeiras, legislação, histórias gerais e umas "histórias especiais", que talvez se pudesse melhor designar "específicas" sobre a Independência. Estão selecionados ali, em um parágrafo para cada autor e/ou obra, Varnhagen, Melo Morais, Pereira da Silva, sendo os dois últimos sumariamente detratados, até que com acerto não obstante os exageros: "O aparecimento de Melo Morais é um retrocesso. Médico, sem conhecimento específico, sem respeito às regras disciplinares, não apresenta história, nem documentação..." (*Idem*, p. 261). *A independência e o Império do Brasil* (1877), do mesmo autor, confundiria

34 RODRIGUES, 1975-. 5v. Seu ensaio "Historiografia da Independência e seleção de documentos" encontra-se no volume 3 dessa obra.

"o falso com o verdadeiro, o autêntico com o infidedigno, a história com a tradição" (p. 262).

É curiosa uma tese do renomado historiógrafo de que, entre 1877, data da obra de Mello Moraes, até às proximidades do Centenário, teria havido um grande "silêncio historiográfico" em torno do tema da Independência.

> Não sei os motivos que fizeram silenciar a história da Independência. Talvez o ufanismo republicano e a influência de Capistrano de Abreu, voltado para os estudos coloniais, expliquem a desatenção. A exceção é O Reconhecimento do Império (Rio de Janeiro, 1901), de Oliveira Lima, já que D. João VI no Brasil não pertence à Independência, mas à antiindependência. (*idem*, p. 262)

Curioso porque, se formos apenas aos volumes da Revista do IHGB, e se desconsiderarmos o que nela se publicou entre 1910 e 1922 (respeitando o interregno como "proximidade do Centenário"), encontramos trinta e dois títulos importantes sobre nosso tema, entre os quais reprodução de vasta documentação (ofícios, crônicas, documentos judiciários, depoimentos e análises de estadistas importantes, análises históricas - como peças de Cairu e de Silvestre Ferreira -, memórias etc) [35].

35 Como exemplos, lembramos os artigos seguintes, todos publicados na RIHG: ARARIPE, Tristão de Alencar. Expedição do Ceará em auxílio do Piauí e Maranhão. T. 48, 1a parte:235-588, 1885; ARARIPE, Tristão de Alencar. Independência no Maranhão. T. 48, 2a parte:159-179, 1885; ARARIPE. Tristão de Alencar. Patriarcas da Independência nacional. T. 57, 1a parte: 167-184, 1894; AZEVEDO, Moreira de. A independência do Brasil. T. 60:97-104, 1897; CASTRO, Olegarino Herculano de Aquino. Noticias dos sucessos políticos que precederam e seguiram-se à Proclamação da Independência na província de São Paulo. T. 41:237, 1878; COLEÇÃO dos ofícios que as Câmaras e mais autoridades da Província de Minas Gerais tem dirigido ao Príncipe Regente do Brasil. t. 66:11-82, 1903; CRÔNICA autêntica da regência do Brasil do Príncipe Real

Considerando-se a importância e o prestígio dos estudos publicados na revista do IHGB, é de se indagar se o suposto "silêncio" não teria outra

D. Pedro de Alcântara em série de cartas a seu pai augusto o Sr. d. João VI. t. 66:215, 1908; DOCUMENTOS sobre a prisão de João José da Cunha [Fidié]. t. 36:174-175, 1873; DORIA, Franklin. A Independência do Brasil. t. 59:151-203, 1896; EXCURSÃO do príncipe d. Pedro de Alcântara à província de S. Paulo em Agosto e setembro de 1822. t. 66:88-177, 1903; FERREIRA, Silvestre Pinheiro. Cartas sobre a Revolução do Brasil. t. 51:239-377, 1888; FERREIRA, Silvestre Pinheiro. Memórias políticas sobre os abusos gerais e o modo de fazer e prevenir a revolução popular. , t. 47:1-18, 1884; IDEiaS de Independência no Brasil em fins do século passado. t. 47(68): 123-132, 1884; INDEPENDÊNCIA do Império do Brasil. t. 37(48):195-212, 1874 ; LISBOA, José da Silva (Visconde de Cairu). História política do Brasil: antecedentes históricos da Independência, 1822-23. t. 66(107):179-211, 1903; LISBOA, José da Silva. História dos principais sucessos políticos do Império do Brasil. , v. 66(107):185-211, 1903; MARQUES, César Augusto. O Dia 28 de Julho no Maranhão. t. 49:301-309, 1886; MELLO, Francisco de Castro Canto e. Memória sobre a Declaração da Independência. t. 41:333, 1878; MELLO, Homem. História Política do Brasil – Antecedentes históricos da Independência. t. 66:5-6, 1903; *MEMÓRIA política sobre os abusos gerais e modo de os reformar e prevenir a revolução popular redigidas por ordem do Príncipe Regente no* Rio de *Janeiro em 1814 e 1815*. , v. 47(68):1-17, 1884; PORTELLA, Joaquim Pires Machado. Chegada da família real portuguesa à província da Bahia. , t. 45:5-11, 1882; RAFFARD, Henri. Apontamentos acerca de pessoas e coisas do Brasil. , 61(98):5-567, 1898; SILVA, J. B. de Andrada e. A ideia do autor sobre a organização política do Brasil, que no Reino Unido a Portugal que como Estado Independente. T. 51:78-85, 1888; SOCIEDADE defensora da liberdade e Independência do Brasil. t. 68:225-247, 1905; TAVARES, Francisco de Muniz. História da revolução em Pernambuco em 1817. , t. 60:103-291, 1897; CUNHA, Euclides da. Da Independência à República. , v. 69(114)5-71, 1906; MARQUES, César Augusto. O dia 28 de Julho: uma página da História do Maranhão. , v. 47(69):239-247, 1884; 49(73)301-309, 1886; PEIXOTO, José Maria Pinto. Duas palavras sobre D. Pedro I na época da Independência. , v. 56(88):5-33, 1893; MELO, Francisco de Castro Canto e. Um episódio da história-pátria: memória sobre a declaração da Independência. , v. 41(57):333-353, 1878.; CODECEIRA, José Domingos. Exposição de fatos que comprovam a prioridade de Pernambuco na Independência e liberdade nacional. , v. 53(81):327-342, 1890; MAPA dos

motivação intelectual em José Honório, que por certo conhecia tal bibliografia. Se havia um critério de exclusão, infelizmente o autor não o explicitou, o que exige de sua periodização historiográfica uma avaliação crítica ulterior.

Com o início dos festejos do centenário viriam várias obras. Destaca José Honório *O movimento da Independência*, de Oliveira Lima, "uma síntese bem feita" cujo principal defeito, concordando com a análise de Stein, seria ter negligenciado os aspectos econômicos e sociais, além de seguir a "linha ortodoxa" de análise: a "dos que não só reconhecem os benefícios do governo de D. João, como sua influência direta no movimento". Ainda assim considera-a indispensável, como a de Varnhagen. Em seguida, menciona João Romeiro[36], o herético jornalista antilusitano Assis Cintra (em vários trabalhos[37]) e o não menos herético Manuel Bonfim (*O Brasil na História*, 1931[38]).

À publicação do IGHB por ocasião do Centenário (*O Anno da Independência*) segue-se, na listagem do autor, a obra de *Tobias* Monteiro, "um considerável avanço na pesquisa", e a de Pedro Calmon (CALMON, 1928). No "sesquicentenário" saíram alguns títulos, como os de Eduardo Canabrava Barreiros (BARREIROS, 1972). A coletânea organizada por C. G. Mota (MOTA, 1986) teria valor desigual, por ser "sem unidade orgânica, e muito desequilibrado no valor da pesquisa e da contribuição". Chama a atenção o silêncio quanto às publicações comemorativas do IGHB e outras produzidas no ensejo do "Sesquicentenário", como a obra monumental (no sentido que atribui Le Goff (1993) ao termo) organizada por Josué Montello (MONTELLO, 1972. 4 v). Enumeram-se ainda algumas biogra-

navios apresados pela esquadra brasileira na luta da Independência desde 21 de março de 1823 a 12 de fevereiro de 1824. , v. 50(75):267-272, 1887.

36 ROMEIRO, 1915. Há uma nova edição de 1972.

37 Cf. CINTRA, 1934. CINTRA, 1923. CINTRA, 1921; CINTRA, 1921. As duas primeiras obras são mencionadas por José Honório, as duas últimas não.

38 Cf. também, BONFIM, 1996.

fias, como as de Tarquínio, algumas memórias, a *RIHGB* (sem nenhuma indicação mais precisa sobre qualquer dos 206 títulos sobre o processo de Independência nela contidos). Dadas tais lacunas, a análise da historiografia da Independência do Prof. José Honório, indiscutivelmente fundamental e bem executada para os padrões da época, quando cumpriu a tarefa de verdadeiro precursor dos estudos de crítica historiográfica no Brasil, hoje precisaria ser revista e atualizada, em função dos naturais avanços verificados no campo da teoria e da história da historiografia.

Depois da obra de José Honório, de 1975, encontrei apenas uma única tentativa de sistematização da historiografia da Independência. Cecília Helena L. de Salles Oliveira, em pesquisa originada na tese de doutorado defendida em 1987 e publicada em 1999 (OLIVEIRA, 1999), procura articular os projetos políticos dos homens da Independência ao contexto econômico que se transformava rapidamente em direção a uma economia de mercado livre. Sua análise historiográfica é oportuna aqui para discutirmos os procedimentos da critica historiográfica brasileira recente.

Um dos objetivos da autora é o de "investigar as razões pelas quais esse imaginário [dos grupos políticos em luta na corte] foi recriado pela historiografia":

> O primeiro [capítulo] é dedicado ao diálogo que, ao longo da pesquisa, pude estabelecer com conhecidas interpretações historiográficas, produzidas em momentos diferentes do processo de constituição da sociedade brasileira no século XIX e nesse século. (p. 8)

Para isso, atribui à historiografia (aos textos dos historiadores) "não apenas o caráter de obras de referência, mas o estatuto de fontes". Definitivamente, esse segundo propósito exigiria um maior esforço em sua execução. No capítulo I, "A historiografia e a Questão da Independência", após uma crítica ao conceito de fato e aos que assim trataram a Independência, a Autora anuncia que vai discorrer, nas restantes quarenta páginas do capítulo, sobre uma "bibliografia seleta" (p. 19). É imperioso observar os recortes e os princípios que os ordenam:

> A presença e a amplitude desses problemas não impõem, necessariamente, uma avaliação exaustiva do conjunto da produção historiográfica relativa ao período. Dessa forma, procurei realizar um diálogo com um pequeno, mas vigoroso, grupo de estudiosos e a opção por privilegiar as obras de Armitage, Varnhagen, Oliveira Lima, Caio Prado Jr, Emília Viotti da Costa, Maria Odila da Silva Dias e José Honório Rodrigues, respeitando-se a ordem em que foram editadas, alicerça-se no reconhecimento de que esses autores, seja pela natureza de sua argumentação seja pela documentação que trouxeram a público, tornaram-se referência obrigatória para quem se debruça sobre o tema uma vez que inspiraram inúmeras outras publicações.

A sequência do texto consiste na exegese das obras mencionadas. Ora, a falta de um critério rigoroso de inclusão não nos deixa alternativa a perguntar da representatividade do conjunto selecionado. Não temos dúvida de que, sim, trata-se de obras fundamentais para o estudo da Independência do Brasil. Mas questão é: porque essas e não outras? Entre Armitage e José Honório houve dezenas de pesquisas, ensaios e livros importantes sobre a história da Independência e não se apresenta argumento para se justificar, por exemplo, que Armitage seja mais importante ou substantivo para a historiografia do que M. V. A. La Beaumelle ou Alphonse de Beauchamp, já citados; que Oliveira Lima o seja sobre Tobias Monteiro ou Otávio Tarquínio de Sousa; Caio Prado Jr a Raimundo Faoro ou Sérgio Buarque de Holanda, e assim por diante. Não há fundamentação teórica para não se incluir nessa bibliografia seleta, interpretações da Independência como as de João Romeiro, Manuel Bonfim, Pedro Calmon ou, considerando-se a produção estrangeira, Kenneth Maxwell e Maria Beatriz Nizza da Silva[39] ou Leslie Bethell[40]. Aliás, é incompreensível o "apagamento" da memória da Independência dos números produzidos na Revista do IHGB, como investigou com sensibilidade Noé Freire Sandes em obra já citada. Pensemos apenas nos seis alentados volumes dos *Anais do Congresso da Independência do Brasil*, de 1975 e nos quatro grandes volumes organizados por Josué Montello. O mais curioso é que a tese é de 1987, quando já se tinha em mãos todas as recensões historiográficas sobre a Independência que analisamos até aqui, inclusive a do próprio José Honório, que a pesquisadora elenca, mas não explora, tendo em vista a seleção que apresenta. Tal dificuldade talvez ocorra em função da falta de parâmetros teóricos mais bem delimitados, de que ainda se recente a prática de crítica historiográfica no Brasil.

Como se percebe, ao se ter em conta o volume de títulos publicados ao longo de 180 anos e a evolução da disciplina História no Brasil, os exercícios de sistematização de tal literatura são numericamente parcos e teoricamente datados. Este breve bosquejo pretendeu resgatar o trabalho pioneiro daqueles que procuraram mapear, em diferentes épocas, a farta produção da historiografia da Independência do Brasil. A história dessa historiografia é uma obra monumental, que reclama por ser escrita.

Bibliografia

ACCIOLY, Hildebrando Pompeu Pinto. *O reconhecimento da independência do Brasil*. 2.ed. Rio de Janeiro : Imp. Nacional, 1945.

ALBUQUERQUE, Wlamyra Ribeiro de. *Algazarra nas ruas : comemorações da Independência na Bahia (1889-1932)*. Campinas, SP : Ed. da Unicamp, Centro de Pesquisa em História Social da Cultura, 1999.

39 MAXWELL, K. Condicionalismos da Independência do Brasil; SILVA, M. B. N. da. Da revolução de 1820 à Independência do Brasil.In: SILVA, 1986, p. 333-443.

40 Cf. BETHELL, L. The Independence of Brazil. In: BETHELL, 1985. p. 157-97.

ALMEIDA PRADO, J. F. *Tomás Ender: pintor austríaco na corte de D. João VI no* Rio de *Janeiro. Um episódio da formação da classe dirigente brasileira (1817-1818).* São Paulo: Companhia Editora Nacional, 1955.

ANKERSMIT, Frank. The Dilemma of Contemporary Anglos-Saxon Philosophy of History.*History & Theory*, 25: p. 26, 1986.

ARARIPE, Tristão de Alencar. Expedição do Ceará em auxílio do Piauí e Maranhão. *R.I.H.G.B.*, T. 48, 1a parte:235-588, 1885.

ARARIPE, Tristão de Alencar. Independência no Maranhão, *R.I.H.G.B.*, T. 48, 2a parte:159-179, 1885.

ARARIPE. Tristão de Alencar. Patriarcas da Independência nacional, *R.I.H.G.B.*, T. 57, 1a parte: 167-184, 1894.

ARMITAGE, João. *História do Brasil. Desde a chegada da família de Bragança, em 1808, até a abdicação de D. Pedro I, em 1831, compilada à vista dos documentos públicos e outras fontes originais formando uma continuação da História do Brasil, de Southey.* Trad. Eugênio Egas. São Paulo: Martins, 1972.

ARMITAGE, John. *The History of Brazil, from the period of the arrival of the Braganza Family in 1808, to the abdication of Don Pedro The First in 1831*. Londres: Smith, Elder & Co., 1836. 2 v.

AZEVEDO, Moreira de. A independência do Brasil, *R.I.H.G.B.*, T. 60:97-104, 1897.

BARMAN, Roderick J. *Brazil: the forging of a nation* (1798-1852). Stanford : Stanford University Press, 1988.

BARREIROS, Eduardo Canabrava. *Itinerário da Independência*. Prefácio de Pedro Calmon. Rio de Janeiro : J. Olympio, 1972.

BEAUCHAMP, Alphonse de. *L'Indépendance de L'Empire du Brésil, presentée aux Monarques Européens.* Paris, 1824.

BERBEL, Márcia Regina. *A nação como artefato.* Deputados do Brasil nas cortes portuguesas (1821-1822). S. Paulo : Hucitec/FAPESP, 1999.

BETHELL, L. The Independence of Brazil. In: BETHELL, L. (ed.). *The Cambridge history of Latin America.* V. III. *From Independence to c. 1870.* Cambridge: Cambridge University Press, 1985.

BETHELL, L. (ed.). *The Cambridge history of Latin America.* V. III. *From Independence to c. 1870.* Cambridge: Cambridge University Press, 1985.

BONFIM, Manoel. *O Brasil Nação.* Realidade da soberania brasileira. 2 ed. Rio de Janeiro: Topbooks, 1996.

BOUTIER, Jean; JULIA, Dominique. *Passados recompostos;* campos e canteiros da história. Trad. Marcella Mortara e Anamaria Skinner. Rio de Janeiro: UFRJ/FGV, 1998

CALMON, Pedro. *História da independência do Brasil.* Rio de Janeiro: Imp. Nacional, 1928.

CALMON, Pedro. *O rei do Brasil; vida de D. João VI.* 2 ed. São Paulo: Companhia Editora Nacional, 1943.

CARVALHO, José Murilo de. *A construção da ordem: a elite polítca imperial.* Brasília: Universidade de Brasília, 1981.

CARVALHO, José Murilo de. *Teatro de sombras: a política imperial.*São Paulo: Vértice, Rio de Janeiro: IUPERJ, 1988.

CARVALHO, Manuel E. Gomes de. *Os deputados brasileiros nas Cortes de Lisboa.* Brasília : UnB, 1979. Primeira edição de 1912.

CASTRO, Olegarino Herculano de Aquino. Noticias dos sucessos políticos que precederam e seguiram-se à Proclamação da Independência na província de São Paulo, *R.I.H.G.B.*, T. 41:237, 1878.

CINTRA, Assis. *D. Pedro I e o grito da Independência.* São Paulo: Melhoramentos, 1921.

CINTRA, Assis. *O homem da Independência* (História documentada de José Bonifácio, no seu pseudo-patriciado e da política do Brasil em 1822). São Paulo: Melhoramentos: 1921.

CINTRA, Francisco de Assis. *A revolução que fez o Império*. 4.ed. São Paulo : Imp. Commercial, 1934.

CINTRA, Francisco de Assis. *Revelações históricas para o centenário*. Rio de Janeiro : Liv. Leite Ribeiro, 1923.

CODECEIRA, José Domingos. Exposição de fatos que comprovam a prioridade de Pernambuco na Independência e liberdade nacional, *R.I.H.G.B.*, v. 53(81):327-342, 1890.

COLEÇÃO dos ofícios que as Câmaras e mais autoridades da Província de Minas Gerais tem dirigido ao Príncipe Regente do Brasil, *R.I.H.G.B.*, t. 66:11-82, 1903.

CORREIA, Jonas. A independência na Revista do Instituto Histórico e Geográfico Brasileiro. IN: *Anais do Congresso de História da Independência do Brasil*. Rio de Janeiro: Departamento de Imprensa Nacional, 1975. v. 4:233-268.

CRÔNICA autêntica da regência do Brasil do Príncipe Real D. Pedro de Alcântara em série de cartas a seu pai augusto o Sr. d. João VI, t. 66:215, 1908.

Crônica autêntica da Regência do Brasil do Príncipe Real o Sr. D. Pedro de Alcântara em série de cartas a seu Augusto Pai o Sr. D. João VI e proclamações autógrafas, manifestos e diplomas. [s.n.t.] 1829.

CUNHA, Euclides da. Da Independência à República., *R.I.H.G.B.*, v. 69(114)5-71, 1906.

DIAS, Maria Odila Leite da Silva. A interiorização da metrópole (1808-1853). In: MOTA, C. G. *1822: Dimensões*. S. Paulo : Perspectiva, 1972.

DOCUMENTOS sobre a prisão de João José da Cunha [Fidié], *R.I.H.G.B.*, t. 36:174-175, 1873.

DORIA, Franklin. A Independência do Brasil, *R.I.H.G.B.*, t. 59:151-203, 1896.

DRUMMOND, A. M. V. De. *Anotações de A. M. V. de Drummond à sua biografia* (Extraídas do v. 13 dos *Anais da Biblioteca Nacional*) Rio de Janeiro: G. Leuzinger & F.os, 1890.

ELIAS, Norbert. Processes of state formation and nation building. In: World Congress of Sociology. *Transactions of* 7th. *World Congress of Sociology.* Viena, 1972. v. 3.

EXCURSÃO do príncipe d. Pedro de Alcântara à província de S. Paulo em Agosto e setembro de 1822, *R.I.H.G.B.*, t. 66:88-177, 1903.

FAGUNDES, Morivalde Calvet. *O grito do Ipiranga : uma fantasia.* Caxias do Sul, RS : Ed. da Universidade de Caxias do Sul, 1997.

FERREIRA, Silvestre Pinheiro. Cartas sobre a Revolução do Brasil, *R.I.H.G.B.*, *R.I.H.G.B.*, t. 51:239-377, 1888.

FERREIRA, Silvestre Pinheiro. Memórias políticas sobre os abusos gerais e o modo de fazer e prevenir a revolução popular, *R.I.H.G.B.*, t. 47:1-18, 1884.

GRAHAM, Richard. Prefácio. In: MALERBA, J. *A corte no exílio.* São Paulo: Companhia das Letras, 2000.

HARTOG, F. Arte da narrativa histórica. In: BOUTIER, Jean; JULIA, Dominique. *Passados recompostos;* campos e canteiros da história. Trad. Marcella Mortara e Anamaria Skinner. Rio de Janeiro: UFRJ/FGV, 1998.

HOLANDA, Sérgio Buarque de. A herança colonial – sua desagregação. In: HOLANDA, Sérgio Buarque de. *H.G.C.B.* (tomo II, 1º v.). S. Paulo : Difel, 1970.

HOLANDA, Sérgio Buarque de. A herança colonial – sua desagregação. In: HOLANDA, Sérgio Buarque de. *H.G.C.B.* (tomo II, 1º v.). S. Paulo : Difel, 1970.

IDEiaS de Independência no Brasil em fins do século passado, *R.I.H.G.B.*, t. 47(68): 123-132, 1884.

INDEPENDÊNCIA do Império do Brasil, *R.I.H.G.B.*, t. 37(48):195-212, 1874.

JANCSÓ, Istvan; PIMENTA, João Paulo G. Peças de um mosaico, (ou apontamentos para o estudo da emergência da identidade nacional brasileira). In: MOTA, Carlos Guilherme. *Viagem Incompleta. A experiência brasileira (15000-2000). Formação: Histórias.* São Paulo: Editora SENAC, 2000.

KOSELLECK, Reinhart. *Futuro pasado.* Para uma semántica de los tiempos históricos. Trad.Norberto Smilg. Barcelona: Paidós, 1993

KOSELLECK, Reinhart. *Futuro pasado.* Para una semántica de los tiempos históricos. Trad.Norberto Smilg. Barcelona: Paidós, 1993.

La Beaumelle, M. M. Angliviel. *De L'Empire du Brésil, considere sous sés rapports politiques et commerciaux.* Paris, Bossange frères, 1823.

LAVRADIO, Marques dO. *D. João VI e a Independência do Brasil. últimos anos de seu reinado.* Lisboa:1937.

LEGOFF, Jacques. *História e memória.* Trad. Campinas: Unicamp, 1993.

LEITE, Renato Lopes. *Republicanos e libertários.* Pensadores no Rio de Janeiro (1822). Rio de Janeiro: Civilização Brasileira, 2000.

LIMA, Manuel de Oliveira. *D. João VI no Brasil (1808-1821).* 2 ed. Rio de Janeiro, José Olímpio, 1945. 3 v.

LIMA, Manuel de Oliveira. *D. João VI no Brasil (1808-1821).* 2ª ed. Rio de Janeiro, José Olímpio, 1945. 3 v.

LIMA, Manuel de Oliveira. *O movimento da Independência 1821-1822*. São Paulo: Melhoramentos, 1922.

LISBOA, José da Silva (Visconde de Cairu). História política do Brasil: antecedentes históricos da Independência, 1822-23, *R.I.H.G.B.*, t. 66(107):179-211, 1903.

LISBOA, José da Silva, Visconde de Cairu. *História dos Principais sucessos Políticos do Império do Brasil.* Rio de Janeiro: Imprensa Nacional, 1826 a 1830. 4 t.

LISBOA, José da Silva. História dos principais sucessos políticos do Império do Brasil, *R.I.H.G.B.*, v. 66(107):185-211, 1903.

LUSTOSA, Isabel, *Insultos impressos : a guerra dos jornalistas na Independência* (1821-1823). São Paulo: Companhia das Letras, 2000.

MACHESTER, Alan. *British preeminence in Brasil, its rise and decline.* Chapell Hill, 1933.

MAIA, João do Prado. A historiografia naval brasileira na Independência. IN: *Anais do Congresso de História da Independência do Brasil.* Rio de Janeiro: Departamento de Imprensa Nacional, 1975. v. 6:155-184.

MALERBA, J. *A corte no exílio.* São Paulo: Companhia das Letras, 2000.

MALERBA, J. *Os brancos da lei; liberalismo, escravidão e mentalidade patriarcal no Império do Brasil* (1830-1808). Maringá: Eduem, 1994.

MALERBA, Jurandir. *A corte no exílio.* Civilização e poder no Brasil às vésperas da Independência. São Paulo : Cia. das Letras, 2000.

MAPA dos navios apresados pela esquadra brasileira na luta da Independência desde 21 de março de 1823 a 12 de fevereiro de 1824, *R.I.H.G.B.*, v. 50(75):267-272, 1887.

MARQUES, César Augusto. O Dia 28 de Julho no Maranhão, *R.I.H.G.B.*, t. 49:301-309, 1886.

MARQUES, César Augusto. O dia 28 de Julho: uma página da História do Maranhão, *R.I.H.G.B.*, v. 47(69):239-247, 1884; 49(73)301-309, 1886.

MARROCOS. Luís Joaquim dos Santos. *Cartas*. Rio de Janeiro, *Separata do volume LVI dos "Anais da Biblioteca Nacional"*, 1939.

MATTOS, Ilmar R. de. *O tempo saquarema*. São Paulo: Hucitec, 1987.

MAXWELL, K. Condicionalismos da Independência do Brasil; SILVA, M. B. N. da. Da revolução de 1820 à Independência do Brasil.In: SILVA, M. B. N. da. (coord.). *O império Luso-brasileiro 1750-1822*. Lisboa: Estampa, 1986, p. 333-443.

MELLO, Francisco de Castro Canto e. Memória sobre a Declaração da Independência, *R.I.H.G.B.*, t. 41:333, 1878.

MELLO, Homem. História Política do Brasil - Antecedentes históricos da Independência, *R.I.H.G.B.*, t. 66:5-6, 1903.

MELO, Evaldo Cabral de. Frei Caneca ou a outra Independência. In: MELO, Evaldo Cabral de (org.). *Frei Joaquim do Amor Divino Caneca*. São Paulo: Editora 34, 2001.

MELO, Francisco de Castro Canto e. Um episódio da história-pátria: memória sobre a declaração da Independência, *R.I.H.G.B.*, v. 41(57):333-353, 1878.

MEMÓRIA política sobre os abusos gerais e modo de os reformar e prevenir a revolução popular redigidas por ordem do Príncipe Regente no Rio de *Janeiro em 1814 e 1815*, *R.I.H.G.B.*, v. 47(68):1-17, 1884.

MENESES, Manuel Joaquim de. *Exposição histórica da maçonaria no Brasil, particularmente na província do* Rio de *Janeiro em relação com a Independência e integridade do Império*. Rio de Janeiro : Emp. Nacional do Diário, 1857.

MONTEIRO, Tobias. *História do Império: a elaboração da Independência.* São Paulo: Edusp; Belo Horizonte: Itatiaia, 1981. 2 v.

MONTELLO, J. (dir.). *História da Independência do Brasil.* Rio de Janeiro: A Casa do Livro, 1972. 4 v. (Edição comemorativa do Sesquicientenário)

MORAIS, Alexandre José de Mello. *História do Brasil-Reino e Brasil Império.* Rio de Janeiro: Pinheiro & C., 1871. 2 v.

MOTA, Carlos Guilherme (org.). *1822: dimensões.* São Paulo: Perspectiva, 1986.

MOTA, Lourenço Dantas (org.). *Um banquete no trópico.* 2 ed. São Paulo: Editora SENAC São Paulo, 1999.

NEVES, Acursio das. *História geral da invasão dos franceses em Portugal e da restauração deste reino.* Lisboa: 1810.

NORTON, Luís. *A corte de Portugal no Brasil.* 2 ed. São Paulo: Companhia Editora Nacional, 1979. 338 p.Primeira edição de 1938.

NOVAIS, Fernando Antônio. *Portugal e Brasil na crise do antigo sistema colonial (1777-1808).* 2ª ed. São Paulo, Hucitec, 1983.

ODÁLIA, Nilo. *As formas do mesmo. Ensaios sobre o pensamento historiográfico de Varnhagen e Oliveira Vianna.* São Paulo: Editora da Unesp, 1997.

OLIVEIRA, Antônio Camilo de. Bibliografia da história do reconhecimento da Independência. IN: *Anais do Congresso de História da Independência do Brasil.* Rio de Janeiro: Departamento de Imprensa Nacional, 1975. v. 1:135-144.

OLIVEIRA, Cecília Helena L. de Salles. *A astúcia liberal. Relações de mercado e projetos políticos no Rio de Janeiro (1820-1824).* Bragança Paulista: Edusf/Ícone, 1999.

OLIVEIRA, Cecília Helena L. de Salles. *A astúcia liberal.Relações de mercado e projetos políticos no* Rio de *Janeiro (1820-1824)*. Bragança Paulista: Edusf/Ícone, 1999.

PEIXOTO, José Maria Pinto. Duas palavras sobre D. Pedro I na época da Independência, *R.I.H.G.B.*, v. 56(88):5-33, 1893.

PONTES, Elio Monnerat Solon de. *28 de janeiro, Independência do Brasil*. 2. ed. rev. Niteroi, RJ : Clube de Literatura Cromos, 1998.

PORTELLA, Joaquim Pires Machado. Chegada da família real portuguesa à província da Bahia, *R.I.H.G.B.*, t. 45:5-11, 1882.

PRADO JR, Caio. *Formação do Brasil contemporâneo*. 18 ed. São Paulo: Brasiliense, 1983.

PROENÇA. Maria Cândida. *A Independência do Brasil*. Lisboa: Grupo de Trabalho do Ministério da Educação para as Comemorações dos Descobrimentos Portugueses; Colibri, 1999.

RAFFARD, Henri. Apontamentos acerca de pessoas e coisas do Brasil, *R.I.H.G.B., v.* 61(98):5-567, 1898.

REIS, José Carlos. *As identidades do Brasil: de Varnhagen a FHC*. 2 ed. Rio de Janeiro: Editora FGV, 1999.

RODRIGUES, Jose Honório. *Independência : revolução e contra-revolução*. Rio de Janeiro : F. Alves, 1975, 3 v.

RODRIGUES, Jose Honório. *Independência : revolução e contra-revolução*. Rio de Janeiro : F. Alves, 1975-. 5v.

ROMEIRO, João. *De D. João VI à Independência*. Rio de Janeiro: Jornal do Commercio, 1915. Há uma nova edição de 1972.

SAITTA, Armando. Historia y Historiografia. In: *Guía crítica de la Historia y de la Historiografía*. México: FCE, 1996.

SANDES, Noé Freire. *A invenção da nação*. Entre a Monarquia e a República. Goiânia: Editora da UFG: Agência Goiana de Cultura Pedro Ludovico Teixeira, 2000.

SANTOS, Afonso M. dos. *No rascunho da nação*: inconfidências no Rio de Janeiro. Rio de Janeiro : Prefeitura Municipal do Rio de Janeiro, 1992.

SANTOS, Luís Gonçalves dos. *Memórias para servir à história do Brasil*. Belo Horizonte: Itatiaia; São Paulo: Edusp, 1981. 2 t.

SAUL, Renato. *A modernidade aldeã*. Porto Alegre : Editora da Universidade, 1989.

SCHAFF, Adam. *História 4e verdade*. Trad. Maria Paula Duarte. 2 ed. São Paulo: Martins Fontes, 1983.

SCHWARCZ, Lilia. *As barbas do Imperador*, São Paulo: Companhia das Letras, 1998.

SCHWARCZ, Lilia. *O espetáculo das raças; cientistas, instituições e questão racial no Brasil (1870-1930)*. São Paulo: Companhia das Letras, 1993.

SCHWARCZ, Lilia. *O espetáculo das raças; cientistas, instituições e questão racial no Brasil (1870-1930)*. São Paulo: Companhia das Letras, 1993.

SILVA, J. B. de Andrada e. A ideia do autor sobre a organização política do Brasil, que no Reino Unido a Portugal que como Estado Independente, *R.I.H.G.B.*, T. 51:78-85, 1888.

SILVA, João Manuel Pereira da. *História da fundação do império brasileiro*. Rio de Janeiro : B.L. Garnier, 1864-1868. 7v.

SILVA, Marcos Antônio da (org.). *Nelson Werneck Sodré na historiografia brasileira*. Bauru: Edusc. 2001.

SOCIEDADE defensora da liberdade e Independência do Brasil, *R.I.H.G.B.*, t. 68:225-247, 1905.

SODRÉ, Nelson Werneck. *O que se deve ler para conhecer o Brasil*. Centro Brasileiro de Pesquisas Educacionais, 1960.

SOUSA, Otávio Tarquínio de. *A vida de D. Pedro I*. Belo Horizonte, Itatiaia; São Paulo, Edusp, 1988. 3 v. A primeira edição é de 1952.

SOUSA, Otávio Tarquínio. Independência – 1° Reinado – Regência. In: MORAES, Rubens Borba de; BERRIEN, W. *Manual bibliográfico de estudos brasileiros*. Rio de Janeiro, 1950.

SOUZA, Iara Lis Caravalho. *Pátria coroada*. O Brasil como corpo político autônomo (1780-1831). S. Paulo : Editora UNESP, 1999.

SOUZA, Iara Liz Carvalho. *Pátria coroada. O Brasil como corpo político autônomo(1780-1831)*. São Paulo, Editora da Unesp, 1999.

STEIN, Stanley J. The historiography of Brazil, 1808-1889. *Hispanic American Historical Review*, Durham, v. 40, n. 2, p. 234-78, 1960.

TAVARES, Francisco de Muniz. História da revolução em Pernambuco em 1817, *R.I.H.G.B.*, t. 60:103-291, 1897.

VARNHAGEN, Francisco Adolfo de. *História da Independência do Brasil*. 4 ed. São Paulo: Melhoramentos, s/d

VIANA, Hélio. Explicação. In: VARNHAGEN, Francisco Adolfo de. *História da Independência do Brasil*. 4 ed. São Paulo: Melhoramentos, s/d.

WEBSTER, C. K. *G Bretaña y la Independencia de America Latina*. Buenos Aires, 1944.

WEHLING, Arno (org.) *Origens do Instituto Histórico e Geográfico Brasileiro: ideias filosóficas e sociais e estruturas de poder no Segundo Reinado*. Rio de Janeiro: IHGB, 1989.

WEHLING, Arno. *Estado, história, memória: Varnhagen e a construção da identidade nacional*. Rio de Janeiro: Nova Fronteira, 1999.

Capítulo 3

As Independências do Brasil
ponderações teóricas em perspectiva historiográfica[1]

Em um seminário que tive o privilégio de organizar em 2003, chamado "New Approaches to Brazilian Historiography", junto ao Centre for Brazilian Studies da Universidade de Oxford, começaram a se desenhar algumas das questões que pretendo desenvolver a seguir. Para aquela ocasião, eu havia preparado um *paper* de abertura, onde fazia um balanço da historiografia da Independência nos últimos 25 anos – desde 1980 para cá.

Afirmei, naquela oportunidade, que as questões que hoje levantam os historiadores da Independência do Brasil são virtualmente as mesmas que se levantaram nos últimos 180 anos, questões que as diversas gerações de historiadores, com maior ou menor sucesso, responderam a seu modo. A recente vaga revisionista da história da Independência está aí a demonstrar que nem tudo é consenso no que concerne a temas os mais visitados pela historiografia, relativos à questão de porquê, afinal de contas, sucedeu-se a independência do Brasil de Portugal. À medida que se qualifica o debate, percebe-se a recorrência de diferentes perspectivas do objeto, índices das preocupações, interesses e habilidades de cada geração de historiadores. Entre essas questões eu destacava:

- qual ou quais fatores, forças, processos, atores conduziram ao desfecho da emancipação política?

1 Publicado como "As independências do Brasil". São Paulo, *História*, v. 24, p. 99 - 126, 2005.

- teria havido algum projeto "nacional" fundamentando o movimento?
- havia algum tipo de unidade na América de colonização portuguesa à época da Independência?
- quais as periodizações mais consistentes produzidas pela historiografia?
- a vinda da corte para o Rio de Janeiro terá protelado ou deflagrado a Independência?
- que tipo de relação a Independência guarda com os movimentos insurrecionais do final do XVIII?
- qual o caráter da Independência: conservadora, reformista ou revolucionária?
- quais foram os efeitos da crise do antigo sistema colonial no processo de independência?
- que peso atribuir, igualmente, às radicais transformações culturais – ou civilizacionais – geradas com a abertura de 1808 e o afluxo de levas de migrantes de todos os pontos?
- o que há de ruptura e o que há de continuidade no processo de independência?
- qual o caráter dos movimentos insurreicionais que ocorreram nos anos da Independência?
- qual o papel desempenhado por partidos e ideologias?
- quais a relações do movimento de restauração de 1820 em Portugal com a independência?
- qual o papel desempenhado pelo rei e sua casa dinástica?
- que peso atribuir à ação de grupos organizados, como a maçonaria, por exemplo?
- como se deu a participação popular no movimento de independência?
- como agiram ou reagiram os grupos sociais nas diferentes províncias?

Essas questões, muitas delas tão antigas como o próprio acontecimento que elas procuram explicar, ocupam grande parte dos historiadores da independência até hoje. "Independência do Brasil". Não vou retomar aqui as calorosas discussões que animaram aquelas inesquecíveis tardes de maio do ameno verão inglês. Minhas problematizações tentavam seguir o passo da própria historiografia. Independência do Brasil: termo composto, partes ambíguas.

O quê, quando, "Independência"?

Onde, quem "do Brasil"?

Aqueles que buscam responder a essas questões provocativas acabam desaguando diretamente nos impasses e diferentes soluções interpretativas postas na mesa pela historiografia competente. A primeira remete ao problema central da precedência ou não de algo como uma "nação", ainda que embrionária, ou "sentimento nacional", mesmo que tímido, que tivesse motivado os "brasileiros" na peleja por sua autonomia frente à metrópole. Esta primeira imediatamente reclama a segunda questão: mas o que era o Brasil? Quem os "brasileiros"? Aí, o problema da unidade (ou não) da América Portuguesa e da identidade (social, racial, cultural?) de seus habitantes. Mas vou manter o juízo para não cair na tentação de querer resgatar aqui a essas questões, muito menos de ousar respondê-las.

O que me veio tilintando na mente desde o seminário – e muito em função das reflexões teóricas que venho avançando em projetos editoriais e na prática docente – é o fato de que, sim, muitas dessas questões, respondidas distintamente a cada geração (e distintamente dentro de uma mesma geração) são antigas, foram levantadas há muito tempo e respondidas a seu modo a cada momento. Mas, este é o ponto, outras questões não estiveram sempre na mesa. São novas, inéditas – o que não implica, necessariamente, que sejam mais ou menos importantes do que as velhas questões consagradas.

E porque isso acontece? Hoje eu vou fazer um exercício despretensioso, um pensar em voz alta essa propriedade da historiografia, esse seu caráter fundamental que é sua própria historicidade. E vou fazer isso por meio da comparação de duas obras bastante similares em seu escopo, mas já bem diversas quanto a seus conteúdos. Vou comparar a clássica coletânea organizada pelo Prof. Carlos Guilherme Mota (*1822: dimensões*), com a obra coletiva que estou organizando a partir das discussões que começaram em Oxford, em vias de publicação. [2]

1972: DIMENSÕES

Nada mais oportuno do que uma efeméride para se promover um ou se inserir num debate. No caso, as comemorações do "Sesquicentenário da Independência" deram ensejo à publicação de uma verdadeira avalanche de obras sobre a independência, entre as quais uma que logrou alcançar merecida fortuna crítica. Prof. Carlos Guilherme Mota reuniu

---

2 Poder-se-ia objetar que a metodologia que utilizo nesta abordagem é imprópria em função do universo diminuto das obras selecionadas para comparação. A própria coletânea organizada por C. G. Mota, de acordo com a impiedosa avaliação de José Honório Rodrigues, teria valor desigual, por ser "sem unidade orgânica, e muito desequilibrado no valor da pesquisa e da contribuição" (Cf. RODRIGUES, 1975-. 5v. Seu ensaio "Historiografia da Independência e seleção de documentos" encontra-se no volume 3 dessa obra). É verdade que houve uma verdadeira avalanche de publicações em função do "sesquicentenário" da Independência, como os de Eduardo Canabrava Barreiros (Cf. BARREIROS, 1972) ou a obra monumental organizada por Josué Montello (CF. MONTELLO, J. 1972). O próprio Prof. Mota já havia dado enorme contribuição ao tema da independência em outras obras suas, particularmente no *Brasil em Perspectiva* (Cf. MOTA, 1968).Eu mesmo fiz um balanço desses grandes fluxos historiográficos e sua fortuna crítica (Cf. MALERBA, 2004). Porém, minha pretensão aqui hoje não é rigorosamente a de esgotar toda essa bibliografia, mas apenas a de fazer um exercício comparativo entre dois momentos historiográficos diversos. Nesse sentido, as obras comparadas assemelham-se em pontos fundamentais: são compostas de ensaios produzidos por historiadores profissionais, acadêmicos, familiarizados com o arsenal teórico e crítico mais atualizado de suas épocas. Essas características garantem, quero crer, a legitimidade deste exercício comparativo.

contribuições dele e de outros dezessete renomados colaboradores para apresentar o estado da arte no que tange ao debate histórico-historiográfico sobre a Independência àquela altura.

Depois dos "Preliminares à discussão", o organizador agrupou os ensaios em dois níveis: "Das dependências" e "Das Independências". O primeiro, de escopo *geral*, onde, "... ao lado de indagação mais teórica, ficam indicados alguns mecanismos de passagem do Antigo sistema colonial para o sistema mundial de dependências, permitindo discutir, tanto do lado europeu como do brasileiro, o significado de 1822".

Nesse primeiro grupo estão os ensaios de Fernando Novais sobre "As dimensões da Independência", de J. Godechot ("Independência do Brasil e Revolução do Ocidente), de F. Mauro sobre a conjuntura atlântica, de Joel Serrão sobre a inserção de Portugal nela, sobre europeus no Brasil (Mota) e brasileiros nas cortes constituintes (Fernando Thomaz) e, ainda, os ensaios clássicos de Emilia Viotti da Costa sobre Bonifácio e de Maria Odila Dias sobre a "interiorização da metrópole".

O segundo "nível", sempre de acordo com o organizador, seria "mais *localizado*", perscrutando as nuances regionais de enfrentamento da Independência nas várias partes do Brasil. Aqui, quase que num lamento, Prof. Mota diz que a abordagem se torna inevitavelmente *événementiele*, embora os autores não descurem da consideração de "processos maiores em que se articulam as diversas regiões", pois sabem que, "em história, os eventos não podem ser analisados desvinculados de *sistemas*, de *estruturas*, de *processos*". (MOTA, 1972, p. 11, 12) Neste "segundo nível" de análise incluem-se ensaios sobre o processo de independência nas diversas regiões ou mesmo províncias (Norte e Nordeste são abordados no atacado; Bahia, Goiás, Minas, Rio, São Paulo e Rio Grande do Sul, no varejo).

Podemos ficar mais alguns instantes nessas "preliminares às dimensões", para tentar resgatar o sentido intelectual das problemáticas que aqueles historiadores elevavam como prioridades. Citando Eduardo D'Oliveira França, Prof. Mota reclamava a ausência de estudos "não tradicionais", desde os demografia histórica até "investigações na esfera das formações ideológicas". Citando Mota:

> "Mais do que isso, apontava o Professor Oliveira França, a dificuldade em formular, com propósito, questões verdadeiramente substantivas para inspirar trabalhos monográficos e para fugir à linha do ingênuo" (p. 10)

Mas o que seriam, então, "questões substantivas"? Fica claro que não aquelas "tradicionais", presas aos documentos oficiais e às questões de Estado, características indeléveis da nefanda história "positivista" ou "historizante", que sucessivas gerações de historiadores, guiados pela campanha implacável movida por Lucien Febvre na primeira metade do século XX, procuraram detratar. Naquele quadrante, onde, no Brasil, a construção de uma história estrutural, explicativa, que buscava responder aos porquês dos eventos com base em fundamentação teórica rigorosa, ainda era um horizonte a ser buscado, Prof. Mota deixa entender que o anseio fundador do projeto de sua coletânea era responder ao desafio do velho mestre. Reclamava do atraso dos historiadores em aceitar acriticamente a *independência*, num momento em que sociólogos, economistas e cientistas sociais buscavam construir as teorias da *dependência*. Aquele quadrante, virada da década de 1970, corresponde ao auge da repercussão mundial daquelas teorias, que constituíram a mais genuína contribuição dos pensadores latino-americanos ao debate sobre a trajetória e a situação da América Latina no sistema econômico mundial. Para o Prof. Mota, portanto, a marca da historiografia da independência naquela conjuntura era o atraso, o pouco avanço científico de que até então padecia um dos temas mais importantes da história do Brasil.

E quais questões mereceriam serem respondidas para se alterar tal quadro? Ao responder essa pergunta, Prof. Mota nos dá a conhecer, parafraseando Lucien Goldman, o nível de consciência científica possível à época:

> Na verdade, o sentido da história do Brasil nesse período [da independência] não pode ser dissociado de processos mais abrangentes que a historiografia contemporânea significa e ordena sob o rótulo 'do feudalismo ao capitalismo'. Parece certo que a lenta transição do feudalismo ao capitalismo na Europa teve como contrapartida, em certas áreas do mundo colonial, a *passagem* do Antigo Sistema Colonial para o sistema mundial de dependências. (...) Por outro lado, problemas complexos podem se apresentar, como o da definição da sociedade *colonial*, cuja estruturação explicará o predomínio das *persistências*, mais que o das mudanças no período subsequente." (MOTA, p. 10-11)

Em outras palavras, a questão da Independência, da ruptura, da mudança, enfim, do devir, é-lhe menos importante, ou se encontra subordinada aos imperativos das permanências, das persistências, das continuidades, das estruturas. Trata-se de uma concepção flagrantemente inspirada no marxismo e na melhor tradição braudeliana dos Annales. Dessa concepção eminentemente estrutural derivavam as indagações que Prof. Mota elegia como as prioridades a serem resolvidas.

O primeiro ensaio da primeira seção ("Das dependências") e, por conseguinte, da coletânea, intitula-se "As dimensões da Independência", que, sintomaticamente, batiza o próprio livro. Nele, Prof. Fernando Novais vai estabelecer a linha interpretativa geral do conjunto da obra, aquilo que Novais concebe como o "sentido da independência". A ideia geral é a de que a Independência do Brasil só pode ser entendida se e quando inserida no contexto mundial da transição do feudalismo ao capitalismo, onde a "crise do antigo sistema colonial" é o ponto culminante do processo de acumulação primitiva que permitiu o surgimento do capitalismo na Europa, mercê da exploração colonial da época moderna. A história da Independência do Brasil tem que derivar desse outro macro processo. E ponto. Esta tese é reiterada por ambos autores num livro que escreveram conjuntamente em 1985, chamado exatamente *A independência política do Brasil*. Vou deixar por um momento a coletânea e seguir seu raciocínio a partir deste livro, pois que ali sua tese se apresenta mais explicitamente e em maior detalhe.

O "Sentido" da Independência

Não parece exagero afirmar que o enquadramento teórico predominante e mais influente na historiografia da Independência, pelo menos desde os anos 1960, é aquele derivado da abordagem de Caio Prado Jr. Partindo de um ponto de vista marxista, ele procurou entender o "sentido" da colonização, inserindo a história do Brasil num contexto senão planetário, ao menos ocidental: a história do Brasil explicar-se-ia como um derivativo da história europeia, no contexto da expansão do capitalismo comercial. Essa tese é a base das teorias da dependência.[3]

Quem melhor definiu a Independência a partir dessa perspectiva foram justamente Fernando Novais e Carlos Guilherme Mota. Para os professores da USP, é a subordinação do Brasil a um sistema econômico mundial unificado sob o capitalismo comercial que dá sentido ao curso da Independência.

> ... qualquer estudo que vise uma síntese compreensiva da emancipação política da América portuguesa [deve] situar o processo político da separação colônia-metrópole no contexto global de que faz parte, e que lhe dá sentido; e,

3 Faço uma apresentação sucinta das teses e da influência das teorias da dependência na historiografia latino-americana em MALERBA, [2006]. Sobre as teorias da independência e sua influência na historiografia latino-americana, cf. HALPERIN DONGHI, 1982; LOVE, 1990; BERGQUIST, 1970.

> só então, acompanhar o encaminhamento das forças em jogo, marcando sua peculiaridade.[4] (JM)

Esse ponto de vista é desenvolvido tanto no ensaio "As dimensões da Independência", escrito por Novais para *1822: Dimensões*, quanto no capítulo "Contexto" de *A Independência política do Brasil* (p. 22 e ss). Nesse diapasão, a colonização é um instrumento de "acumulação primitiva (isto é, acumulação prévia necessária à formação do capitalismo) de capital comercial nas áreas centrais do sistema)" e a Independência do Brasil seria não mais que um efeito do desmantelamento da sociedade do Antigo Regime, ou, como dizem os próprios autores, da passagem do feudalismo para o capitalismo, na longuíssima duração.

Por certo que ninguém negará a importância dessa ampla contextualização histórica. O desmantelamento da sociedade feudal, cuja falência do absolutismo e a crise do Antigo Regime constituem dois aspectos derradeiros, são o pano-de-fundo da cena história. Para usar a metáfora teatral, o pano-de-fundo enquadra, estabelece os limites em que agem os personagens, mas absolutamente não lhes determina as falas e ações. Hoje podemos afirmar tratar-se de uma derrapagem teórica procurar explicar um fenômeno eminentemente político com explicações macro-estruturais de longa duração. É usar a ferramenta errada, como atirar um míssil *Patriot* para derrubar um pardal. Além disso, essa abordagem evidencia um caráter teleológico indisfarçável, que reponta de uma tradição marxista da história entendida como sucessão linear de modos de produção[5]. A política, como ensinou Gramsci (GRAMSCI, 1975), é o lu-

4 Cf. NOVAIS & MOTA, 1985, reeditado 1996.

5 Tradição fundada na leitura de alguns textos de Marx, em particular o Prefácio à *Crítica da Economia Política*. Outra tradição interpretativa, dentro do próprio marxismo, vai destacar da experiência de homens e mulheres e o papel da luta de classes como "motor" da história humana. Esta última linhagem, apurada, entre outros textos originais, do *Manifesto comunista*, é bem exemplificada na tradição do marxismo britânico. A literatura sobre esses pontos é monumental.

gar da luta dos grupos e indivíduos, onde projetos e desejos individuais e coletivos digladiam-se por estabelecer uma hegemonia. Se fôssemos buscar as razões (o sentido, porque não?) da Independência em movimentos estruturais de longa duração, poderíamos então atribuí-la à queda do império romano, precursora da formação da sociedade feudal, da qual a crise do Antigo Regime marca o ocaso.

Trata-se, aquela, de interpretação fundada num quadro teórico engessado, que retira do processo histórico toda cor e todo brilho das relações sociais vividas pelos agentes. Um processo eminentemente social, ideológico e político, como foi a Independência brasileira, se torna derivação de um macro-processo econômico. O conceito de "sistema", com seus mecanismos, deságua numa estrutura rígida, como o autômato de Walter Benjamin[6] ou as maquinarias com que Thompson ironizou Althusser (THOMPSON, 1978):

> Eis aí as peças do antigo sistema colonial: dominação política, comércio exclusivo e trabalho compulsório. Assim se promovia a acumulação de capital no centro do sistema. Mas, ao promovê-la, criam-se ao mesmo tempo as condições para a emergência final do capitalismo, isto é, para a eclosão da Revolução Industrial. E, dessa forma, o sistema colonial engendrava sua própria crise, pois o desenvolvimento do industrialismo torna-se pouco a pouco incompatível com o comércio exclusivo, com a escravidão e com a dominação política, enfim, com o antigo sistema colonial (...) *A crise do antigo sistema colonial parece, portanto, ser o mecanismo de base que lastreia o fenômeno da separação das colônias (...) Trata-se, antes de tudo, de inserir o movimento de Independência no quadro*

6 Cf. BENJAMIN, 1992. p. 245-255. Uma excelente interpretação das "teses" de Benjamin em CARDOSO Jr., 1996, p. 51-60.

> *da crise geral do colonialismo mercantilista.* (NOVAIS & MOTA, 1996, p. 22-23) (JM)

Entendido o funcionamento da máquina, sua "dialética", está dada a história... Assim, a partir de tal enquadramento teórico, o caráter da Independência não passa de um epifenômeno. Os processos de independência na América Latina seriam meras "vertentes do mesmo processo de reajustamento e ruptura na passagem para o capitalismo moderno, na segunda metade do Setecentos e primeira metade do Oitocentos". Contida nessa definição encontra-se veladamente o pressuposto de que a Independência não foi senão um ponto no longo processo de desmantelamento do Antigo Regime europeu e do antigo sistema colonial.

Se, por um lado, podemos aceitar sem maiores dificuldades que o planeta formava um "sistema-mundo" desde a expansão europeia da era moderna, tal como proposto por Fernand Braudel e Immanuel Wallerstein,[7] isso não deve necessariamente fazer derivar as histórias de diferentes povos do globo desse processo unilinear que é o da suposta vitória da civilização ocidental e sua afirmação econômica, política, militar e cultural sobre as partes conquistadas. No âmbito da consciência histórica e da produção historiográfica, a aceitação de tal proposição fundamenta-se na aceitação de uma *master-narrative*[8], justamente a daquela marcha vitoriosa de um projeto de humanidade, à qual todas as demais histórias estariam subsumidas.

Portanto, para sintetizar, a clássica obra coletiva organizada pelo Prof. Carlos Guilherme Mota, com o fim de escrutinar as dimensões da

---

7 Cf. BRAUDEL, 1985; WALLERSTEIN, 1979. WALLERSTEIN. 1984. WALLERSTEIN, 1989a.

8 A bibliografia sobre o problema das *master-narratives* é imensa. Uma boa antologia foi reunida por ROBERTS, 2001. Ver também RÜSEN, Jörn. Historiografia comparativa intercultural. In: MALERBA, 2006. As críticas de historiadores e filósofos pós-modernos e pós-colonialistas tratam diretamente do assunto. Ver CROWELL, 1998; KLEIN, 1995; NANDY, 1995.

independência, divide-se em duas grandes partes: uma primeira, onde são teoricamente estabelecidos os enquadramentos dentro dos quais aquele acontecimento pode e deve ser percebido e explicado. E uma segunda, cuja abordagem necessariamente local ou regional a impede de alçar qualquer voo teórico para ser tornar, irremediavelmente, *événementiele.*

Ecos de Oxford

No evento realizado em 2003, em Oxford, o tema do seminário era a mesma Independência do Brasil. Será que a mesma? Observando-se o teor dos textos, nem parece se tratar do mesmo assunto.

Em primeiro lugar, porque a angular de todos ali era muito menos potente. Ninguém precisou situar a independência no processo de passagem do feudalismo para o capitalismo para analisá-la de diferentes perspectivas. Quanto à suposta "crise do antigo sistema colonial", ela foi tratada logo na segunda sessão, focada nas relações entre Portugal e Brasil na virada do 18 para o 19 ("The historical roots of Brazilian independence"). No primeiro *paper* dessa sessão, "The birth of two nations. The political economy of the breakdown of the Portuguese-Brazilian Empire", Dr Jorge M. Pedreira questionou abertamente a conhecida tese da suposta "crise do Antigo Sistema Colonial". De acordo com o autor, a separação entre Portugal e Brasil foi incrementada por uma mudança na forma do governo em Portugal, que por sua vez foi causada, em parte, pela residência do rei e sua corte no Rio o Janeiro desde 1808. Ao fim e ao cabo, a natureza monárquica e a continuidade dinástica do regime emergente no Brasil foram preservadas, assim como se preservou dentro do novo Estado a unidade da enorme massa territorial. Em Portugal, do ponto de vista do Prof. Pedreira, a secessão (que em termos econômicos se tornou aparente por volta de 1808) teve um impacto ainda muito maior que no Brasil. A crise resultante inaugurara uma época de comoções, em que o antigo império teve que dar lugar à construção de uma nova nação moderna, ficando agora reduzido quase às suas fronteiras europeias.

O argumento mais inovador do Dr. Pedreira, e o mais controverso, foi o questionamento da explicação da independência brasileira baseada na "suposta crise do sistema colonial". Pedreira sustenta que a explicação da falência do império português nas Américas deve ser procurada nas circunstâncias históricas específicas - nos contextos nacionais e internacionais – nas quais ocorreu. Os historiadores têm tentado às vezes interpretar essa falência como o resultado inevitável de uma crise prolongada, causada por grandes transformações econômicas e políticas de âmbito mundial (a revolução industrial e as revoluções americanas e francesas). Mas, de acordo com as pesquisas do Autor, não havia sequer sinal de "crise" no sistema. Ao contrário, ele nunca havia funcionado tão bem. Pedreira sustenta que a evidência para tal crise seria muito menos convincente do que amiúde se supõe. O grande crescimento econômico e a prosperidade comprovada do comércio marítimo sob o antigo sistema colonial põem em dúvida a própria existência de uma "crise". Falhas no sistema e sintomas de distúrbios foram grosseiramente superestimados. Pedreira argumenta que a explicação para a independência de Brasil, quando e como ela aconteceu, deve ser encontrada nas circunstâncias históricas precisas em que ocorreu.

A rivalidade entre França e Inglaterra, as invasões francesas e a ocupação de Portugal, a fuga do rei e sua corte para o Rio de Janeiro, a suspensão inevitável do sistema colonial, a ascensão do Brasil ao status de Reino Unido a Portugal, tudo isso teria preparado o cenário para o desfecho da independência. Esta se tornara de imediato inaceitável para amplos setores das elites portuguesas, que estavam ansiosas para retomar o controle absoluto sobre o comércio do Brasil e se ressentiam pela ingerência britânica em assuntos nacionais. O governo surgido da primeira revolução liberal forçou o rei a retornar a Portugal e não pôde esconder suas intenções de recuperar o poder sobre Brasil. Desta maneira, ela apressou o movimento para a independência política, que agravou a situação econômica após a suspensão do sistema "colonial.

O debate que se seguiu foi acirrado em torno do conceito de "crise", uma vez que se levantaram argumentos favoráveis ao núcleo do conceito "de antigo sistema colonial". Alguns debatedores presentes no workshop em Oxford sustentaram que a "crise", neste contexto, deve ser relacionada a desenvolvimento e crescimento e se deveria antes discutir a extensão, duração e natureza da suposta crise do antigo sistema colonial. Não obstante, houve certo consenso em torno da necessidade de mudar o foco "das estruturas para o processo", na análise de um fato eminentemente político tal como a emancipação política brasileira.

Na mesma tarde, Dr João Pinto Furtado, apresentou o paper "History makes a nation. The Inconfidência Mineira, historical criticism and dialogue with historiography", em que o autor procurou oferecer uma aproximação crítica inovadora de interpretações historiográficas consolidadas, à luz das novas perspectivas abertas por estudos recentes sobre a economia e a política de fins do século XVIII, bem como o suposto caráter insubordinado ou revolucionário de Minas Gerais.

Seu trabalho visa também contribuir para a crítica de algumas teses correntes, nomeadamente aquelas que corroboram a existência de um projeto nacional pronto e acabado ao qual os "inconfidentes" aderiram. Atribuir um sentido intrínseca e exclusivamente nacionalista à Inconfidência Mineira, de acordo com Furtado, é resultado da formação de uma certa *memória nacional*, por meio do reconhecimento simbólico que tal movimento adquiriu. Situado na transição entre o Antigo Regime e a idade moderna, o movimento foi marcado por ambiguidades e contradições. Seus atores, ações e projetos podem ser compreendidos melhor se considerados no contexto de heterogeneidade social e econômica expressos no conteúdo político e no sentido geral do movimento. Assim percebida, a Inconfidência Mineira seria uma síntese de várias tendências e tradições com seus próprios projetos de futuro, a proposta de uma ordem política nova, bem como a recuperação de alguns aspectos do passado de Minas Gerais. Na opinião de Furtado, o movimento em Vila Rica em 1788-9 poderia melhor ser caracterizado como um tipo de "motim de acomodação" do antigo regime, antes do que uma sedição propriamente dita e menos ainda uma revolução.

O segundo dia do seminário foi aberto com sessão sobre "The Portuguese Court in Brazil (1808-21) and Brazilian independence". O foco foi dirigido aqui para a época de D. João VI no Rio de Janeiro. Kirsten Schultz ("The Age of Revolution and the Transfer of the Portuguese Court to Brazil") procurou situar o fenômeno da independência no contexto atlântico da era das revoluções, onde a independência brasileira se caracterizou com uma alternativa conservadora aos desafios republicanos à monarquia, que definiram os processos de independência nos Estados Unidos e na América espanhola e a revolução francesa.

Muito desse conservadorismo foi atribuído pelos historiadores à transferência da corte portuguesa em 1807-8. Schultz pretendeu relativizar essa tese, examinando as maneiras pelas quais os homens de Estado portugueses e os contemporâneos que viviam no Rio de Janeiro definiram a era das revoluções; como definiram o sentido da revolução francesa, especificamente, e como estes sentidos foram transformados com transferência da corte.

Trocando em miúdos, Schultz analisou a apropriação do ideário revolucionário pelos portugueses d'aquém e d'alem mar, resgatando a cultura política da época e sua re-significação no ambiente da América Portuguesa. Em suma, analisando as implicações das novas linguagens e práticas políticas à época da transferência da corte e da independência brasileira, a linha básica do argumento de Schultz é que transferência da corte marcou um ponto de inflexão nos modos pelos quais as elites portuguesas compreenderam o contexto da revolução francesa e seus desdobramentos. Porque a própria transferência da corte foi percebida em si como "revolucionária", a posição anteriormente defensiva assumida com relação à mudança e aos desafios políticos ao antigo regime não mais se sustentavam. Em consequência, os dirigentes portugueses começaram a forjar uma compreensão da transformação política que defendesse a monarquia e o império.

No segundo *paper* da mesma sessão, "On men and titles: The logic of social interactions and the shaping of elites in pre-independence Brazil", analisei a fuga da família real portuguesa de Lisboa para o Rio de Janeiro em 1808. Minha hipótese, não explicitada em *A corte no exílio*, é a de que tal fuga significou sim uma etapa decisiva para a emancipação política brasileira. A interação entre a corte migrada e a classe superior fluminense, a qual financiou o assentamento dos adventícios, ocorreu sob a estrita observância da etiqueta social, como prescrito pela lógica da sociedade de corte portuguesa. O príncipe Regente D. João desempenhou papel decisivo como o gerente do encontro entre a corte portuguesa e os capitalistas brasileiros. Na apresentação, ambos os grupos foram detalhadamente analisados, assim como o foi a importância de alguns pilares ideológicos da monarquia portuguesa, como a propriedade ancestral da liberalidade do rei, expediente decisivo para a constituição dos grupos principais no começo da luta pela independência.

Lilia Moritz Schwarcz apresentou um *paper* intitulado "Illuminating parallel scenarios. The symbolic dimension of independence festivities and the payment for the Royal Library". De uma perspectiva mais antropológica, amparada em autores como Norbert Elias, Clifford Geertz, Claude Levi-Strauss e Marc Bloch, que enfatizam a eficácia política do poder simbólico, Schwarcz resgatou o contexto da independência brasileira de dois ângulos diferentes: as festividades públicas e o alto preço que os brasileiros pagaram pela biblioteca nacional durante as negociações da independência entre Brasil e Portugal. Schwarcz explorou as dimensões simbólicas e culturais que, de acordo com sua abordagem, foram extremamente importantes nos primeiros momentos da Independência brasileira (e de seus desdobramentos imediatos).

Schwarcz procurava compreender como, junto com atos muito pragmáticos, houve outras ações imbuídas de uma dimensão simbólica mais específica, para muito além da estrita racionalidade política. Os festivais procuravam naturalizar uma situação absolutamente estranha naquele contexto: uma monarquia cercada por repúblicas de todos os lados. Paralelamente, uma verdadeira batalha bibliográfica aconteceu, exatamente no momento em que se calculava o preço a ser pago pela autonomia. No fim desse processo, a biblioteca do rei permaneceu em Rio de Janeiro: o Brasil era o país mais novo, com a maior e mais antiga biblioteca da América. Foi uma espécie de prêmio usado para mostrar quão velho o Novo Mundo poderia ser.

Três ensaios constituíram o núcleo temático do seminário, ou a "independência propriamente dita", ali entre 1821 e 1825.

Iara Lis Schiavinatto ("Questions of Governability in the foundation of Brazil as an autonomous political body (c. 1780-1830)") tratou da fundação do Brasil como uma entidade política autônoma, analisando as re-significações do antigo regime português pelo assim chamado liberalismo constitucional na transição de um império Luso-brasileiro para um império do Brasil. Em vez de pensar a história brasileira numa linha progressiva, da colônia à nação, ou como resultado de um discurso nacionalista, sua fala tratou da questão da fundação do Brasil como uma *cultura política* genuína.

Schiavinatto argumentou que alguns movimentos foram decisivos para um aumento considerável do debate político durante o processo da independência brasileira. As questões mais diretamente exploradas foram a negociação política do pacto, as diversas noções das identidades coloniais, a autonomia relativa e as dependências entre o poder central e periférico e noções diversas de temporalidade.

No segundo ensaio dessa sessão ("The national appeal by the Constitutional Conventions in Lisbon, 1821-1822"), Márcia Berbel procurou retomar os discursos dos deputados brasileiros nas "Cortes" portuguesas entre 1821 e 1822 e avançar sua análise em três aspectos principais: 1) a diversidade dos apelos à unidade do império português-brasileiro feitos pelos deputados presentes nas Cortes; 2) as principais ações que passaram pelo congresso, reavaliando-os à luz da seguinte questão: propostas para a unidade nacional ou para a re-colonização?; 3) descontentamentos pendentes em cada uma das províncias brasileiras em relação à política das Cortes, identificando as razões que conduziram para a reafirmação das várias independências regionais, a despeito de tal apelo à unidade.

A contribuição mais importante de Berbel diz respeito ao problema da existência de projetos "re-colonizadores' dentro das Cortes de Lisboa. Berbel demonstrou que, em seu uso inicial, o termo se refere a determinadas provisões legais que foram aprovadas mesmo na presença dos deputados de duas províncias brasileiras, Pernambuco e Rio de Janeiro. Mostrou como as referências à política de re-colonização das Cortes foram incorporadas pelos historiadores já no século século XIX. O ensaio de Berbel corrobora estudos recentes sobre reclamos por unidade nacional nas *Cortes* (portuguesas ou espanholas), que conduziram a uma reconsideração desta explicação amplamente aceita. Tais projetos pela unidade nacional, criados com o intuito de manter a integridade do Império, incluíam a representação americana e não podiam, dessa maneira, visar resgatar o status colonial anterior.

O papel desempenhado pela imprensa e a cultura impressa e as lutas entre as inúmeras facções políticas no movimento para a independência brasileira foi o tema central do ensaio "The birth of a Brazilian press and Brazil's independence, 1821-1823", apresentado por Isabel Lustosa. A autora afirmou que os primeiros jornais brasileiros independentes, fundados após a revolução constitucionalista do Porto, tiveram peso decisivo nos acontecimentos que se seguiram àquela revolta, que levou à independência de Brasil. Entre 1808 e 1820, tudo que foi escrito no Rio de Janeiro só podia ser impresso após rigorosa censura. Neste contexto, o *Correio Braziliense* (1808 a 1822) transformou-se no único veículo usado para divulgar ideias liberais aos brasileiros, e para criticar os erros os mais gritantes da administração portuguesa – transferida para o Rio de Janeiro junto com a corte. Ao divulgar os eventos políticos mais importantes e os analisar à luz das novas ideias liberais, o *Correio Braziliense* transformou-se numa referência imperativa àqueles que sonhavam com o progresso e a liberdade no Brasil. A liberdade de imprensa conquistada após a revolução portuguesa de 1820 permitiu que os liberais brasileiros encontrassem um canal por meio do qual pudessem expressar e divulgar suas ideias.

Todas as abordagens acima referidas remetem a temáticas surgidas com o chamado *cultural turn*, que incidiu diretamente na historiografia com a eclosão das chamadas "nova história cultural" e "nova história política", que, como de praxe, chegaram ao Brasil com mais de uma década de atraso.[9] Todas essas questões, que praticamente constituem o núcleo problemático da atual historiografia sobre a independência – de que os *papers* apresentados em Oxford são um diáfano exemplo – não estavam na ordem do dia dos historiadores no início da década de 1970 – assim como a discussão sobre questões estruturais, tão caras aos historiadores do começo dos anos 1970, foi praticamente riscada da agenda contemporânea. Uma outra questão que não se levantava à época de *1822 dimensões* era a de uma virtual *participação popular* no processo de independência, até então serenamente tida como um processo intra-elites. Como negros e brancos pobres, escravos e libertos participaram ou não desse acontecimento?

Este assunto, em particular, é polêmico e podemos dizer que não se avançou muito nas duas últimas décadas no conhecimento do papel das classes populares – escravos, libertos, homens livres pobres – no

9 No começo dos anos 1990, começa a chegar à América Latina o influxo do movimento de renovação desse campo encetado na Europa (particularmente na França) na década anterior. Falava-se agora de uma "nova história política", revigorada pelo contato intenso com a história cultural, onde o conceito de "representação" torna-se um imperativo. Maria Helena Capelato e Eliane Dutra puderam constatar que essa linha de pesquisa sobre história das representações políticas articula temas que se expressam em ideias, ideologias, imaginários, símbolos, mitos, utopias, espetáculos do poder (festas e comemorações cívicas, rituais, liturgias, paradas, desfiles). Cf. CAPELATO & DUTRA. Representação Política. O Reconhecimento de um conceito na Historiografia Brasileira. In: CARDOSO & MALERBA, 2000.

processo de Independência. Os estudiosos da escravidão avançaram um passo. Em ensaio muito citado, publicado em 1989, João José Reis analisa a participação dos negros nas lutas pela Independência na Bahia. Para Reis, além dos tradicionais partidos políticos, outros agentes disputavam interesses nas lutas da Independência. É o caso dos escravos, que a viam como uma possibilidade de alçar sua alforria. A indeterminação posterior ao contexto turbulento da revolução do Porto, que na Bahia gerou forte reação militar ao 7 de setembro por parte das tropas portuguesas, possibilitou o surgimento de um cenário tal que permitiu aos escravos participarem de discussões sobre questões candentes como liberdade política. Sem dúvida, em suas pesquisas pioneiras sobre os caminhos da liberdade no Brasil escravista, João José Reis contribuiu para a abertura a outras dimensões do processo de Independência até então negligencias pela historiografia.[10]

No mesmo sentido avançam os resultados de pesquisa de Hendrik Kraay. (KRAAY, 2002a) Vou tomar seu artigo sobre o recrutamento de escravos na Bahia à época da Independência (KRAAY, 2002b) como pretexto para demonstrar meu ponto de vista, da dificuldade de se investigar o papel desempenhado pelas camadas populares no processo de Independência.

Kraay mostra que o recrutamento de escravos na Bahia "fora um esforço improvisado, que não foi ordenado nem regulado por decreto." O problema estava na alforria que os escravos alistados esperavam e na posição dos seus senhores frente ao Estado, no sentido da expectativa de indenização. Kraay insiste na necessidade da diferenciação entre "escravo" e "liberto" na análise do recrutamento. A participação dos últimos não trazia maiores problemas. Em 1823, Pierre Labatut os recrutara. Mas...

> A questão dos escravos era bem diversa. Há indícios de que, já em setembro de 1822 (antes da chegada de

10 REIS, João José. O jogo duro do Dois de Julho: o partido negro na Independência da Bahia. In: SILVA, & REIS, 1989. p. 79-98.

> Labatut), patriotas pretendiam usá-los. Maria Quitéria de Jesus contou depois a Maria Dundas Graham que patriotas então queriam obrigar seu pai, um português, a contribuir com um escravo, pois não tinha filhos para dar ao exército. A resposta dele – "que interesse tem um escravo para lutar pela Independência do Brasil?" – sem dúvida refletia atitudes bem difundidas... (KRAAY, 2002b, p. 112)

Esse é ponto central para mim. O ensaio de Kraay trata com propriedade a questão de como a Independência, indiretamente, pela via do recrutamento (ou por outras vias mais sutis, como a boataria, o imaginário) mexeu com assuntos delicados como a condição dos cativos e os horizontes de liberdade que a guerra suscitara. Mas a via contrária não faz parte de seu objeto, nem de outros estudos que eu conheça: em que medida a escravidão, enquanto instituição, e os escravos, enquanto grupo ou classe social, contribuíram para o processo de Independência do Brasil ante Portugal? Isso é muito diferente de se analisar os diferentes grupos sociais ou camadas populares à época da Independência, ou como a Independência incidiu em suas vidas.

Mas foi o próprio Hendrik Kraay quem trouxe uma contribuição seminal ao debate em Oxford, ao discutir justamente sobre o papel desempenhado pelos escravos na independência do Brasil. Em seu ensaio "Popular participation in Brazilian independence, with special reference to Bahia", texto de encerramento do workshop, Kraay tocou em pontos centrais do debate, chamando a atenção para o fato de que a nova historiografia sobre aquilo que os historiadores brasileiros chamam de "o processo de independência" presta muito pouca atenção à participação popular no dito processo. Embora muitos patriotas falassem em nome das "tropas e do povo," o povo (e também as tropas) permaneceram por longo tempo como figurantes para a produção acadêmica sobre os eventos políticos dramáticos daqueles anos. Finalmente, a luta dos escravos pela liberdade colidia com o desejo dos milicianos pretos por um papel maior no novo império, e durante a revolta dos Periquitos de 1824, estes ajudaram a debelar àqueles.

Esses estudos pioneiros de Reis, Kraay e Luiz Geraldo Silva são representativos de como novos temas de pesquisa se foram instalando na pauta dos historiadores da Independência, sob influência do *cultural turn*, que, por sua vez, tem sua própria dimensão histórica a ser levada em conta. Já há vinte anos, John Johnson argumentava que o desenvolvimento realmente significativo na escrita da história moderna da América Latina nos Estados Unidos, desde os anos 1960, fora marcado pelo envolvimento dos investigadores com um leque mais amplo de novas questões que incidem diretamente na vida cotidiana de homens e mulheres[11]. Entre essas novas questões estariam: o crescente interesse pela história dos "despossuídos", a "black experience" (e as questões de raça) e a escravidão (em novas abordagens de tipo micro-análise), a história social do trabalho e, particularmente, o crescimento dramático da história das mulheres ("um tema praticamente inexistente enquanto tópico de pesquisa antes dos anos 70"). Outros temas viriam conquistar relevante espaço acadêmico posteriormente à análise de Johnson, como, por exemplo, os estudos voltados à sexualidade (gays e lésbicas) e a questões ambientais.

Em estudo mais recente, Marshall Eakin (1998) pôde confirmar as predições anteriores. A tendência geral verificada por este autor para a historiografia norte-americana sobre América Latina pode, com alguma tolerância, ser extrapolada para a evolução da historiografia latino-americana – e à qual podemos também alinhar a historiografia brasileira. Segundo Eakin, pode-se dizer que nos anos 1980 imperou a história social, assim como os anos 1990 a "nova" história cultural, tendo se renovado o estudo de grupos não-elites como escravos, mulheres, índios, trabalhadores e camponeses. A influência do pós-modernismo, o cha-

11 Cf. JOHNSON, 1985, p. 757ss. Também SKIDMORE, 1998, particularmente p. 113 ss; EAKIN, 1998, particularmente p. 550-561.

mado "linguistic turn" e os estudos pós-coloniais com foco nos grupos subalternos surgiram como abordagens preponderantes. Dentro de tais contextos historiográficos amplos devemos procurar a explicação de porquê, por exemplo, questões como memória, identidade, rituais, jogos de poder, linguagens e a participação de camadas subalternas foram temas ausentes da historiografia brasileira sobre independência na virada dos anos 1960 para 1970 e porquê hoje preenchem a pauta de preocupações dos historiadores nossos contemporâneos.

Considerações finais

Mais de três décadas se passaram desde a publicação do clássico livro *1822 dimensões*. Ao compararmos essa obra fundamental com os temas que estão hoje na pauta do dia, diagnosticamos uma guinada de orientação teórica, das análises estruturais, macro-econômicas e sociais, para outra coisa diferente, onde sobressaem temas afeitos à agenda criada a partir do *cultural turn* deflagrado anos 60, que culminou, no plano historiográfico, no posterior surgimento das novas histórias cultural e política. Esse amplo movimento intelectual irradiou-se dos centros do capitalismo para o resto do mundo, incluindo a América Latina.

A grande ampliação de objetos de investigação histórica verificável hoje entre nós, historiadores latino-americanos, se por um lado espelha a fragmentação geral peculiar à fase de transição paradigmática iniciada no final da década de 1960, por outro evidencia a dependência (na falta de melhor termo) cultural da comunidade intelectual latino-americana (aí incluídos os historiadores) de cânones produzidos alhures.

Não vou entrar em maior detalhe sobre tema tão vasto, mas apenas tentar esboçar uma explicação para aquela guinada que referi nas pesquisas sobre independência nos 30 e poucos anos.

É comum a interpretação de que a década de 1960 foi marcada por uma violenta aceleração do tempo histórico, que incidiu nas formas do ser, mas também do fazer e do pensar históricos. Essa "virada" é um sintoma de uma guinada cultural maior vivida no mundo Ocidental, que se revelou de forma dramática na própria concepção do escopo e dos limites das ciências humanas e sociais e envolveu um reexame crítico da racionalidade científica então vigente[12]. Num contexto politicamente conturbado, marcado por contestações viscerais ao colonialismo europeu, às diferentes expressões do imperialismo econômico e cultural, pela propagação vertiginosa dos meios de comunicação em massa e por um processo crescente de encurtamento das distâncias e dos espaços, as velhas certezas que caracterizavam a razão ocidental foram radicalmente abaladas.[13]

Como ensina Ciro Cardoso, a consequência lógica da crítica visceral ao velho humanismo levou, em termos epistemológicos, à chamada "morte do Homem", entendido como sujeito e objeto privilegiados do conhecimento, da qual sucederam todas outras "mortes" importantes, que selaram o suposto fim da razão, da ciência, das certezas, da história, das grandes teorias e assim por diante. Mas é importantíssimo guardar que esse grande movimento se desenrolava nos pólos hegemônicos da cultura Ocidental, nos países centrais da economia capitalista. Na América Latina, na mesma época (anos 60) uma outra vaga inovadora propagava-se ainda sob a égide da racionalidade moderna, nas diversas expressões da teoria da dependência, como acusava o Prof. Mota nas preliminares de seu livro.

As teorias da dependência, a despeito de todos os problemas justamente levantados e criticados por uma legião de intelectuais, foram o ponto culminante da formulação de um genuíno pensamento formulado na América Latina para a explicar sua situação presente. O que aconteceu foi que, com a eclosão do fenômeno pós-estruturalista, seu potencial crítico e criativo foi praticamente esvaziado pelo impacto cultural

12 Sobre a transição paradigmática nas ciências sociais cf. WALLERSTEIN, 1996; SANTOS, 1995; IGGERS, 1984. Para a análise do impacto de 1968 na cultura ocidental, cf. AGUIRRE ROJAS, 1998; WALLERSTEIN, 1989b; BRAUDEL, 1993.

13 Cf. CARDOSO, 1999; também DOSSE, 1991, FERRY & RENAUT, 1985.

bombástico do maio de 68, abortando as possibilidades de avanço dentro dessa linha de evolução intelectual e matando no berço o "novo paradigma" dependentista antes que ele pudesse influenciar decisivamente os estudos históricos – e mesmo as ciências sociais como um todo. Tal fenômeno se explica pelo fato de que as teorias da dependência surgiram nos anos 1960, quando se detona a implosão dos paradigmas nas ciências sociais com o advento do pós-estruturalismo, que resultará no "pós-modernismo" dos anos 80 e 90, o qual, por sua vez, decretará a falência das macro-teorias e macro-narrativas. Assim, no contexto da fragmentação da situação de transição paradigmática em que ainda nos encontramos, a utilidade e validade de uma teoria "macro" social e histórica – como as teorias da dependência – perdeu o interesse e o sentido para o *establishment* acadêmico.

A persistência das teses sobre a "crise do antigo sistema colonial" em alguns polos historiográficos desde a década de 1970 até hoje, para além de qualquer sofisticação teórica ou fundamentação empírica, pode ser em parte atribuída ao vigor de algumas estruturas de poder acadêmico e da cultura institucional reproduzidas nesses polos, que induziram a uma situação *sui generis* no que tange à recepção dos novos paradigmas historiográficos oriundos do *cultural turn*, de modo que estes foram sendo paulatinamente recebidos, sem descartar o paradigma estrutural anterior, mas se moldando a ele para preservá-lo."

Esse movimento mais amplo que tentei esboçar acima é o vetor explicativo da mudança de perspectiva teórica no tratamento do problema "independência" desde o livro clássico do prof. Mota até hoje. Naquele quadrante, as explicações eram buscadas dentro desse paradigma macro-teórico de percepção do fenômeno "independência" dentro do amplo contexto plurissecular da passagem do feudalismo ao capitalismo e de desagregação do antigo sistema colonial – de tal modo que a Independência é entendida como desdobramento de um processo macro-econômico que se desenrola no centro do sistema. Hoje, sob influência dos pressupostos da nova história cultural e política, novas questões, impensáveis naquele outro contexto, são postas na mesa: participação popular e inflexões de cor e raça; a difusão da cultura impressa, as formas espetaculares do poder (ideias, ideologias, imaginários, símbolos, mitos, utopias, espetáculos do poder, festas e comemorações cívicas, rituais, liturgias, paradas, desfiles) e assim por diante. Não causará espécie se vierem a surgir outros questionamentos, oriundos da mesma orientação pós-esturuturalista e pós-moderna, tais como a importância das relações de gênero ou o papel de gays e lésbicas no processo de independência.

Cabe-me deixar muito bem enfatizado que meu objetivo, aqui, foi indicar essas mudanças historiográficas (no âmbito dos estudos da independência) e esboçar uma explicação para elas, por mais generalista que essa explicação soe. Não cumpre necessariamente ao analista, ao crítico da historiografia, atribuir qualquer sinal de valor nessas mudanças. De modo que não me parece apropriado julgar qual seria "o melhor enfoque", se macro-estrutural ou micro-analítico, se fundado em explicações econômicas de longa duração ou em aspectos culturais. Nesse sentido, creio que uma abordagem não substitui a outra, que todas têm sua contribuição e suas deficiências específicas. E que a história da historiografia aponta para a constante superação de si. Neste sentido, todos teremos dado nossa contribuição, que será, salutar e inevitavelmente, superada pelas gerações vindouras, que nós mesmos formaremos.

Porém, voltando a nosso tema, acredito que, até onde enxerga minha consciência histórica, o fenômeno "independência" não estará satisfatoriamente explicado enquanto persistirem abertas algumas questões:

- como se explica o fato de que, em meio a tantas forças sociais e políticas, a tantos projetos e anseios, foi justamente a solução monárquica, com o herdeiro português no topo, a que se sagrou vitoriosa?

- Ou seja, no contexto da era das revoluções, da crise do Antigo Regime e do sistema colonial, no contexto das revoluções de independência na América Latina, porque a independência do Brasil aconteceu da forma como aconteceu?

Em minha opinião, é preciso refinar ainda mais os instrumentos, observar ainda mais ao microscópio, utilizando a imagem de Hobsbawn. Parece, pois, faltar uma abordagem mais focada na ação de indivíduos concretos, inseridos em configurações específicas, mas guiados por opções racionais indelevelmente orientadas com respeito afins, como ensina Weber e mesmo as mais recentes teorias da ação. Estamos falando de agentes históricos, de pessoas que pertenciam a diferentes grupos, mas que tinham cambiantes projetos e interesses, individuais e de grupo.

Senão, como se explica a aceitação pelas elites econômicas do país do projeto político das elites do centro-sul, que se uniram ao projeto imperial bragantino lançando o príncipe como "outorgante" da emancipação? Quais os interesses em jogo? A resposta a esta questão vai apontar para aquele extrato social que conseguiu garantir-se a construção do Estado imperial. Como ensina Richard Graham, dessa contenda, os proprietários de terras e os escravocratas brasileiros emergiram triunfantes. Deles era o novo estado. (GRAHAM, 2001)

Bibliografia

AGUIRRE ROJAS, Carlos António. Los efectos de 1968 sobre la historiografia Occidental, *La Vasija*, México, n. 2: 13-28, Ago-nov. 1998.

BARREIROS, Eduardo Canabrava. *Itinerário da Independência*. Prefácio de Pedro Calmon. Rio de Janeiro : J. Olympio, 1972. xxii,184p.

BENJAMIN, Walter. Theses on the Philosophy of History. In: *Illuminations*. Trad. Harry Zohn. London: Fontana, 1992.

BERGQUIST, Charles. "Latin America: A Dissenting View of 'Latin American History in World Perspectives" in *International Handbook of Historical Studies: Contemporary Research and Theories*, George Iggers and Harold T. Parker (ed.). Westport CT: Greenwood Press, 1970.

BRAUDEL, Fernand. *Civilización material, economía y capitalismo. Siglos XV-XVIII*. Madri: , Alianza, 1985. (3 v.);

BRAUDEL, Fernand. Renacimiento, Reforma, 1968: revoluciones culturales de larga duración, *La Jornada Semanal*, México, n. 226, 10/10/1993.

CAPELATO, Maria Helena & Eliane Dutra. Representação Política. O Reconhecimento de um conceito na Historiografia Brasileira. In: CARDOSO & MALERBA, 2000.

CARDOSO Jr., "Hélio.Tempo e Narrativa Histórica nas 'Teses' de W. Benjamin", in. MALERBA, J. (org.) *A Velha História, Método e Historiografia*. Campinas: Papirus, 1996.

CARDOSO, Ciro F. & MALERBA, Jurandir (org.). *Representações. Contribuição a um debate transdisciplinar*. Campinas: Papirus, 2000.

CARDOSO, Ciro Flamarion. Epistemologia pós-moderna, texto e conhecimento: a visão de um historiador. *Diálogos*, Maringá, v. 3, n. 3: 1-28, 1999.

CROWELL, Steven G. Mixed Messages: The Heterogenity of Historical Discourse. *History and Theory*, Volume 37, Issue 2 (May, 1998), 220-244.

DOSSE, François. *Histoire du Structuralisme I. Le champ du signe, 1945-1966*. Paris : La Découverte, 1991.

EAKIN, Marshall C. Latin American History in the United States: From Gentlemen Scholars to Academic Specialists, *The History Teacher*, v. 31 n. 4:539-561, Ago. 1998.

FERRY, Luc, RENAUT, Alain. *La pensée 68*. Essai sur l'anti-humanisme contemporain. Paris: Gallimard, 1985.

GRAHAM, Richard. Construindo a nação no Brasil do século XIX: visões novas e antigas sobre classe, cultura e Estado. *Diálogos*, Maringá, v. 5, 2001. [http://www.dhi.uem.br/publicacoesdhi/dialogos/volume01/vol5_mesa1.html]

GRAMSCI, Antonio. *Quaderni del carcere.* Ed. Valentino Gerratana. Turim: Einaudi, 1975.

HALPERIN DONGHI, Túlio. "Dependency Theory" and Latin American Historiography. *Latin American Research Review*, v. 17, n. 1: 115-130, 1982.

IGGERS, G. *New Directions on European Historiography.* Rev. ed. Middletown, Conn.: Wesleyan University Press, 1984.

JOHNSON, John. One Hundred years of Historical Writing on Modern Latin América by United States Historians, *The Hispanic American Historical Review*, v. 65, n. 4 (nov. 1985), 745-765.

KLEIN, Derwin Lee. In search of Narrative Mastery: Postmodernism and the People without History. *History and Theory*, Volume 34, Issue 4 (Dec., 1995), 275-298.

KRAAY, Hendrik. "Em outra coisa não falavam os pardos, cabras, e crioulos": o recrutamento de escravos na guerra da Independência na Bahia. *Revista Brasileira de História*, São Paulo, v. 22, n. 43, p. 109-126, 2002b.

KRAAY, Hendrik. *Race, state, and armed forces in independence-era Brazil: Bahia, 1790s-1840s.* Stanford: Stanford University Press, 2002a.

LOVE, Joseph L. The Origins of Dependency Analysis. *Journal of Latin America Studies*, v. 22, n. 1:143-168, 1990.

MALERBA, J. (org.). *A história escrita: teoria e história da historiografia.* São Paulo: Contexto, 2006.

MALERBA, J. Esboço crítico da recente historiografia sobre Independência do Brasil (desde c. 1980). University of Oxford, Centre for Brazilian Studies', 2003. Working papers series: http://www.brazil.ox.ac.uk/workingpapers/Marlerba45.pdf.

MALERBA, J. Nuevas perspectivas y problemas de la historiografia en América Latina. *Historia General de América Latina*. Paris: Unesco [2006, no prelo]. (Volume 9: Teoria y metedología en la historia de América Latina).

MALERBA, J. Para uma História da Independência – apontamentos iniciais de pesquisa. *Revista do Instituto Histórico e Geográfico Brasileiro*, Rio de Janeiro, a. 165, n. 422, p. 59-86, 2004.

MONTELLO, J. (dir.). *História da Independência do Brasil*. Rio de Janeiro: A Casa do Livro, 1972. 4 v.

MOTA, Carlos Guilherme (or.) *1822: dimensões*. São Paulo: Perspectiva, 1972.

MOTA, Carlos Guilherme (org.). *Brasil em Perspectiva*. São Paulo: Difel, 1968.

NANDY, Ashis. History's Forgotten Doubles. *History and Theory*. Volume 34, Issue 2, Theme Issue 34: World Historians and Their Critics (May, 1995), 44-66.

NOVAIS, F. A. , MOTA, C. G. *A independência política do Brasil*. 2 ed. São Paulo: Hucitec, 1996.

REIS, João José. O jogo duro do Dois de Julho: o partido negro na Independência da Bahia. In: SILVA, & REIS, 1989.

ROBERTS, Geoggrey.(ed.) *The History and And Narrative Reader*. London-New York: Routledge, 2001.

RODRIGUES, Jose Honório. *Independência : revolução e contra-revolução*. Rio de Janeiro : F. Alves, 1975-. 5v.

RÜSEN, Jörn. Historiografia comparativa intercultural. In: MALERBA, 2006.

SANTOS, Boaventura de S. *Toward a new common Sense*. Londres: Routledge & Keagan Paul 1995.

SILVA, Eduardo e REIS, J. J. *Negociação e conflito: resistência negra no Brasil escravista.* São Paulo: Companhia das Letras, 1989.

SILVA. Ana Rosa Cloclet. *Construção da nação e escravidão no pensamento de José Bonifácio: 1783-1823*. Campinas: 1996. [Dissertação de Mestrado/ Unicamp]

SKIDMORE, Thomas E. Studying the History of Latin America: A Case of Hemispheric Convergence, *Latin America Research Review,* v. 33, n. 1: 105-127 1998.

THOMPSON, E.P. *The Poverty of Theory and Other Essays.* London: Merlin Press, 1978.

WALLERSTEIN, I. *et al. Open the Social Sciences; report of the Gulbenkian Commission on the restructuring of Social Sciences.* Stanford: Stanford University Press, 1996.

WALLERSTEIN, Immanuel. 1968: revolución en el sistema mundo. Tesis e interrogantes. *Estudos sociológicos,* México, n. 20, 1989b.

WALLERSTEIN, Immanuel. *El moderno sistema mundial II. El mercantilismo y la consolidación de la economía-mundo europea 1600-1750.* México: Siglo XXI, 1984.

WALLERSTEIN, Immanuel. *El moderno sistema mundial. La agricultura capitalista y los orígenes de la economía-mundo europea, el siglo XVI,* México: Siglo XXI, 1979.

WALLERSTEIN, Immanuel. *The modern world-system III. The second era of great expansion of the capitalist world-economy, 1730-1840s.* San Diego: Academic Press, 1989a.

Capítulo 4

D. João VI, Rei do Brasil
entre a historia e a memoria[1]

Começo minha fala por uma confissão. Confesso que senti algo de irônico ao ser convidado a este congresso internacional sobre as guerras de independência na América Latina, para participar de uma mesa voltada a "héroes y canallas". Irônico porque este evento acontece justamente nesta cidade de Berlim, tida por consenso como o berço da história racionalista surgida nos começos do século XIX. Foi a partir daqui que os estudos históricos modernos reivindicaram a racionalidade metodológica através de uma ênfase nos argumentos anti-retóricos, postulando seu caráter acadêmico ou científico e moldando seu status como uma disciplina autônoma nas humanidades. Um ícone dessa virada nos estudos históricos é o primeiro livro de Ranke, *A história dos povos romanos e germânicos de 1494 a 1514*, publicado originalmente em 1824 (RANKE, 1874). Aqui, ele escreveu sua famosa declaração de que a história não precisa julgar o passado para ensinar o presente pelo bem do futuro; seu livro, disse Ranke, "quer apenas mostrar como realmente foi o caso"[2]. Esta reivindicação de objetividade reflete a nova auto-compreensão dos estudos históricos como uma ciência empírica com um conjunto especial

1 Publicado como "D. João VI, rey del Brasil. Entre la historia y la memória". In: Stefan Rinke; Hans-Martin Hinz; Fredrik Schulze. (Org.). *Bicentenario: 200 Jahre Unabhängigkeit in Lateinamerika. Geschichte zwischen Erinnerung und Zukunft.* Stuttgart: Verlag Hans-Doiter Heinz/ Akademischer Verlag, 2011. p. 203-227.

2 "zeigen, wie es eigentlich gewsen", RANKE, 1874, p. vii.

de regras metodológicas, constituindo o conhecimento histórico como um processo de pesquisa (RÜSEN, 1990, p. 191).

Essa querela sobre a função do historiador atravessou dois séculos. Ainda no meu tempo de formação, nos anos 1980, se debatia se cabia ou não ao historiador julgar: as épocas, os acontecimentos ou personagens do passado. Confesso, além da ironia, que não cheguei a uma conclusão tranquila sobre o assunto. Mas se vamos tratar de personagens das guerras de independência – lembrando que nem todas independências na América Latina foram alcançadas por meio da guerra – os julgamentos de valor serão inevitáveis. De minha parte, vou tomar como premissa o postulado croceano de que toda história é contemporânea, para assumir que cada geração elege os heróis e os vilões que lhe convêm. Isso é patente na historiografia. Como não quero julgar e muito menos condenar nenhum personagem neste simulacro de tribunal da história, torno explícitos meus objetivos: num primeiro momento, depois de pontuais observações sobre memória/história, pretendo mostrar como as imagens que nos chegaram de D. João VI foram construídas pela historiografia em dois séculos (portanto, explorarei aqui a construção de uma memória historiográfica); em seguida, procurarei trazer a discussão para o campo da análise histórica propriamente dita, pontuando algumas ações deste controvertido personagem que o distinguem como uma figura central quando se procura explicar porque a independência brasileira aconteceu como e quando aconteceu, singularizando o processo brasileiro do que acontecia em todo mundo hispano-americano.

Breves comentários sobre heróis, vilões, efemérides, comemorações

Há apenas dois anos atrás, em 2008, celebrou-se ruidosamente, tanto em Portugal como no Brasil, os 200 anos da transferência da família real portuguesa de Lisboa para o Rio de Janeiro. Um verdadeiro estardalhaço cultural e midiático. Mas já não era nenhuma novidade, pois que quando do "Centenário" foi mesma catarse comemorativa. Na adolescente República brasileira (que contava apenas 18 aninhos em 1908), uma série de eventos marcou a celebração dos cem anos da chegada da família real ao Brasil: congressos, exposições, paradas, publicações – entre estas o célebre monumento historiográfico *d. João VI no Brasil*, de Oliveira Lima.[3] Como no começo do século XX, o furor memorial eclode, talvez até mais intenso neste limiar do século XXI. Agora, desde 2008, contaram-se às dezenas os mais diversos eventos ensejados pelas "comemorações" do bicentenário da transferência da corte e da sede do império ultramarino portugueses para o Rio de Janeiro em 1807-1808. Cadernos especiais, revistas, programas de rádio e televisão, eventos acadêmicos, exposições, publicações – biografias, dicionários, HQs – evocaram o "fato memorável".[4]

Em 2010 temos o estalar das guerras de independência na América Latina; mas em 1992 já tivemos os quinhentos anos do "descobrimento da América"; em 2000, o quinto centenário do "descobrimento do Brasil". Há dois anos, foram os duzentos anos da chegada da corte bragantina ao Brasil, efeméride sobre a qual vou focar minha análise. Mas, afinal, qual o sentido dessas comemorações? O que hoje comemoramos? Onde e quem

3 A febre comemorativa, que se extendeu por quase duas décadas resgatando todos os "centenários" relativos ao processo de independência, teve o Insitituto Histórico e Geográfico Brasileiro como grande agente daquele conjunto de efemérides. Nesse contexto o IHGB moveu importantes iniciativas, como a organização dos congressos de História nacional e de história da América e a publicação da *História da Independência*, de Varnhagen. Cf. VARNHAGEN, s/d.; também LIMA 1908. 2 v.

4 Curiosamente, como aconteceu no 5º centenário do "descobrimento", nossos patrícios portugueses investiramm pesadamente nas "comemorações" do bicentenário da chegada da corte no Brasil. A COMISSÃO NACIONAL PARA O BIENTENÁRIO DA CHEGADA DA FAMÍLIA REAL PORTUGUESA AO BRASIL elaborou uma pesada agenda de eventos em Portugal e no Brasil, que prevê a realização de congressos, colóquios, seminários, exposições, teatro, edições, de livros, bailados.

comemora? Deixo essas questões centrais aos especialistas, para tentar pensar outra anterior, de fundo: o que significou comemorar 1808 em 2008 – ou, no ensejo que hoje nos reúne, qual o sentido de se comemorar 1810 em 2010?

"Comemorar", memorar junto, exercício que aponta para as fronteiras movediças entre história e memória e, num movimento frenético, funde passado e futuro no tempo presente. Há muito o perigo da comemoração foi denunciado e subjugado, porque se descobriu que comemorar era inventar tradições para se controlar corações e mentes.[5] Mas o que se seguiu então, desde a diluição da história em memória, ou o apartamento radical dessas esferas como originalmente propôs Halbwachs[6], muita vez com a primazia da última sobre a primeira como

5 O tópico da memória coletiva e identidade nacional suscitou grande interesse em vários países. Provavelmente o estudo mais influente nesse sentido foi o livro de Hobsbawn e Terence Ranger, *the invention of tradition* (1983). Os autores colocaram uma grande ênfase nas estratégias de comemoração por meio das quais os homens de Estado da Europa do final do XIX "fabricaram" tradições artificiais para reverberar o prestígio e a autoridade do Estado-nação; analizaram o modo como o mito e o ritual foram usados para criar uma memória pública na qual os cidadãos deveriam acreditar. Desde o século XIX, tradições inventadas moldaram as imagens do passado às necessidades do presente. O livro de Hobsbawn e Ranger inspirou inúmeros estudos similares. Cf. o balanço feito por RANGER, T. The invention o Tradition Revisited: The Case of colonial África. In: RANGER, & Vaughan, 1993. De vários modos, essa historiografia "derivada" deu suporte à tese de Hobsbawn e Ranger de que a memória coletiva é construída e que a chave para sua influência é o poder de Estado. Parece-me escusado ter que carregar esta nota com infindos exemplos historiográficos, abundantes tanto na literatura internacional como na brasileira Para meros exemplos, cf. GILLES, 1994; BODNAR, 1992; ZERUBAVEL, 1995. No Brasil, ver SANDES, 2000, BITTENCOURT, 1992; MOTTA, 1992; OLIVEIRA, 1989; FICO, 1997.

6 O modelo para essa abordagem da relação história/memória foi dado por Maurice Halbwachs, sociólogo francês que, no começo do século XX formulou uma teoria compreensiva da memória coletiva. Halbwachs, uma figura opaca da sociologia durkheimiana da década de 1920, foi descoberto pelos historia-

em Nora[7], não levou exatamente a bons termos. Quando nos dispomos a memorar juntos, vemos eclodir a história viva, na pulsão dos debates

---

dores na década de 1980. Halbwachs sustentava que a memória coletiva evoca a presença do passado. Como uma imaginação viva, a memória coletiva é continuamente refeita pelos contextos sociais nos quais é resgatada. Quanto mais poderoso o contexto , mais impositivas serão as memórias. Halbwachs mostrava a relatividade da memória para seu *milieu*, e sua teoria antecipava nossa necessidade cultural corrente de entender o modo como imagens mnemônicas são manipuladas pela autoridade pública. A comemoração é uma estratégia calculada para estabilizar as memórias coletivas. Halbwachs também acreditava que memória e história são antitéticas: a memória confirma semelhanças para com o passado; a história busca por diferenças. Memória evoca a presença do passado; a história mantem-se distante dele. Mais importante: a memória distorce o passado, enquanto que a obrigação do historiador é corrigir as incorreções da memória! Cf. HALBWACHS, 1925. Reedição: Albin Michel, 1994; HALBWACHS, PUF/Albin Michel, 1997.; também HUTTON, 1993; HUTTON, 2000, p. 537 ss.

7 Do ponto de vista da narrativa pensada entre memória e história, um dos estudos teoricamente mais inovadores sobre comemoração foi editado por Pierre Nora (*Les lieux de mémoire*. Paris: Gallimard, 1984-1992, 7 v.). Trata-se de um projeto levado a cabo durante os anos 70, no sentido de reconsiderar a própria natureza da identidade nacional francesa. Note-se que ele apareceu por volta dos anos do bicentenário da revolução, e pode mesmo ter deslocado aquele evento comemorativo em importância. Nora propôs uma abordagem inovadora à narrativa histórica. Ao organizar seu projeto, ele procedeu do presente para trás, como no desenho de uma árvore genealógica. No esquema de Nora, a relação entre história e memória é reversa. A grande narrativa da história da França moderna é fragmentada em narrativas particulares, cada uma delas realocada num diferente lugar da memória. Esses lugares da memória são apenas vagamente conectados, se conectados. As memórias são desatadas de seus lugares fixos numa grande narrativa para tornarem-se pontos de referência simultânea para os historiadores reconstruírem sua herança cultural. A estrutura da história, assim, parte do elenco espacial da memória coletiva, tal como Halbwachs a descrevia. Ao abordar o passado a partir do lugar privilegiado do presente, o historiador contempla os domínios da memória, cada um dos quais podendo ser resgatados ao presente. A história torna-se a arte de situar essas memórias Cf. NORA, 1992,

apaixonados que reverberam a partir da historiografia e se espraiam por todo o espectro social. O acontecimento passado revigora a história, na medida em que afeta o presente, fazendo do distanciamento temporal um instrumento meticuloso para a revisão das diversas estratificações de sentido que se lhe foram atribuindo ao longo de gerações, tornando esse acontecimento em evento "supersignificado"[8]. Aqui ele alcança toda sua importância de força política – e cultural – no tempo presente: a retomada reflexiva do acontecimento supersignificado torna-se o alicerce para a construção narrativa (histórica) de identidades fundadoras.

A celebração de acontecimentos históricos seminais no sentido da construção (o uso, a manipulação, o abuso) da memória sempre existiu; porém, a maneira como é feita em nossos dias, começou a ser praticada e teorizada a partir da década de 1980 pela historiografia francesa da geração do bicentenário da revolução. Para essa historiografia fortemente conservadora (muito incensada pelos historiadores brasileiros até hoje) importa menos a história (que é mudança, transformação) do que a comemoração (que é reiteração seletiva, preservação). De modo que essa perspectiva fez-se conveniente tanto para os *police makers* (vide o afã com que os agentes de Estado assumem entusiasticamente a celebração das efemérides) como para a grande mídia, que incorporou as efemérides em seu calendário[9]. Outro fator para o estardalhaço comemorativo é o contexto histórico em que vivemos, marcado pela mercantilização de todas as esferas e relações humanas, tornando a própria história mais uma

---

v. 3, p. 11-31. Esse método de situar a narrativa histórica nos lugares da memória foi empregado por muitos historiadores desde então. Cf. SCHAMA, 1995.

8 Cf. Ricouer, 1986; também Ricouer, 2000[e] DOSSE, 2003.

9 No caso do bicentenário da chegada da família real ao Brasil, realizou-se um gigantesco "Congresso Internacional 1808: a corte no Brasil", organizado pelas universidades de São Paulo/UFMG/UFF em março de 2008. Este congresso foi aberto com um coquetel "temático" pelo prefeito da cidade do Rio de Janeiro César Maia, no Palácio das Laranjeiras, onde tudo foi customizado, desde o cardápio à indumentária das pessoas em serviço, dos guardanapos e os serviços de mesa.

mercadoria nas prateleiras ao acesso do grande público. As efemérides, e o que se veicula em torno a elas, constituem consciências.

A FABRICAÇÃO DO PERSONAGEM, ORA HERÓI ORA VILÃO, PELA HISTORIOGRAFIA.

Não será o caso de fazer um resgate exaustivo de toda obra de construção da imagem de d. João como herói ou como canalha, ao longo dos últimos dois século e de ambos os lados do Atlântico. Minha proposta é mais singela: apenas ilustrar algumas manifestações pró ou contra o legado de d. João que contribuíram para a construção desse personagem histórico complexo ao longo do tempo.

Uma das primeiras representações paradigmáticas de D. João foi de um homem bondoso e desafortunado. Essa imagem foi primeiramente legada por um embaixador francês em Lisboa em 1824, chamado Hyde de Neuville, num opúsculo publicado em Paris em 1830[10]. Aqui se encontram todos os estereótipos com que se desenhariam tanto sua *persona* pública como particular: herdeiro do trono sem nunca querer tê-lo sido, obrigado a fugir de seu reino para uma colônia africana encravada na América, traído pela mulher D. Carlota e pelo filho (D. Miguel, na crise de sucessão do trono português), forçado a regressar ao velho reino contrariado, irresoluto, tíbio de caráter, enfermiço. Esse estereótipo popular marcou a invenção do personagem, não apenas na historiografia, mas em outros veículos como a literatura, o teatro, a televisão e o cinema, no Brasil e em Portugal.

Para ficarmos apenas no campo historiográfico, essa figura de valor negativo, em que muita vez se confundem o caráter do príncipe com a política de sua monarquia, aparece já no *Elogio necrológico* que lhe foi ofertado na Academia Real de Ciências de Lisboa em 10 de setembro de

10 NEUVILLE, 1830. Uma excelente recensão historiográfica das imagens de d. João encontra-se em PEDREIRA, 2008.

1826 por Frei Mateus Brandão, no qual os vícios e fraquezas que lhe eram atribuídos foram compensados pelo orador por sua "bondade de coração" e seu constante "amor pela paz". (BRANDÃO, 1828) Em 1827, um ano após sua morte, aparecia uma "biografia não-oficial", a *Histoire de Jean VI*[11], de caráter abertamente francófilo, na qual inserem-se elementos de caráter que irão posteriormente aderir à *persona* histórica construída pela historiografia e inscrita na memória popular. Surge o rei benevolente, mas ao mesmo tempo irresoluto e tíbio. Só que essa pusilanimidade é retratada pelo autor do livreto anônimo como um elemento com o qual d. João sabia usar a seu favor, nos momentos em que as circunstâncias exigiam dissimulação. Com esse feitio de reticente, de contemporizador, conseguiu esquivar-se da pressão de franceses e ingleses e, num dos momentos mais convulsivos do Antigo Regime, manter sua coroa.

O libreto anônimo agrega essa aura de grande estrategista a d. João, que se apoiava em seu caráter frágil para driblar situações adversas. De fato, d. João usou com maestria sua posição de pedra angular no equilíbrio das tensões entre os diferentes estratos que o assediavam, dando força aos decaídos para deter os poderosos. Para J. F. De Almeida Prado, d. João era o liame que agrupava sob a coroa os súditos provenientes das várias regiões, levando existência patriarcal, recebendo a todos com generosidade — como bem se confirma pelos inúmeros testemunhos sobre o beija-mão real. Segundo o historiador paulista, um dos primeiros a relacionar a formação do Estado com a da classe dirigente brasileira, o paço imperial ficava sempre de portas abertas nos dias de audiência pública, acessível a reinóis, brasileiros ou estrangeiros de todas as categorias, mansidão desfeita apenas pelos rigores da etiqueta palaciana, estranha ainda aos habitantes do Rio de Janeiro, que nem sempre a apreciavam.[12]

---

11 *Histoire de Jean VI roi du Portugal depuis sa naissance jusqu'aça mort en 1826.* Paris: Ponthieu, 1827.

12 Cf. o beija-mão pejorativamente retratado nos bnrj - *Scketches of Portuguese life and manners...*, 1826, particularmente capítulos ix e xvii. prado, 1968. p. 177.

Os historiadores, sempre em busca da utópica isenção, parecemos fadados aos juízos históricos. Relevar aspectos psicológicos — tão suscetíveis à valoração moral — quanto "tibieza de espírito" ou "natural benevolência" parece inevitavelmente reproduzir a velha prática historiográfica que deságua na condenação ou absolvição dos agentes históricos.[13] É unânime, contudo, a opinião de que o sentimento de gratidão de d. João aos que o acompanharam e aos que o socorreram no Brasil foi o motivo da prodigalidade na distribuição de graças e distintivos nobiliárquicos com que começou a se constituir a nova nobreza "brasileira" — e, ao final, a principal fonte de atritos e ciúme entre beneficiados e preteridos.

Mas é fato também que o príncipe regente, à cabeça do Estado desde o reconhecimento da demência da rainha sua mãe, usou com muita habilidade os poucos recursos de que dispunha. Acusado por uns e outros de indeciso e indolente, reconhecido pela maioria, ao mesmo tempo, como perspicaz diante das turbulências políticas e domésticas — essas não menos graves e constantes que aquelas —, a verdade é que, apesar do período de convulsões sem paralelo em que reinou, d. João viveu e morreu como rei, enquanto a maioria das cabeças coroadas da Europa sucumbiu sob Napoleão. Glorificado como portador de "natural perspicácia e tato adquirido no manejo do governo" por Silvestre Pinheiro,

13 Para um exemplo emblemático da historiografia redentora da imagem de d. João, basta tomar o volume 279 da *Revista do Instituto e Histórico e Geográfico Brasileiro*, em que há um "dossiê" sobre o rei do Brasil. Marcos Carneiro de Mendonça procura apagar a imagem do príncipe gordo e sedentário, ao analisar a obra *Luz liberal e nobre arte de cavalaria*, oferecida a d. João em 1790, na qual se estampam dom José (irmão de d. João), d. João, Marialva e dom José i montando; o autor chega a falar do príncipe como predestinado. Américo Jacobina Lacombe também tenta provar que não era o soberano o idiota com coxas de frango nos bolsos. Francisco de Paula e Azevedo Pondé se mostra mais um monarquista empedernido, laureando a figura do regente, sem nada de novo acrescentar a sua biografia; Pedro Calmon não acresce nada do que já constava em seu *O rei do Brasil*. Por fim, Mário Barata atenta mais aos motivos greco-romanos da pintura de Debret. Todos na *RIHGB*, 1968, p. 114-35; 65-97; 98-113; 135-42; 177-82.

superava sua fama de enfermiço e tolo, nunca tendo permitido a ascendência absoluta de nenhuma das facções que o orbitavam. Lembra com propriedade Pedro Calmon que nem d. João ii abateu a aristocracia, nem dom José o clero, como ele — "[...] que haveria de arrimar-se aos negociantes contra os fidalgos, e interromper a tradição devota da dinastia [...]; humilhou largamente a nobreza; mais que isso, a confundiu, distribuindo, com uma alegre prodigalidade, as mercês outr'ora tão raras" (calmon, 1943, p. 69).

Os elementos que compõem esse personagem complexo, ambíguo, esse homem temeroso e irresoluto, mas ao mesmo tempo um estadista hábil, zeloso e perspicaz, irão se reiterar ao longo do século XIX e particularmente do XX, com mais ênfase em uns atributos que em outros, conforme se trate de posição mais monárquica ou republicana, simpática ou antipática ao rei e a seu legado. Pois que é importante reforçar o fato de que a construção da memória deste último rei absoluto europeu foi em grande parte escrita de um ponto de vista liberal (constitucional), quando não efetivamente republicano, na virada dos séculos XIX para o XX. Os ataques mais ou menos virulentos a d. João emanam em geral de posições críticas ou à dinastia de Bragança, ou à própria forma monárquica de governo, de modo que nosso personagem acaba tornando-se um ícone de todos os supostos ou reais vícios de sua dinastia ou da monarquia como um todo. O retrato bufão que dele pinta Oliveira Martins em sua *História de Portugal*, de 1887, é digna de registro, pois sintetiza todas as versões negativas posteriores. O célebre historiador começa atacando a própria pessoa física, descrevendo-o como disforme, inchado, glutão e enfermiço. Pinta-o como sujo, "vício de resto comum a toda família"; avarento, portador de uma esperteza saloia", desconfiado de tudo e de todos; era fraco, inepto, dissimulado. É de Oliveira Martins a clássica descrição do rei glutão, que preferia "os louros frangos assados com que abarrotava os bolsos da casaca engordurada, comendo-os à mão". (MARTINS, 1887, p. 252-255)

Essa imagem irá propagar-se como areia ao vento no deserto. Também em Portugal, já em pleno século XX, Raul Brandão irá pintá-lo nas mesmas cores, senão mais violentas: "Na solidão desta imensa noite de inverno evoco a figura grotesca e rio-me (...) é um desgraçado também. Ridículo ainda por cima. Se Deus lhe deu em quinhão, junto com a matéria, o hemorroidal, a barriga, a fealdade, um átomo sequer de sonho ou um fio de nervos – o que pode muito bem ter sucedido –[,] morria de desespero. Sofria, sofreu." (BRANDÃO, 1912, p. 69 ss). Mais impiedoso é o autor ao referir-se à paternidade dos filhos de D. Carlota, dos quais d. João não teria certeza da legitimidade de três, dos nove paridos pela rainha. E elenca os amantes (BRANDÃO, 1912, p. 76-77). Também no Brasil, autores como Tobias Monteiro, Otávio Tarquínio de Souza e José Honório Rodrigues, em diferentes momentos do século XX, irão contribuir para difundir os aspectos mais negativos que os positivos da figura e do legado de d. João.[14]

Por outro lado, tão remotas quanto os julgamentos negativos são as avaliações positivas do personagem. Para não explorarmos as obras laudatórias contemporâneas de D. João, como as *Memórias dos benefícios políticos do governo d'El-Rei d. João VI,* do visconde de Cairu, ou as *Memórias para servir a história do Brasil*, do Padre Perereca[15], o Autor tido como o fundador da historiografia brasileira, Francisco Adolfo de

14 Tobias Monteiro pinta a figura monstruosa de d. João, chama-o de "macrocéfalo", "só comia galinhas o dia inteiro, sujo". Otávio Tarquínio não é menos condescendente: "D. João carecia de qualquer dos atributos ou características que podem fazer um homem prezado ou admirado por mulheres, sobretudo do feitio da que lhe coube. O Bragança, filho de sobrinha com tio, era desajeitado, grosso, balofo, barrigudo, moleirão, sem hábitos de asseio para não dizer sujo, descuidado no vestuário, e medroso, acanhado, perplexo, sonso, apurando em manha o que lhe minguava em autoridade, disfarçando em paciência a congênita irresolução." Cf. sousa, 1988. V. 1, p. 29.; monteiro, 1981. 2 v. (elementos de detratação de d. João às páginas p. 23-7 ; 55, 82, 95, 170). Também RODRIGUES, 1975, 5 v.

15 LISBOA, 1818. Também sua LISBOA, 1828; SANTOS, 1981. 2 t.

Varnhagen ressaltou os qualificativos do príncipe regente, atribuindo-lhe papel central para criação das condições que possibilitaram a independência brasileira, como a abertura dos portos, a promoção da educação e da cultura e o estabelecimento do aparato de Estado (português) no Rio de Janeiro, feitos "memoráveis" do distinto Bragança (VARNHAGEN, 1917).

Mas o empreendedor da grande reabilitação histórica de d. João foi o brasileiro Manuel de Oliveira Lima, que publicou seu clássico *D. João VI no Brasil* em 1908, justamente por ocasião da efeméride do centenário da chegada da família real ao Brasil. São muito conhecidas as empreitadas de d. João em prol da dinastia de Bragança. Um episódio que pode ser emblemático da leitura positiva de Oliveira Lima pode ser o da transferência da corte. Os detratores de d. João entendem-no como uma fuga covarde. Já Oliveira Lima praticamente iniciou a linhagem historiográfica que julga positivamente a decisão da migração da família real para o Brasil. Segundo o diplomata e historiador, entre perdas — o que ficava de Portugal na Europa — e ganhos — o novo império que ergueria para sua Casa na América —, dom João, dando execução a esse que era um "alvitre amadurecido" da coroa portuguesa, fez-se em toda a Europa a única ameaça concreta ao desafio napoleônico, motivo pelo qual seu ato deve ser considerado mais como "uma inteligente e feliz manobra política do que como uma deserção cobarde" (Lima, 1945. V. 1., p. 5). Essa reabilitação de d. João, acentuando a contribuição de d. João para a formação do Brasil enquanto nação independente, é tipicamente brasileira (a historiografia portuguesa seguiu outro rumo). Tal leitura positiva do espólio joanino encontrou seguidores em autores como Hélio Vianna, Pandiá Calógeras e Pedro Calmon. O emérito historiador baiano, ainda que não sublimando as fraquezas de caráter com que a historiografia cumula D. João, deu mais ênfase a suas virtudes e, sobretudo, a seu legado político do Brasil independente e autônomo.[16]

16 CALMON, 1943, p. 11; 62; 71; 180. CALÓGERAS, 1980; VIANNA, 1966; VIANNA, 1968.

Engana-se quem pensa que essa imagem positiva é exclusivamente brasileira. Embora, sem dúvida, majoritária na ex-colônia, também houve no velho reino que procurou enxergar as virtudes do velho rei. Em Portugal, derrubada a primeira República, no final da década de 1920 Fortunato de Almeida assim se referiu ao novo rei, que assumiu a cabeça do império lusitano após a morte da mãe, D. Maria I, em 1816, num momento de grandes convulsões na história europeia, agindo com equilíbrio e perspicácia. Quanto ao caráter do soberano, reconhecia ser isento de talentos excepcionais, embora não fosse desprovido de argúcia, prudência, moderação e bondade; era também modesto, econômico para consigo e generoso para com seus súditos. E clemente. Portador de nobres qualidades morais e isento de vaidades e asperezas. Para Almeida, "se vivesse em tempos menos revoltos e a fortuna lhe deparasse ministros de valia e conselhos, d. João VI lograria porventura um reinado próspero e feliz (ALMEIDA, 1929, t. VI, p. 7).

Na historiografia mais recente, podemos encontrar avaliações mais equilibradas do personagem e do governo de d. João VI, como nos trabalhos de Jorge Pedreira, Valentim Alexandre, Andrée Mansuy-Diniz Silva e João Paulo Garrido Pimenta, que se amparam em análises meticulosas da historiografia e de vasta documentação para alcançar um exame ponderado da vida e da obra do último rei absoluto e primeiro rei constitucional de Portugal e primeiro rei do Brasil.[17]

Elementos para um julgamento "isento"

No pano de fundo das celebrações, a história do Brasil de João. Mas qual história? A história foi, é fato; mas toda ela é sempre interpretação. Contudo, ninguém em sã consciência negará que um dia houve um grande movimento dentro da Europa chamado "bloqueio continental",

17 PEDREIRA, 2008; ALEXANDRE, 1993; SILVA, 2006, 2 v; PIMENTA e SLEMIAN, 2008.

levado a cabo por um general francês com arroubos imperiais e imperialistas. Ninguém questionará que dele, em sua peleja contra a inimiga histórica Inglaterra, partiu a ameaça final de invasão do pequeno reino português, o que motivou a transferência da corte e Estado lusitanos para sua grande colônia tropical na América. A partir daí, qualquer afirmação poderá ser alvo de interpelações apaixonadas. Essa transferência terá sido uma "fuga" ou uma sábia decisão do regente? Foi atropelada ou um "alvitre amadurecido"? Qual o tamanho da comitiva: 300, 500, 6 mil, 12 mil, 15 mil, 20 mil pessoas? Quais os impactos desse evento único nos fastos das casas dinásticas europeias – d. João foi o único rei europeu aclamado fora do continente! – para o velho reino e para sua nova sede tropical? d. João foi um hábil estadista ou tolo manipulado por seus homens de Estado? A vinda da corte acelerou ou protelou a independência do Brasil na era das revoluções? Foi benéfica para o Brasil ao garantir sua integridade territorial – a América Hispânica se esfacelou em pequenas repúblicas – ou foi prejudicial ao induzir a uma transição conservadora e centralizadora? Quais suas eventuais marcas na sociedade e no Estado que se construíram no Brasil ao longo do século 19 e mesmo depois, até nossos dias?

Por certo que todas essas são questões pertinentes para quem, como eu, compreenda a história como processo, numa dialética complexa de continuidades e rupturas, dos constrangimentos da necessidade e a luta pela liberdade, e, antes de tudo, em sua materialidade incontornável. São pertinentes para quem não se satisfaz com a contestação de que existem discursos em litígio e pronto, a história não sendo capaz de transcender a textualidade discursiva dos relatos que ela produziu sobre si. Em particular para quem concebe a história como essa "dialética das durações" que reverbera do passado, impregna o presente e se projeta para o futuro, proponho essa discussão incrustada entre a escritura da história e a luta pela memória, que pulsam nesta época de comemorações e apropriações. Se me recuso a negar a ontologia da história em favor do construtivismo narrativista (Malerba, 2008, p. 63–80), a constatação da coexistência de respostas diversas, quando não opostas, àquelas questões centrais da história do Brasil joanino desafia o historiador realista. Como explicar as versões da história? O conceito de memória pode ser uma chave para essa questão melindrosa. Não me proponho aqui sequer a evocar os debates historiográficos em torno a cada uma delas; meu propósito não é maior do que refletir sobre uns poucos tópicos da história do Brasil joanino que evidenciam os embates (políticos!) presentes por trás de cada esforço de lembrança ou de ativo apagamento daqueles feitos memoráveis.[18]

A re-apropriação do passado pela historiografia, suas versões e utilizações, estão aí a indicar as complexas relações entre história e memória. Os embates historiográficos – a guerra de interpretações sobre um fato ou os modos de narrá-lo – evidenciam a complexidade de um campo de conhecimento fundado em base teóricas e metodológicas movediças como a observação indireta ou mediata do passado, por meio de vestígios; as temporalidades também móveis 1) dos acontecimentos relatados, 2) das testemunhas ou observadores diretos, 3) dos narradores (historiadores) e 4) dos leitores; 5)o viés político dos usos presentes do passado.[19] Todos os conflitos de temporalidade ganham expressão cultural na historiografia. Nas reflexões a seguir, minha intenção dupla: primeiro, passear pela historiografia para observar como que se constrói a memória de um ator histórico. Em seguida, procurarei trazer à discussão alguns tópicos

18 Aqui me refiro às patologias coletivas da memória, que podem se manifestar por situações de pleno resgate da memória, de repetição cuja "comemoração" e tendência à patrimonialização do passado, como no caso do Brasil joanino, são um belo exemplo; ou por situações contrárias, o "basta de memória", como é o caso em todos os paises totalitários dominados pela memória manipulada. Como ensina Paul Ricouer (2000), é assim que a memória se torna inseparável do trabalho do esquecimento. Como lembra também Tzvetan Todorov (1995, p. 14): "A memória não se opõe ao esquecimento. Os dois termos que contrastam são o apagar (o esquecimento) e o conservar; a memória é sempre e necessariamente uma interação dos dois".

19 Cf. RICOER, 1994-1996, 96. 3. t. ; RÜSEN, 2001.

importantes da história do Brasil joanino, com o fim de perceber como a questão (presente) da construção da memória (do passado) permeia cada um deles.

Há uma disputa antiga na historiografia brasileira no que se refere ao caráter da independência brasileira(e, por conseguinte, a sua periodização). O célebre historiador brasileiro José Honório Rodrigues designa como ortodoxos e conservadores os historiadores que datam o início da Independência ao tempo da chegada da corte. Tal entendimento negaria o caráter revolucionário da guerra da Independência, concedendo relevância ao papel desempenhado por d. João no processo de independência e o decorrente caráter elitista e conciliatório do movimento.[20]

Hoje podemos entender minoritária essa perspectiva "revolucionária" de José Honório dentro da historiografia brasileira. D. João jogou um papel central no processo e, por assim dizer, o "príncipe do Brasil" aclamado rei em terras brasileiras também se tornou, com justiça, protagonista das efemérides. Talvez muito a contragosto, ele foi de fato uma figura muito importante na trajetória do Brasil, pois era, nesse quadrante fundamental da história mundial (e não apenas europeia ou ocidental), o mandatário do império português, que se estendia pela América, África e Extremo Oriente. Como nos textos políticos e laudatórios de época[21], d. João vem sendo evocado como o grande protagonista dos feitos da fuga

20 Por entender a Independência como revolução, José Honório Rodrigues enquadrava autores como Oliveira Lima nessa categoria dos "ortodoxos". A ortodoxia o situaria entre aqueles "que não só reconhecem os benefícios do governo de d. João, como sua influência direta no movimento". RODRIGUES, 1975, v. 3, p. 255. Essas linhagens historiográficas, uma que entende a independência como processo revolucionário e outra que não, perduram. Na linha de Honório Rodrigues, cf. DIÉGUES, 2004. Nesta obra, a Independência é analisada pelo viés da estratégia e da guerra e, nela, a ação de Bonifácio. rejeitando o "mito" de uma Independência incruenta.

21 FRANCO, 1808; *HISTOIRE de Jean VI roi de Portugal*... 1827; lisboa, 1828; LISBOA, 1818; SIERRA Y MARISCAL, [1823]; v. 43-4, p. 48-81, 1931; SOARES, 1808.

para o Brasil – muitos nem aceitam chamá-la assim de "fuga"! – e dos desdobramentos políticos e civilizacionais de sua permanência por treze anos no Rio de Janeiro. Contudo, nós devemos ser ponderados num tal juízo. Para ficar na estrita esfera do Estado e das relações diplomáticas, sozinho d. João não teria feito o que fez. Havia um aparato de Estado e uma cultura política em relação a que e dentro da qual ele se movia[22]. Mas não fosse ele, não tivesse morrido seu irmão D. José, não tivesse ficado incapacitada a rainha D. Maria sua mãe, como agiria d. João ou qualquer outro mandatário? Não se pode desprezar a força das circunstâncias.

Temos nós, em 2010, condições de afirmar rigorosamente se o "legado" joanino foi positivo para o Brasil? É uma questão ardilosa. Mesmo com uma vantagem de duzentos anos de perspectiva em relação ao episódio, talvez seja forçar nas tintas fazer derivar o Brasil de hoje daqueles acontecimentos. Mas duas coisas são fundamentais para a avaliação da importância histórica do Brasil joanino: primeiro que, quando d. João veio para o Brasil, talvez mais importante que a corte, trouxe consigo todo um aparato de Estado, do Estado português. Aqui se instalou a máquina administrativa do império, com suas mesas, secretarias e desembargos, com suas forças militares etc.[23] Ora, quando imediatamente após o retorno do rei (1821) fez-se a independência (1822)[24], aqui já havia um Estado em pleno funcionamento, que sofreu poucos ajustes de imediato. Segundo, e tão importante quanto, foi o modo como se deu a aproxima-

22 Sobre o peso dos homens de Estado, cf. SILVA, 2006, 2 v; e WILKEN, 2005. Sobre a cultura política do império, cf. SCHULTZ, 2001; NEVES, 2003; SOUZA, 1999; KRAAY, 2002.

23 Sobre administração colonial, cf. FRAGOSO, BICALHO e GOUVÊA, 2001; BICALHO, e FERLINI, 2005; BOXER, 2002; MONTEIRO, CARDIM, e CUNHA, 2005; FAORO, 1975; GARCIA, 1956; GOUVÊA, 2002, p. 111-155; HESPANHA, 1988 (v. 4 História de Portugal, dir. José Mattoso); LIRA, 1941; SCHWARZ, 1979; SOUZA, 2006; NEVES, 1997.

24 Duas obras recentes que indicam o curso corrente das discussões em torno da independência são Jancsó, 2005; MALERBA, 2006.

ção, durante do período joanino, do príncipe regente e sua corte com as elites residentes no Rio de Janeiro, num sistema simbiótico que definiu qual seria o projeto vitorioso após a emancipação política: o das elites do Centro-Sul, que "bancaram" a independência, assumiram as rédeas do Estado nascente e se arrogaram a primazia da construção do Estado monárquico ao longo do século XIX, à sua imagem e semelhança[25]. Muitos dos vícios de nossa história política até os dias de hoje remontam a esse momento fundador do Estado e da nação brasileiros e da forma como isso se deu ao longo do século XIX.

De acordo com certa tradição historiográfica, a presença da corte foi decisiva para os rumos da independência que se lhe seguiu. É-lhe peculiar comparar nossa independência – que levou à construção de um Estado imperial, centralizado, e à preservação da escravidão, interesse maior das elites que bancavam aquele Estado – com o processo análogo ocorrido na América espanhola, marcado, ao contrário, pela fragmentação republicana e pela abolição precoce do trabalho escravo na maioria dos novos países[26]. A questão que então se impõem é: em que medida a presença da corte efetivamente contribuiu para moldar o Brasil que se levantou das cinzas da ordem colonial ao longo do século XIX?

Eu não tenho dúvida de que a experiência da transferência não apenas da família real, mas da sede do império ultramarino português,

---

25 Estudei os mecanismos de interação entre as elites migradas e as classes superiores fluminenses nos seguintes trabalhos: MALERBA, 1999; MALERBA, J, De homens e títulos: a lógica das interações sociais e a formação das elites no Brasil às vésperas da independência. In: MALERBA, 2006 e MALERBA, 2000, capítulo 5, "O novo nobre".

26 Há muito poucos estudos comparativos sobre o processo de independência nas Américas espanhola e portuguesa. Duas excelentes exceções à regra são McFarlane, Anthony. Independências Americanas na Era das Revoluções: Conexões, contextos, comparações. In: MALERBA, 2006 e JANCSÓ, Istvan. A construção dos Estados nacionais na América Latina – apontamentos para o Estudo do Império como projeto. In: SZMRECSÁNYI, 2002.

foi decisiva para a solução monárquica, centralizadora e escravocrata adotada pelas elites de mando que tomaram as rédeas da independência e se deram ao trabalho da construção do Estado imperial e escravista brasileiro ao longo do XIX. A rigor, tal debate é permanente na historiografia brasileira e remonta aos tempos imediatos à própria independência. Ele guarda um iniludível viés político – e aqui se entrecruzam novamente de maneira mais clara "história" e "memória"–, que matiza tanto as interpretações que atribuem grande importância à presença e atuação do soberano no processo da emancipação política brasileira, como aquelas que desdenham dessa importância. Nos dois extremos, podemos evocar, por exemplo desde Cairu *versus* Hipólito da Costa, Oliveira Lima *versus* Tobias Barreto, Josué Montello *versus* José Honório Rodrigues, Lilian Schwarcz *versus* Evaldo Cabral de Mello[27]. A historiografia é construída a partir dessas retificações que acontecem de geração em geração, mas o *leitmotiv* da reconstrução histórica é a luta política travada no presente.

De fato, entre 1808 e 1825 mudanças fundamentais verificaram-se no Brasil, a pavimentar o caminho rumo à independência da metrópole portuguesa. No contexto da "era de revoluções", que se estende do ultimo quartel do século 18 até c. 1825 (na América Latina), a independência brasileira representou a única alternativa conservadora bem-sucedida à opção republicana, que caracterizou o processo de emancipação política tanto na América do Norte (que, como o Brasil, manteve a integridade territorial) quanto na América espanhola, pulverizada em várias repúblicas. Os rumos peculiares que tomaram o processo de emancipação política na América portuguesa, *vis-a-vis* o processo análogo na América espanhola, foram em grande parte ditados pela transferência da família real para o Brasil.

27 Hipólito, no *Correio Braziliense*. Dos autores ainda não referidos anteriormente, cf. RODRIGUES, 1975-. 5v ; MONTELLO, 1972. 4 v. SCHWARCZ, 2002 e MELLO, 2004.

Mas nem isso é consenso na historiografia. Em sua recente biografia de João VI, Jorge Miguel Pedreira e Fernando Torres Costa, privilegiando as questões de Estado, as forças políticas e embates diplomáticos que marcam o período joanino no Brasil, chegam à conclusão de que "d. João e o seu governo não tiveram papel relevante" na construção da independência, mas que teriam sido "as iniciativas dos liberais vintintas que empurraram a elite que havia rodeado no Brasil o príncipe d. Pedro para um rompimento completo com a imagem ainda persistente da uma unidade política de Portugal e do Brasil sob a mesma Autoridade" (Pedreira, 2008, p. 376 ss). De fato, tal conclusão é plausível a se olhar o processo do ponto de vista estrito da história política. Mas pode-se sim atribuir-se importância decisiva a d. João no desfecho da independência, ao se observar como o soberano, querendo ou não, com sua política patriarcal e cooptativa, de captação de fundos por meio da retribuição de mercês honoríficas, contribuiu decisivamente para definir o perfil da nova elite que se formou no Brasil nos treze anos em que se deteve no Rio de Janeiro a família real. Os moldes em que se forjaram as novas elites que assumirão a independência e, depois dela, a tarefa de construção do Estado monárquico ao longo do século XIX, produziram-se em grande medida a partir dessa política distributiva de d. João.

A rigor, muitos autores não gostam de misturar uma coisa (a vinda da corte) com outra (a independência). Mas não há como negar essa correlação. A presença da corte no Rio de Janeiro imantou as elites locais (nomeadamente as do Centro-Sul) em torno de um projeto de poder que exigia a manutenção da integridade territorial, mas particularmente a manutenção do regime produtivo, baseado na concentração da terra, na produção monocultora voltada ao abastecimento externo, e no trabalho escravo. Esse foi o botim que receberam as elites locais em troca da preservação de um corpo político unitário, monárquico, que manteve à testa um herdeiro da Casa de Bragança.

A presença da família real talvez tenha sido o fator mais importante na preservação da integridade territorial, sob um regime autoritário e centralizador mesmo após a independência; o que, por sua vez, foi um verdadeiro empecilho ao desenvolvimento das potencialidades federalistas, esses possíveis não verificados. A historiografia peleja também nesse ponto, sobre os meandros da construção do Estado e da formação da nação a partir do processo de independência e ao longo do século XIX[28]. O que não podemos saber é se, caso o projeto monarquista e conservador não fosse historicamente o projeto vencedor, que tipo de "federação" poderia então ter surgido dos escombros do mundo colonial? E, o que interessa, em que medida essa hipotética federação teria logrado maior êxito na construção de um Estado e na formação de uma nação brasileira "melhor para a maioria", ou seja, mais justa, democrática, inclusiva etc[29]. A memória como olvido traz à reflexão a força dos projetos vencidos, os possíveis não averiguados. O viés político é patente: interpretações que lamentam o aborto dos projetos federalistas tendem a atribuir as mazelas sociais do Brasil atual à nossa "revolução conservadora", à "via prussiana" seguida pelas elites brasileiras. Mas em história não temos o dispositivo da "contraprova". Uma experiência federalista teria levado a um país melhor? Nossa experiência republicana no século 20 não autoriza uma resposta tranquila.

Enfim, o que me parece decisivo na análise do período joanino, quanto ao que dele sucedeu na história do Brasil ao longo do século 19 (é essa a questão) foi a aproximação, durante os anos brasileiros de d. João, das elites do centro-sul com a Coroa. D. João VI, em troca de apoio político, não teve parcimônia na distribuição de títulos de nobreza, cartas de

28 Algumas peças importantes desse debate são GRAHAM, 2001, p. 17-56; DIAS, 1972; CARVALHO, 1981; CARVALHO, 1988. Um texto seminal, que fez o balanço e ditou os rumos da discussão posterior é JANCSÓ e PIMENTA, João Paulo G. Peças de um mosaico, (ou apontamentos para o estudo da emergência da identidade nacional brasileira). In: MOTA, 2000. Ver também BERBEL, 1999; SOUZA, 1999; BARMAN, 1988; SANTOS, 1992; OLIVEIRA, 1999; MELO, 2001; DOLHNIKOFF, 2005.

29 Cf. CARVALHO, 2001; CARVALHO 2007.

sesmarias, cargos na máquina burocrática e outras mercês para os ricos nativos, principalmente os poderosos comerciantes residentes no Rio de Janeiro, mas também de São Paulo e Minas Gerais. Esse entrelaçamento de interesses das elites nativas com as migradas marcou o compasso do processo de independência, dentro de um ambiente cultural de intensas transformações civilizatórias. E aqui eu concordo integralmente com Evaldo Cabral de Mello: esse projeto vencedor, que cooptou o príncipe do Brasil depois do retorno do rei, pugnava pela imposição de interesses tão regionais (ou mesmo provincianos) quanto os do Rio Grande do Sul, do Pará ou de Pernambuco. O que me faz pensar em quais seriam as vantagens para o Brasil se qualquer outro desses projetos regionais tivesse se imposto sobre os demais, como logrou o centro-sul. Ou como teria sido se fôssemos hoje quinze ou vinte países independentes falando em português?

Talvez o clima das efemérides incite a uma espécie de exercício de "história contrafactual", ou o que teria sido se o fosse de outra maneira? Nesse exercício, as mazelas do presente tendem a idealizar um "futuro do passado" perdido, o que poderia ter sido e não foi. Ou, ainda, a romantizar um "passado passado", com suas figuras e instituições, e trazê-lo para o presente como saídas possíveis para nossos impasses contemporâneos. Nesse sentido, há, por todo lugar, mas particularmente forte no Brasil, um resgate das eras de reis e imperadores, como se eles fossem um contraponto à corrupção democrática/republicana. Moto-contínuo, há no Brasil uma ideologia revestida de "imaginário coletivo" de que temos um subconsciente monárquico, presente na figura de nossos inúmeros "reis" e "rainhas" (do carnaval, do futebol, do baião, dos "baixinhos" etc.) e, mais perversamente, na herança de paternalismo próprio à concepção monárquica de mundo. Nesse sentido, uma questão que as efemérides do bicentenário têm trazido à tona é se a vinda da família real pode ter como legado uma consciência monárquica paternal que atrapalha, de alguma maneira, a melhor consolidação de nossa democracia.

Os usos e abusos da história são sempre presentes. Entendo esse discurso de que seríamos hoje melhores e mais felizes sob uma monarquia como, no mínimo, um anacronismo. Acho mesmo que o preço pela opção monárquica foi muito caro para nossa história. A história prevalece sobre a memória. Os caminhos foram esses que conhecemos. A questão agora, meio sartreana, é: o que podemos fazer daquilo que fizeram conosco? Como fazer aprimorar os mecanismos democráticos, para a construção de uma sociedade mais justa, inclusiva etc? Esse desafio não se há de resolver apenas com uma mudança na forma de governo. República ou monarquia, presidencialismo ou parlamentarismo? Não me parece ser essa a questão central.

Também não é muito prudente estabelecer um paralelo entre nosso presidencialismo atual e uma monarquia. Qual monarquia? A nossa do século 19? Ou a espanhola do século 21? Isso não é lá muito produtivo. Por fim, acho que a presença do "imaginário" (na falta de termo melhor) paternalista é assunto primordial, não só ao debate histórico acadêmico, mas para a análise do Brasil contemporâneo. Mas penso, em sintonia com Sérgio Buarque e Gilberto Freyre, que o "paternalismo" sempre emanou da própria sociedade, dela espraiando-se para a política – e não o contrário.

Considerações finais

O que fazer com a efeméride? O historiador francês Charles Mozaré ensina que um acontecimento só se torna memorável devido a uma certa qualidade de ser excepcional, de suscitar, para além de seu desenrolar efêmero, uma realidade durável, que acaba inscrita nos lugares da memória coletiva, tornando-se uma espécie de experiência exemplar (MOZARÉ, 1970). Nesse sentido, a celebração, a construção da memória são fundamentos para a constituição de um corpo político. Como essa entidade que chamamos de "nação brasileira" começou? O que nos congrega em torno dessa comunidade imaginada? (Anderson, 2006)

O resgate de acontecimentos históricos marcantes, como foi a permanência da corte portuguesa no Brasil entre 1808 e 1821, e a reflexão sobre suas implicações para a história do Brasil que se lhe seguiu cumprem uma função de coesão social, contribuem para manter orgânica nossa sociedade. Porém, aqui "coesão" não deve significar unanimidade passiva ou submissão, mas trazer implícita a ideia do conflito incessante que marca a formação da nação. Este quadrante memorial em que estamos imersos de forma quase asfixiante pelo menos desde o bicentenário da Revolução Francesa emoldura o contexto das "celebrações" dos duzentos anos da chegada da corte portuguesa ao Brasil. O apelo a uma memória nacional que pretende submeter a crítica histórica e o apego intenso a revisões de projetos passados - bem ou malsucedidos - evidenciam o regime de historicidade[30] ora vigente, em que o passado se esboroa em categorias meta-históricas e em que o horizonte de expectativa se dilata ao infinito; tudo isso poder-se-ia dizer função da ausência de projeto(s) para nossa sociedade e nossa nação. Como ensina o teórico alemão R. Koselleck, o resgate do espaço de experiência (passado), sob as coordenadas de um horizonte de expectativa (projetos para o futuro), deve coordenar a ação dos homens no presente[31]. Na falta de projetos futuros coletivos, perdemos a chance de ações coordenadas no presente com vistas à construção de um futuro que queremos; assim perdemos a função e a oportunidade de agir, categoria que Ricouer define como "a dívida ética da história perante o passado".

Quanto ao "legado" de d. João - assunto de grande relevo neste contexto de efemérides e comemoração-, q questão, mais uma vez, remete inevitavelmente à questão da "memória". O senso comum, com apoio da mídia, clama por relacionar imediatamente o Brasil presente aos desdobramentos (possíveis) do fato passado. A questão de fundo,

---

30 No sentido em que François artog emprega o conceito. Cf. HARTOG, F. Arte da narrativa histórica. In: BOUTIER e JULIA, 1998; HARTOG, 2003; HARTOG., 2006.

31 Cf. KOSELLECK, 1993. Para uma acurada leitura do instrumental teórico e metodológico de Koselleck, cf. FERES JR., e JASMIN, 2007; JASMIN, e FERES JR., J. 2006.

aqui, é sobre qual o peso ou influência do período joanino para toda a história brasileira posterior. Ou seja, mais uma vez, clama-se por um julgamento. As respostas oscilam conforme os pontos de vista: há uma forte tradição historiográfica para quem d. João foi um prócer da própria independência, que detonou o processo civilizador no Brasil a partir do Rio de Janeiro – ou seja, um herói! Em oposição, há aqueles para quem a presença do soberano teve desdobramentos sinistros para nossa história, como a implantação de um projeto de Estado autoritário e centralizado, cujo combustível político é a corrupção. Enfim, um canalha.

Tais visões opostas sobre d. João, ora um bobalhão inseguro, glutão, carola, refém de políticos hábeis e inescrupulosos etc, ora perspicaz governante e estrategista, têm a ver com a construção da memória que dele se fez ao longo de dois séculos. As visões positivas começaram a ser construídas à época de sua vida no Brasil, por áulicos devotados, como o Visconde de Cairu, entre tantos – e continuaram depois. As negativas começaram na mesma época, mas pela historiografia liberal e, depois, no Portugal republicano. No Brasil, o advento da República também deu voz àqueles críticos mordazes do império, para os quais todos os problemas do país proviam do passado monárquico. D. João foi um dos mais atacados por essa historiografia republicana daqui, entre os quais se destacam figuras de proa como Tobias Monteiro, Otávio Tarquínio de Sousa e José Honorório Rodrigues, para três momentos diferentes[32]. Em minha opinião, nem tanto ao mar, nem tanto à terra. De fato, d. João não foi talhado para ser rei, mas a responsabilidade caiu-lhe ao colo com a morte do irmão primogênito, preparado este desde a infância para receber a coroa. D. João recebeu muito moço a incumbência, devido ao impedimento de sua mãe, D. Maria, com seus distúrbios mentais.

No contexto conturbado em que viveu e reinou, até que d. João saiu-se muito bem: manteve-se à frente do império português e, quando foi instado a retornar a Portugal, deixou primogênito à frente do Brasil,

32 monteiro, 1981. 2 v.; sousa, 1988. 3 v; RODRIGUES, 1975-. 5v.

numa hábil manobra que manteve dentro de sua casa o domínio do reino e da mais próspera de suas colônias. Mas há que considerar que, se a última palavra era do rei, ele estava cercado de um escol de grandes estadistas, como o conde de Linhares, o conde da Barca, D. Fernando José de Portugal, Thomas Antonio Vilanova Portugal, o visconde de Rio Seco. Todos eles com grande descortino político e com uma fidelidade sem limites a seu soberano.

Enfim, o que fazer com a efeméride? Definitivamente o esquecimento não é uma alternativa. Procurando superar a tendência ultra-individualista e ególatra hoje vigente, temos a obrigação moral de fazer bom uso das "comemorações" (desse "memorar junto"). De modo que as "comemorações" – em torno ao bicentenário da chegada da corte ao Brasil, ou dos 200 anos das guerras de independência na América Latina – podem ter de uma dupla utilidade. Poderão ser valiosas para a disciplina histórica, para história como ciência, ao facultar uma atualização dos recursos teóricos e metodológicos disponíveis, por meio da investigação da história da historiografia e de novas pesquisas metodicamente reguladas sobre o tema das independências. Também as efemérides podem ser úteis no debate de nossa história presente, ao contribuir para insuflar um grande debate sobre nossas trajetórias, nossas realidades atuais, com seus impasses e os *projetos possíveis de nação* que temos a oferecer a cada país da América Latina e a nós, seus habitantes, guardando respeito a todas as diferenças que nos singularizam.

Bibliografia

ALEXANDRE, Valentin. *Os sentidos do Império. Questão nacional e questão colonial na crise do antigo regime.* Porto : Afrontamento, 1993.

ALMEIDA, Fortunato. *História de Portugal.* Coimbra: Fortunato de Almeida, 1929.

ANDERSON, Bendedict. *Imagined Communities*. Londres/Nova York: Verso, 2006.

BARMAN, Roderick J. *Brazil: the forging of a nation (1798-1852)*. Stanford: Stanford University Press, 1988.

BICALHO, Maria Fernanda e FERLINI, Vera Lúcia Amaral. Modos de Governar: ideias e práticas políticas no império português, séculos XVI a XIX. São Paulo: Alameda, 2005.

BITTENCOURT, Circe. "As tradições nacionais" e o ritual das festas cívicas. In: PINSKY, Jaime (org.). *O ensino de história e a ciação do fato*. São Paulo: contexto, 1992.

BODNAR, John. *Remaking América: Public Memory, commemoration, and Patriotism in the 20th Century*. Princeton: PUP, 1992.

BOXER, Charles R. O império colonial português. São Paulo: Companhia das Letras, 2002;

BRANDÃO, Mateus D'Assunção. *Elogio necrológico do muito alto e muito poderoso imperador e rei o Senhor d. João VI*. Lisboa: Typographia da Academia [de Ciências de Lisboa], 1828.

BRANDÃO, Raul. *El-Rei Junot*. Lisboa: Livraria Brasileira de Monteiro e CIA., 1912.

CALMON, Pedro. *O rei do Brasil; vida de d. João VI*. 2ª ed. São Paulo, Companhia Editora Nacional, 1943.

CALÓGERAS, J. Pandiá. *Formação histórica do Brasil*. 8ª ed. São Paulo, Companhia Editora Nacional, 1980.

CARVALHO, J. M. (Org.). *Nação e cidadania no Império*: novos horizontes. Rio de Janeiro: Civilização Brasileira, 2007.

CARVALHO, J. M. *Cidadania no Brasil: o longo caminho*. Rio de Janeiro: Civilização Brasileira, 2001

CARVALHO, José Murilo de. *A construção da ordem: a elite política imperial.* Brasília: Universidade de Brasília, 1981.

CARVALHO, José Murilo de. *Teatro de sombras: a política imperial.* São Paulo: Vértice, Rio de Janeiro: IUPERJ, 1988. JANCSÓ, Istvan; PIMENTA, João Paulo G. Peças de um mosaico, (ou apontamentos para o estudo da emergência da identidade nacional brasileira). In: MOTA, Carlos Guilherme. *Viagem Incompleta. A experiência brasileira (1500-2000). Formação: Histórias.* São Paulo: Editora SENAC, 2000. BERBEL, Márcia Regina. *A nação como artefato.* Deputados do Brasil nas cortes portuguesas (1821-1822). S. Paulo: Hucitec/FAPESP, 1999.

DIAS, Maria Odila Leite da Silva. A interiorização da metrópole (1808-1853). In: MOTA, C. G. *1822: Dimensões.* S. Paulo : Perspectiva, 1972.

DIÉGUES, Fernando: *A Revolução Brasílica: O projeto político e a estratégia da Independência.* Rio de Janeiro: Ed. Objetiva, 2004.

DOLHNIKOFF, M. *O pacto imperial: origens do federalismo no Brasil.* São Paulo: Globo, 2005.

DOSSE, François. *A História.* Bauru: Edusc 2003.

FAORO, R. Os donos do poder. Fomaçação do patronato políticio brasileiro. 2 ed. Porto Alegre: Globo; São Pauo: edusp, 1975.

FERES JR., J. (Org.) ; JASMIN, M. G. (Org.). *História dos Conceitos:* Diálogos transatlânticos. Rio de Janeiro: PUC-Rio; Loyola; IUPERJ, 2007.

FRAGOSO, J.L; BICALHO, F.; GOUVÊA, M. F. (org.). *O antigo regime nos trópicos: a dinâmica imperial portuguesa.* Rio de Janeiro: Civilização Brasileira, 2001.

FRANCO, Francisco Soares. *Reflexões sobre a conducta do Principe Regente de Portugal, revistas e corrigidas por...* Coimbra, Real Imprensa da Universidade, 1808.

GARCIA, Rodolfo. Ensaio sobre a história política e administrativa do Brasil (1500-1810). Rio de Janeiro: José Olympio, 1956.

GILLES, John R. (ed). *Commemorations: the Politics of National Identity.* Princeton: PUP, 1994.

GOUVÊA, Maria de Fátima. Poder, autoridade e o senado da Câmara do rio de Janeiro, c. 1780-1820, Tempo, n. 13, Niterói, UFF, 2002.

GRAHAM, R. Constructing a Nation in Nineteenth-Century Brazil: Old and New Visions on Class, Culture, and the State, *The Journal of the Historical Society*, v. 1, n. 2-3, p. 17-56, 2001.

HALBWACHS, Maurice. *La Mémoire collective.* Paris: PUF/Albin Michel, 1997.

HALBWACHS, Maurice. *Les Cadres sociaux de la mémoire.* Paris : Albin Michel, 1994.

HALBWACHS, Maurice. *Les Cadres sociaux de la mémoire.* Paris: F. Alcan, 1925.

HARTOG, F. Arte da narrativa histórica. In: BOUTIER, Jean; JULIA, Dominique. *Passados recompostos;* campos e canteiros da história. Marcella Mortara e Anamaria Skinner. Rio de Janeiro: UFRJ/FGV, 1998

HARTOG, F. *O século XIX e a História: o caso Fustel de Coulanges* Roberto Cortes de Lacerda. Rio de Janeiro: Ediotra UFRJ, 2003

HARTOG, F. Tempos do mundo, história, escrita da história. In: GUIMARÃES, M. L. S. *Estudos sobre a escrita da história*. Rio de janeiro: Sette Letras, 2006. Original 2006.

HESPANHA, Antonio M. (coord.) O antigo regime (1620-1807). Lisboa: Estampa, 1988 (v. 4 História de Portugal, dir. José Mattoso).

HISTOIRE de Jean VI roi de Portugal depuis sa naissance jusqu'a sa mort, en 1826; avec des particularités sur sa vie prince et sur les principales circonstances de son régne. Paris, Pontihieu et Compagnie, 1827.

Histoire de Jean VI roi du Portugal depuis sa naissance jusqu'aça mort wen 1826. Paris: Ponthieu, 1827.

HUTTON, P. *History as an art of Memory.* New Hampshire: University of new England Press, 1993.

HUTTON, Patrick. Recente Scholarship in Memory and History, *The History Teacher*, v. 33, 4, p. 533-548, 2000.

Jancsó, István. (Org.). *Independência: História e Historiografia.* São Paulo: Hucitec, 2005.

JANCSÓ, Istvan. A construção dos Estados nacionais na América Latina - apontamentos para o Estudo do Império como projeto. In: SZMRECSÁNYI, Tamas, LAPA, José Roberto do Amaral. (orgs.) *História econômica da Independência e do Império.* 2 ed. São Paulo: Hucitec, Edusp, Imprensa Oficial, 2002

JASMIN, M. G. (Org.) ; FERES JR., J. (Org.). *História dos Conceitos*: Debates e Perspectivas. Rio de Janeiro: PUC-Rio; Edições Loyola; IUPERJ, 2006.

KOSELLECK, Reinhart. *Futuro pasado.* Para uma semántica de los tiempos históricos. Barcelona: Paidós, 1993.

KRAAY, Hendrik. *Race, state, and armed forces in independence-era Brazil:* Bahia, 1790s-1840s. Stanford: Stanford University Press, 2002

LIMA, M. de O. D. *João VI no Brasil.* Rio de Janeiro: Typographia Jornal do Commercio, 1908. 2 v.

LIMA, M. De Oliveira. *D. João VI no Brasil (1808-1821).* 2ª ed. Rio de Janeiro, José Olímpio, 1945.

LIRA, Tavares. Organização política e administrativa do Brasil. São Paulo: Editora nacional, 1941.

LISBOA, José da Silva, *História dos principais sucessos políticos do Império do Brasil.* Rio de Janeiro, Tipografia Imperial, 1828.

LISBOA, José da Silva. *História dos principais sucessos políticos do Império do Brasil.* Rio de Janeiro, Tipografia Imperial, 1828

LISBOA, José da Silva. *Memória dos benefícios politicos do Governo de ELREI Nosso Senhor, D. João VI, por...* Rio de Janeiro, Impressão Régia, 1818.

LISBOA, José da Silva. *Memória dos benefícios politicos do Governo de ELREI Nosso Senhor, d. João VI, por...* Rio de Janeiro, Impressão Régia, 1818.

MALERBA, J, De homens e títulos: a lógica das interações sociais e a formação das elites no Brasil às vésperas da independência. In: Jurandir Malerba. (Org.). *A independência brasileira: novas dimensões.* Rio de Janeiro: Editora da FGV, 2006.

MALERBA, J, Instituições da monarquia portuguesa decisivas na fundação do Império do Brasil. *Luso Brazilian Review*, v. 36, n. 1, p. 33-48, 1999.

MALERBA, J. *A corte no exílio; civilização e poder no Brasil às vésperas da Independência (1808-1821).* São Paulo: Companhia das Letras, 2000.

MALERBA, Jurandir. (Org.). *A Independência Brasileira Novas dimensões.* Rio de Janeiro: FGV Editora, 2006.

MALERBA, Jurandir. La historia y los discursos. Una contribución al debate sobre el realismo histórico". México, DF, *Contrahistorias* , v. 9, 2008, p. 63 - 80.

MARTINS, Oliveira. *História de Portugal.* 4 ed. Lisboa: Livraria Bertrand, 1887.

MELLO, Evaldo Cabral. *A outra independência:* o Federalismo Pernambucano de 1817 a. 1824. São Paulo: Ed. 34, 2004.

MELO, Evaldo Cabral de. Frei Caneca ou a outra Independência. In: MELO, Evaldo Cabral de (org.). *Frei Joaquim do Amor Divino Caneca.* São Paulo: Editora 34, 2001.

MONTEIRO, N. G.; CARDIM, P.; CUNHA, M. S. (org.). Optma pars. Elites ibero-americanas do Antigo Regime. Liboa: Imprensa de Ciências Sociais, 2005.

MONTEIRO, Tobias. *História do império. A elaboração da independência.* Belo Horizonte, Itatiaia, 1981.

MONTEIRO, Tobias. *História do império. A elaboração da independência.* Belo Horizonte, Itatiaia, 1981. 2 v.

MONTELLO, J. (dir.). *História da Independência do Brasil.* Rio de Janeiro: A Casa do Livro, 1972. 4 v.

MOTTA, Marly Silva da. *A nação faz cem anos: a questão nacional no centenário da Independência.* Rio de Janeiro: Ediotra FGV, 1992.

MOZARÉ, Charles. Os fatos memoráveis. In: *A lógica histórica.* São Paulo: Difel, 1970.

NEUVILLE, Hide de. *De la question Portugaise.* Paris: Delaunay, 1830.

NEVES, Guilherme Pereira das. E Receberá Mercê: a Mesa da Consciência e Ordens e o clero secular no Brasil, 1808-1828. Rio de Janeiro: Arquivo Nacional, 1997.

NEVES, Lúcia. M. B. P. *Corcundas e constitucionais: a cultura política da Independência (1820-1822).* Rio de Janeiro: Revan/Faperj, 2003.

NORA, P. Comment écrire l'histoire de France? In *Les Lieux de mémoire.* Paris: Gallimard, 1992, v. 3.

OLIVEIRA, Cecília Helena L. de Salles. *A astúcia liberal. Relações de mercado e projetos políticos no Rio de Janeiro (1820-1824)*. Bragança Paulista: Edusf/Ícone, 1999.

OLIVEIRA, Lucia Lippi. As festas que a Repúblicas manda uardar. *Estudos Históricos*, Rio de Janeiro, n. 2, 1989; FICO, Carlos. *Reinventando o otimismo: propaganda, ditadura e imaginário no Brasil*. Rio de. Janeiro, FGV, 1997.

PEDREIRA, Jorge; COSTA, Fernando Dores. D. *João VI. Um príncipe entre dois continentes*. São Paulo: companhia das Letras, 2008.

PEDREIRA, Jorge; COSTA, Fernando Dores. D. *João VI. Um príncipe entre dois continentes*. São Paulo: companhia das Letras, 2008.

PEDREIRA, Jorge; COSTA, Fernando Dores. D. *João VI. Um príncipe entre dois continentes*. São Paulo: companhia das Letras, 2008.

PIMENTA, João Paulo G.; SLEMIAN, A. *A Corte e o Mundo. Uma história do ano em que a família real portuguesa chegou ao Brasil*. São Paulo: Alameda, 2008.

PRADO, J. F. de Almeida. D. *João VI e o início da classe dirigente no Brasil. Depoimento de um pintor austríaco no rio de Janeiro*. São Paulo, Companhia Editora Nacional, 1968. p. 177.

RANGER, T. The invention o Tradition Revisited: The Case of colonial África. In: RANGER, t. & Vaughan (eds.). Megan. *Legitimacy and the State in África*. Londres: MacMillan, 1993.

RANKE, Leopold von, *Geschichten der romanischen und germanischen Völker von 1494 bis 1514*, 2d ed. Leipzig: Duncker und Humblot 1874. (Sämtliche Werke, v. 33/34)

RICŒR, Paul. *La memoire, l'histoire, l'oubli*. Paris: Seuil, 2000

RICŒR, Paul. *Tempo e narrativa*. Trad. Constança M. César. Campinas: Papirus, 1994-96. 3.

RICOUER, Paul. *Du text à l'action*. Paris: Seuil, 1986

RICOUER, Paul. *La memoire, l'histoire, l'oubli*. Paris: Seuil, 2000.

RODRIGUES, Jose Honório. "Historiografia da Independência e seleção de documentos". In: *Independência : revolução e contra-revolução*. Rio de Janeiro: Francisco Alves, 1975, v. 3,

RODRIGUES, Jose Honório. *Independência : revolução e contra-revolução*. Rio de Janeiro: Francisco Alves, 1975, 5 v.

RODRIGUES, Jose Honório. *Independência : revolução e contra-revolução*. Rio de Janeiro : F. Alves, 1975-. 5v.

RODRIGUES, Jose Honório. *Independência : revolução e contra-revolução*. Rio de Janeiro : F. Alves, 1975-. 5v.

RÜSEN, Jörn. *Razão Histórica*. Teoria da História: os fundamentos da ciência histórica. Brasília : UnB, 2001.

RÜSEN, Jörn. Rhetoric and Aesthetics of History: Leopold von Ranke, *History & theory*, v. 29, n. 2, p. 190-204, May 1990.

SANDES, Noé F. *A invenção da nação: entre a monarquia e a república*. Goiânia: Editora da UFG, 2000.

SANTOS, Afonso M. dos. *No rascunho da nação*: inconfidências no Rio de Janeiro. Rio de Janeiro: Prefeitura Municipal do Rio de Janeiro, 1992.

SANTOS, Luís Gonçalves dos. *Memórias para servir à história do Brasil*. Belo Horizonte, Itatiaia; São Paulo, Edusp, 1981. 2 t.

SCHAMA, Simon. *Landscape and Memory*. Nova York: Knopf, 1995.

SCHULTZ, Kirsten. *Tropical Versailles: empire, monarchy, and the Portuguese royal court in Rio de Janeiro (1808-1821)*. Nova York: Routledge, 2001.

SCHWARCZ, Lilia M. *A longa viagem da biblioteca dos reis*. São Paulo: Companhia das Letras, 2002.

SCHWARZ, Stuart. Burocracia e sociedade no Brasil. São Paulo: Perspectiva, 1979.

SIERRA Y MARISCAL, Francisco de [1823]. *Idéas geraes sobre a Revolução do Brazil e suas consequencias, por.* Rio de Janeiro, *Anais da Biblioteca Nacional*, v. 43-4, , 1931.

SILVA, Andrée Mansuy-Diniz. *Portrait d'um homme d'État: D. Rodrigo de Souza Coutinho, Ccomte de Linhares, 1755-1812, l'homme d'Etat, 1796-1812*. Paris: Fundação Calouste Goulbenkian, 2006, 2 v.

SILVA, Andrée Mansy-Diniz. *Portrait d'um homme d'État: D. Rodrigo de Souza Coutinho, Ccomte de Linhares, 1755-1812, l'homme d'Etat, 1796-1812*. Paris: Fundação Calouste Goulbenkian, 2006, 2 v.

SCKETCHES of Portuguese life, manners, costume, and character... by A. P. D. G. Londres, B. Whittaker, 1826. 364 p. [BNRJ 76, 5, 29]

SOARES, Joaquim, sac. *Compendio historico dos acontecimentos mais celebres motivados pela revolução de França, e principalmente desde a entrada dos franceses em Portugal até a 2a. restauração desta gloriosa acclamação do Principe Regente o Serenissimo Sr. D. João VI. Offerecido ao... Sr. Antonio S. José Casto.* Coimbra, Imprensa da Universidade, 1808.

SOUSA, Otávio Tarquínio de. *A vida de D. Pedro I.* Belo Horizonte, Itatiaia; São Paulo, Edusp, 1988.

SOUSA, Otávio Tarquínio de. *A vida de D. Pedro I.* Belo Horizonte, Itatiaia; São Paulo, Edusp, 1988. 3 v.

SOUZA, Iara Lis Caravalho. *Pátria coroada.* O Brasil como corpo político autônomo (1780-1831). S. Paulo: Editora UNESP, 1999.

SOUZA, Iara Lis Franco Schiavinatto Carvalho. *Pátria coroada*: o Brasil como corpo político autônomo – 1780-1831. São Paulo: UNESP, 1999.

SOUZA, Laura de M. O sol e a sombra. Política e administração na América Portuguesa do século XVIII. São Paulo: Companhia das Letras, 2006.

TODOROV, Tzvetan. *Les Abus de la mémoire*. Paris: Arléa, 1995.

VARNHAGEN, Francisco Adolfo de. *História da Independência do Brasil*. 4. ed. São Paulo: Melhoramentos, s/d.;.

VARNHAGEN, Francisco Adolfo de. *História da Indepêndência do Brasil até o reconhecimento pela antiga metrópole, comprehendendo, separadamente, a dos sucessos ocorridos em algumas províncias até essa data*. Rio de Janeiro, Imprensa Nacional, 1917.

VIANNA, H., *Vultos do Império*. São Paulo/Rio de Janeiro/ Caieiras: Companhia Editora Nacional, 1968.

VIANNA, Hélio. *D. Pedro I e D. Pedro II*. São Paulo/Rio de Janeiro/ Caieiras: Companhia Editora Nacional, 1966.

WILKEN, Patrick. *Empire adrift. The Portuguese court in rio de Janeiro (1808-1821)*. Londres: Bloomsbury, 2005.

ZERUBAVEL, Yael. *Recovered roots: the making of israeli National tradition*. Chicago: University of Chicago Press, 1995.

Capítulo 5

Sobre o Tamanho da Comitiva[1]

Já faz mais de uma década que pesquisei sobre a permanência da família real no Rio de Janeiro, com vistas à confecção da minha tese de doutorado. Desde que foi publicada, com o título *A corte no exílio*, intelectuais de nomeada, pertencentes ou não ao meio acadêmico, distinguiram essa obra ao comentá-la publicamente. Entre meus leitores, tive o privilégio de receber a crítica abalizada de profissionais como Marco Morel, Gilberto Vasconcelos, José Carlos Barreiro, Iara Lis Souza, Luiz Geraldo Silva, Manolo Florentino, Antonio Lázaro de Almeida Prado e Neill Macaulay, entre outros.[2]

Um tópico levantado na época, em uma resenha, chamou-me a atenção. Dizia respeito ao número de pessoas que acompanharam a família real de Lisboa para o Rio de Janeiro em 1807-1808. Em generosa resenha sobre o meu livro, um dos maiores conhecedores da história do Rio de Janeiro no primeiro quartel do século XIX, o historiador Marco Morel,[3] referia-se à boa oportunidade que ele suscitava para se reverem aspectos importantes do período joanino, entre os quais a maneira como

1 Publicado como Sobre o tamanho da comitiva". Rio de Janeiro, *Acervo – Revista do Arquivo Nacional do Rio de Janeiro*, v. 21, p. 47 – 62, 2008.

2 Cf. SOUZA, 2001. p. 32. BARREIRO, 2001. p. 31. SILVA, 2001. p. 1; p. 30. VASCONCELOS, 2000. ALMEIDA PRADO, 2000. PIRES, 2000. SARAIVA, 2000. PISA, 2001. MACAULAY, 2005, p. 138-139.

3 MOREL, 2000. Caderno Ideias. p. 5.

se deu a instalação da corte no Rio de Janeiro. Foi Morel quem primeiro me alertou para o consenso da historiografia quanto ao número de pessoas que teriam feito a travessia atlântica junto com a família real. Esse número, que soava exagerado ao pesquisador dos primeiros jornais e panfletos que circularam na corte, gira em torno dos 15 mil embarcados. Contra esse consenso, Morel evoca a tese do arquiteto Nireu Cavalcanti, defendida em 1997 e até aquele momento inédita, intitulada *A cidade de São Sebastião do Rio de Janeiro*: as suas muralhas, sua gente, os construtores (1710-1810), na qual,

> [...] após trabalhar com habitual seriedade em documentação diversificada e refletir sobre ela, conclui que na comitiva de 1808 chegaram apenas 211 pessoas, além de 14 membros da família real, sucedidos por 233 em 1809, o que dá um total de 458 pessoas. Como imaginar que 15 mil homens e mulheres (8% da população de Lisboa) fugiram em segredo e que o Rio de Janeiro teve sua população aumentada em 20% de um dia para o outro? As embarcações não comportavam tanta gente. (MOREL, 2000, p. 5)

Outro leitor do meu livro, logo após sua publicação, também questionou o número de 15 mil trânsfugas, apoiando-se na mesma obra do arquiteto e historiador Nireu Cavalcanti. Adelto Gonçalves, em resenha intitulada "A boa vida da corte no Rio de Janeiro", depois de estranhar que eu tenha aceitado sem crítica a tese consagrada da historiografia – como a obra de José Luiz Soriano, segundo a qual 15 mil pessoas teriam aportado por aqui – afirma que eu seguia o exemplo de outros historiadores desavisados, como Lilia Schwarcz e Nestor Goulart. Nosso grande pecado era justamente desconhecer a tese de Nireu Oliveira Cavalcanti, em que "garante que não chegou a quinhentos o número de pessoas que acompanharam d. João, contando inclusive os 14 membros da família real. O curioso é que boa parte das fontes primárias consultadas por Cavalcanti também está citada na bibliografia de Malerba".[4]

Em seguida, Gonçalves constrói seu argumento apresentando os manuscritos e as obras impressas que corroborariam a tese dos quinhentos migrados. Depois de relacionar todas as fontes em que se ampara Cavalcanti, oriundas de diversos arquivos portugueses e brasileiros, defende que aquele estaria mais bem fundamentado do que toda a historiografia, pois, além das fontes primárias que dão suporte ao seu livro, tem a seu favor a própria lógica:

> Não dá para admitir que fosse possível acomodar oito, 12, 13, 15 ou 20 mil pessoas nas naus que zarparam de Lisboa pouco antes da chegada do esfrangalhado exército de Junot [...]. Além disso, a decisão foi tomada em apenas dois dias, quando o príncipe regente soube do iminente avanço da tropa de Junot, o que tornaria impossível arregimentar tanta gente. (GONÇALVES, 2001)

E arremata:

> Portanto, *pode-se facilmente concluir que tudo o que se escreveu sobre a influência da corte no Rio de Janeiro está superdimensionado, o que inclui a informação de que milhares de cariocas foram desalojados para ceder suas residências aos que chegavam*. Esse tipo de situação até ocorreu, mas não nas proporções que se lê na maioria dos livros que tratam do assunto. Como, infelizmente, Malerba não elucida esta questão, embora o seu trabalho mereça muitos elogios, a esperança é que algum editor mais atilado se disponha a publicar o mais rápido possível a tese de Nireu Cavalcanti. (GONÇALVES, 2001)

4 GONÇALVES, 2001. Caderno de sábado. p. 20.

Não posso deixar de dizer que considerei curiosa a defesa fiel e intransigente por Gonçalves da tese de Cavalcanti. Mais ainda porque tive a oportunidade de vê-lo reiterá-la em outros momentos, particularmente em resenhas que fez a obras de outros autores. O questionamento da tese consagrada na historiografia de que 15 mil pessoas acompanharam d. João é mais contundente ainda, por exemplo, na resenha que ele faz da obra de Carlos Eugênio Líbano Soares sobre capoeiragem escrava no Rio de Janeiro. Depois dos elogios, aponta os dois momentos em que o resenhado pecara ao mencionar o número fatídico de 15 mil. Afirma que fizera referência ao número sem citar as fontes porque não haveria qualquer fonte a referendá-lo.

> *É uma balela que vem sendo irresponsavelmente repetida por muitos historiadores, inclusive em trabalhos recentes. Se o erro é aceitável em historiadores "alérgicos" ao pó dos arquivos, que preferem quase sempre repetir o que lêem em obras impressas, é inadmissível em Soares, decididamente um pesquisador nato.* Se tivesse prestado menos reverência à brasilianista Mary C. Karasch e consultado mais o seu companheiro de Arquivo Nacional do Rio de Janeiro (ANRJ), Nireu Cavalcanti, ou lido a sua tese de doutoramento, *A cidade de São Sebastião do Rio de Janeiro*: as muralhas, sua gente, os construtores, 1710-1810 (Universidade Federal Fluminense), *não teria repetido o disparate.*[5]

Neste momento da leitura, senti-me o mais logrado dos historiadores – daqueles que, por não terem experiência de pesquisa em arquivo, engrossam o número dos irresponsáveis que vivem a repetir balelas e disparates. É possível que eu, como Líbano Soares, tenha incorrido no

5 GONÇALVES, Adelto. Capoeiragem: rebeldia e habilidade negra no Rio. Resenha a SOARES, Carlos Eugenio Líbano *A capoeira escrava e outras tradições rebeldes no Rio de Janeiro (1808-1850)*. 2001b.

"velho vício acadêmico que obriga mestrandos e doutorandos a só citar autores consagrados pela cúpula 'intelectual'". Só isso poderia explicar nossa falha.

> Afinal, Cavalcanti prova, com base em documentos do ANRJ e da Biblioteca do Palácio da Ajuda, de Lisboa, *que não passou de 250 o número de pessoas que embarcaram com o príncipe regente a 29 de novembro de 1807, fugindo das tropas napoleônicas. E que, no decorrer de 1808, chegaram, no máximo, mais 250.* (GONÇALVES, 2001b)

Mas enganam-se aqueles que pensam se encerrar aí o círculo dos historiadores desenganados que vivem a papagaiar as invencionices e os disparates propalados pela historiografia. Outros três historiadores ingênuos receberam a crítica impiedosa de Adelto Gonçalves, por reiterar a insana (termo de Gonçalves) tese dos 15 mil. Em sua contribuição ao livro *Viagem incompleta*: a experiência brasileira, a grande transação, organizado por Carlos Guilherme Mota, Nestor Goulart Reis Filho

> [...] passa adiante a balela de que 12 mil portugueses vieram com a família real, concluindo que, 'com suas carruagens e outros modos de vida e a intensificação da vida política, contribuíram certamente para mudanças nas formas de uso e vivência das ruas e praças' (do Rio de Janeiro).[6]

Em *Depois das caravelas*: as relações de Portugal e o Brasil (1808-2000), o historiador Amado Luiz Cervo também incorreu no pecado de afirmar que d. João, na fuga, "levava consigo 36 navios da esquadra portuguesa e uma comitiva de aproximadamente 15 mil pessoas". (CERVO, 2000. Passim) No entanto, ameniza Gonçalves:

---

6 REIS FILHO, Nestor Goulart. Urbanização e modernidade entre passado e futuro: (1808-1945). In: MOTA, 2000. p. 83-117. passim.

> [...] até que os dois historiadores foram "comedidos" porque Lilia Moritz Schwarcz, em *As barbas do imperador* (Companhia das Letras, São Paulo, 1998), pág. 35, *aumentou o disparate para 20 mil. Nenhum dos três historiadores cita as fontes documentais em que teriam colhido a informação. Provavelmente, repetiram dados que leram em livros impressos mais antigos. E pior: não pararam nem para refletir.*[7]

O alívio para Gonçalves é que a verdade voltou a reinar, uma vez que essa informação foi documentalmente desmentida na tese de doutoramento de... Nireu de Oliveira Cavalcanti! "Segundo o pesquisador, não chegou a 250 o número de pessoas que acompanharam o príncipe regente e sua mãe, a rainha d. Maria I, nas 19 naus que zarparam de Lisboa, sob a proteção inglesa, às vésperas da chegada da tropa invasora do general Junot". (GONÇALVES, 2007)

Ainda recentemente Gonçalves volta à carga contra a desavisada historiografia que, a exemplo de Oliveira Lima, continua repetindo o número primeiramente auferido por O'Neill dos 15 mil migrados na fuga, sem se preocupar, porém, em ir ao Arquivo:

> Nireu Cavalcanti, autor de *O Rio de Janeiro setecentista* (Rio de Janeiro, Jorge Zahar Editor, 2004) foi o único historiador, até agora, que esteve no ANRJ para conferir essas listas. Fez as contas e concluiu que o número de pessoas que desembarcaram no Rio de Janeiro em 1808 e 1809 não passou de 444, "entre as quais 60 membros da família real e da alta nobreza portuguesa que chegaram ao Rio de Janeiro nos dois anos em questão". Mas a maior parte dos historiadores ainda prefere se aferrar aos números de O'Neill porque, afinal, é mais fácil repetir o

7 GONÇALVES, Adelto. Invencionices e disparates. 2007. Grifo meu.

> que já está impresso. E ninguém gosta de admitir erros ou corrigir equívocos.[8]

Antes de contrapor, ao questionamento visceral de Adelto Gonçalves, os procedimentos por meio dos quais acabei concordando que o número dos migrados com d. João rondava os 15 mil, talvez ajude a redimir meus erros mostrar de quem estou acompanhado nesse desvario. Portanto, vamos a um pequeno passeio pela historiografia. Luz Soriano (SORIANO, 1866. p. 59) calcula que, para o Brasil, havia migrado metade do capital português, junto com cerca de 15 mil pessoas. Rocha Martins (MARTINS, 1910. p. 23) fornece detalhes minuciosos da fuga e calcula em cerca de 13.800 o número dos fugitivos. Pandiá H. Castello Branco, em texto apresentado no I Congresso de História Nacional organizado pelo IHGB, reitera o número clássico: "Era tão numeroso o séquito de d. João, que foi preciso equipar uma esquadra de oito naus, 12 brigues, três fragatas e duas charruas, saindo ao todo cerca de 15 mil pessoas, a maior parte composta de nobres, ministros, funcionários, negociantes e creados [sic]".[9] Já Luis Norton, em seu livro cuja primeira edição é de 1938, afirma que "cerca de 15 mil pessoas procuraram alojamento na esquadra (composta de oito naus, três fragatas, dois brigues, uma escuna de guerra e uma charrua de mantimentos)". (NORTON, 1979. p. 14)

Em sua síntese da história do Brasil, de 1947, fazendo coro com a maioria dos autores referidos, Pedro Calmon destaca o grotesco do espetáculo do embarque.

> Jamais sucedera cousa semelhante: a emigração d'um governo, com as suas principais pessoas, os seus arquivos, os seus livros, o seu mobiliário, tudo o que pode ser removido, empacotado, instalado nos porões dos barcos, enquanto o povo, comovido e triste, só tinha cóleras e in-

8 GONÇALVES, Adelto. D. João revisitado. 2008.

9 BRANCO, 1914, p. 417-436. Particularmente, p. 425.

> júrias para os "afrancesados", os suspeitos de colaboração com o inimigo... *Umas dez mil pessoas acumularam-se nas oito naus, quatro fragatas e quatro brigues e corvetas. Onde trezentas eram demais, apertaram-se 1.600.* (CALMON, 1947. p. 25. Grifo meu JM)

Calmon menciona dados fornecidos por um observador direto desses acontecimentos, José Teodoro Biancardi. Em suas *Cartas americanas*, cuja primeira edição é de 1809, diz Biancardi que o príncipe regente ficara na nau "Príncipe Real" com mais 1.600 pessoas; dona Carlota, na "Afonso", com outras 1.200; as infantas, na "Rainha", com 1.500; na "Count Heinrich", embarcaram 1.300; na "Martim de Freitas", outras mil; na "Príncipe do Brasil", mais 600, e assim por diante.[10]

Com a verve irônica que caracteriza sua clássica *História do Império*: a elaboração da Independência, Tobias Monteiro fornece detalhes pitorescos do embarque, a exemplo de d. Maria, que, depois de um longo período de reclusão causado pela insanidade mental, teve lampejos de lucidez durante o tumulto do embarque, ao ordenar aos berros "Não corram tanto! Acreditarão que estamos fugindo!" e indagando-se "por que fugir sem ter combatido?". Monteiro cita suas fontes: "Rubio colhe essa informação na obra de Bouchot, *História de Portugal e suas colônias*. Também de Monglave, insere as mesmas frases da rainha na *Correspondance de d. Pèdre I*, e Oliveira Martins, na sua *História de Portugal*." Quanto ao tamanho da comitiva, é ponderado:

> Cerca de 15 mil pessoas reuniram-se a bordo da esquadra. Talvez este número, citado por mais de um historia-

10 Calmon refere-se a BIANCARDI, 1820. Em obra anterior, a biografia de d. João VI, Calmon já apresentava aqueles números, com uma colorida descrição do embarque: "[Napoleão] Calculara reunir em Bayona os reis da península num desterro comum e eis que um deles, o mais astuto, se metia nos seus barcos, com quinze mil pessoas [...] e abalava para ultramar mudando de nação!". Cf. CALMON, 1943. p. 109.

> dor, não seja exagerado; a marquesa de Abrantes conta 13.800; Oliveira Lima recorda o cálculo de um oficial inglês, segundo o qual, só a bordo do *Príncipe Real*, onde vinha d. João, acumulavam-se mil e seiscentas pessoas. Muita gente dormia no tombadilho, ou nem sempre achava onde dormir.[11]

Alan Manchester, em texto escrito em 1967, intitulado justamente "A transferência da corte portuguesa para o Rio de Janeiro", detalha minuciosamente a operação, desde a tomada da decisão – que, no auge dos conflitos decorrentes do bloqueio continental, começou na seção do Conselho de Estado em 12 de Agosto de 1807 –, o embarque, até a instalação da corte no Rio de Janeiro. No tocante ao embarque, afirma:

> Com Junot em Abrantes o tempo tornou-se extremamente limitado. Embora quase todos eles precisassem ser transportados de Mafra, o embarque dos membros da família real correu bem. Variam muito as estimativas,

11 Tobias Monteiro refere-se à obra de BOUCHOT, 1854. As Cortes mandavam imprimir as cartas trocadas entre d. Pedro e d. João e distribuí-las avulsamente para os deputados. Eugène de Monglave traduziu-as para francês e publicou--as em Paris, em 1827. Cf. MARTINS, 1882. (A primeira edição é de 1879.) Tobias Monteiro refere-se às memórias de Laure Permont, mulher do general Junot, primeiro duque de Abranches. Cf. ABRANTES, Laure Junot, duchesse d'. Mémoires de mme. la duchesse d'Abrantès, ou souvenirs historiques sur Napoléon, la Révolution, le Directoire, le Consulat, l'Empire et la Restauration. Paris: Ladvocat, 1831-1835. Também LIMA, 1945; MONTEIRO, 1981. p. 66-67. Otávio Tarquínio de Sousa não oferece um montante, um total de pessoas que teriam embarcado com a família, mesmo aproximadamente, mas atenta à qualidade da comitiva, depois de referir-se à polêmica historiográfica em torno da composição da frota – o que, de resto, até hoje não se resolveu categoricamente! Cf. SOUSA, 1988. p. 54 ss.

> mas aproximadamente umas 10 mil pessoas tomaram os navios entre a manhã de 25 e a noite de 27 de novembro.[12]

Em nota, Manchester escrutina suas fontes: Ângelo Pereira, Thiers, Tobias Monteiro, Pereira da Silva, Boiteux e muitas fontes primárias, avaliando inclusive o tamanho da frota.

Há de se convir que não se trata de historiadores inexperientes. Em que Soriano, Rocha Martins, Pedro Calmon, Luis Norton, Oliveira Lima, Oliveira Martins, Tobias Monteiro, Otávio Tarquínio de Sousa, Alan Manchester embasavam-se para se expor publicamente, ao emitir e reiterar a tese de que a comitiva que acompanhou a família real girava em torno de 15 mil almas? E todos nós, posteriores — que não temos no sangue o dom da perspicácia e somos alérgicos ao pó dos arquivos e tomados pelo velho vício acadêmico de citar apenas "autores consagrados pela cúpula 'intelectual'" –, só fizemos repetir, geração após geração, tais "balelas e disparates".

De minha parte, acredito que vale a pena aceitar o desafio da crítica e oferecer a réplica. O exercício é válido, sobretudo, em função de dois fatores. Primeiro, porque essa questão, à exceção talvez do interesse dos especialistas em história naval,[13] não constitui em si um objeto de reflexão.[14] Mas ao senso comum ela soa importante. As efemérides do

12 MANCHESTER, 1970. p. 177-217. O trecho citado encontra-se na página 183.

13 Vale a pena destacar o trabalho de Kenneth Light, que, em correspondência com o autor, pondera que as oito naus de linha, quatro fragatas, uma corveta, dois brigues e uma charrua trouxeram pouco mais de seis mil pessoas ao Brasil na viagem da família real em 1808. Cf. LIGHT, Kenneth. A viagem da família real para o Brasil (1807-1808). *Revista do Instituto Histórico e Geográfico Brasileiro*, Rio de Janeiro, ano 158, n. 397, p. 1035-1044, out.-dez. 1997. LIGHT, Kenneth. *Carta para Jurandir Malerba*. Rio de Janeiro, 15/01/2003.

14 A tese que eu defendo em *A Corte no exílio* prescinde desse dado. Importa mais, para sustentá-la, que a população do Rio de Janeiro praticamente dobrou sua população durante os 13 anos em que a família real permaneceu no Brasil, embora esse número também não seja consensual. Não há censos precisos para a

bicentenário da transferência da corte vão ensejar esse tipo de discussão, inclusive nos grandes meios de comunicação. Trata-se, portanto, de obrigação ética dos historiadores a precisão dos fatos. Em segundo lugar, e mais importante para mim, cabe discutir essa questão por um imperativo metodológico: como se produz conhecimento histórico? E mais, quem, como e onde se valida esse conhecimento?

Gonçalves se impressiona com o fato de que "parte das fontes primárias consultadas por Cavalcanti também está citada na bibliografia de Malerba". Trata-se, é claro, do códice 730, *Papéis relativos à vinda da família real para o Brasil* (Relação das pessoas que vieram e das naus que fizeram o transporte),[15] 1808, pertencente ao Arquivo Nacional, e da *Relação das pessoas que saíram desta cidade para o Brasil, em companhia de S.A.R., no dia 29/11/1807*, do acervo do Instituto Histórico e Geográfico Brasileiro. Como eu disse antes,[16] o códice do Arquivo Nacional é bem menos completo do que a listagem do IHGB. Em todo o códice 730, há apenas dois

população do período. Louis de Freycinet estima a população fluminense em 60 mil almas em 1808; aproximadamente 130 mil, dez anos depois (segundo o marquês do Lavradio); 150 mil em 1821 é a estimativa de Henderson: "[...] two-thirds of which are negroes, mulatoes, and others, exhibiting every variety of complexion". Spix e Martius calcularam em 120 mil almas a população da cidade e 420 mil a província. SPIX e MARTIUS, 1981. Cf. FREYCINET, 1827 (8 v), v. 1, p. 193; HENDERSON, 1821, p. 72. Mawe, em 1808, arriscava em 100 mil habitantes a população do Rio. Cf. MAWE, 1812, p. 97; Denis dizia haver "no início do século" cerca 80 mil e ao seu tempo 260 mil almas. Cf. DENIS, 1844, p. 175. Luccock, em minha opinião o mais rigoroso observador estrangeiro do Rio joanino, apresenta a cifra de 60 mil, dos quais um terço composto de brancos ou mulatos claros. Cf. LUCCOCK, 1975, p. 28; Ernst Ebel, que esteve no Rio em 1824, fala em 180 mil a 200 mil almas, "dos quais dois terços são negros". Cf. EBEL, 1972, p. 187. Cf. *ihgb* - Mss. Côrte e província do Rio de Janeiro. Mapa da população da... 1821, 7 fls. (lata 77).

15 ANRJ. *Papéis relativos à vinda da família real para o Brasil.* (Relação das pessoas que vieram e das naus que fizeram o transporte.) 1808. Códice 730.

16 MALERBA, 2000, capítulo 1, nota 1, p. 310.

mapas mais detalhados. À página 12, encontra-se o "mapa do atual estado do Bergantim de S.A.R. o Voador, cuja soma atinge 150 pessoas.[17] À página 16, temos o outro "mapa do estado atual da guarnição da fragata Minerva, que soma 326 pessoas".[18] Portanto, um total de 476 pessoas, próximo dos 458 migrados levantados por Gonçalves e Cavalcanti.

Na *Relação das pessoas*, existente no IHGB, encontramos todos os nomes que são familiares aos estudiosos do período, os grandes títulos, os serviçais. Vemos que embarcaram grandes famílias, como a do duque de Cadaval, os marqueses de Vagos, Torres Novas, Anadia, Angeja, Bellas, os condes de Belmonte, Caparica, Redondo e Cavalheiros, o marquês do Lavradio. E mais os estadistas da coroa, como d. Rodrigo de Souza Coutinho, Thomas Antonio Vilanova Portugal, d. Fernando José de Portugal. O círculo estreito da corte certamente concorreu para servir ao rei, como atesta a presença de pessoas como Francisco Rufino de Souza Lobato, Inácio da Costa Quintela, José de Oliveira Pinto Botelho Mosqueira, o físico-mor do reino Manoel Vieira da Silva e José Correia Picanço, primeiro cirurgião da Câmara – e mais uma bateria de varredores, reposteiros, damas e demais serviçais. E comerciantes famosos, como Joaquim José de Siqueira e Manoel Velho da Silva, cujos nomes são seguidos da indicação "negociantes".[19] Ombreando esses homens e mulheres de alto coturno, havia anônimos a servi-los, como Bernardo José, "homem pardo, criado de varrer", que acompanhou a família do

17 Na listagem que gentilmente me forneceu Kenneth Light, esse número é de 135 pessoas. Cf. LIGHT, Kenneth. *Carta para Jurandir Malerba*. Rio de Janeiro, 15/01/2003.

18 349 nas contas de Light. Duas embarcações que têm referências no códice 730 – a fragata Andorinha, página 19, e o navio Conceição, p. 21 – não constam na listagem de Light, assim composta: naus de linha – *Príncipe Real, Afonso Albuquerque, Rainha de Portugal, Conde D. Henrique, Martim de Freitas, D. João de Castro, Medusa, Príncipe do Brasil*; fragatas – *Golfinho, Minerva, Urânia, Thetis*; corveta – *Voador*; brigues – *Lebre, Vingança*; escuna – *Curiosa*. Cf. Light, *ibidem*.

19 Para um tratamento prosopográfico desses nomes, ver Malerba, 2000, capítulo 5.

duque de Cadaval, ou um tal Miguel José, "preto, criado de Francisco de Paula Maggesi".

Mas não é tanto a qualidade desses nomes o que aqui nos interessa. Quem toma a *Relação das pessoas* existente no IHGB e enumera os nomes lá constantes chega a um total de 514 pessoas. Eis o desafio metodológico. Acontece que, em história, dois mais dois nem sempre – a rigor, quase nunca – somam quatro. A lista, que parece, à primeira vista, exata, fornece indicações valiosas, principalmente quando é lacônica. Por exemplo, junto ao nome do marquês de Vagos, filho, há a indicação "e alguns criados". Antônio Araújo de Azevedo também veio escoltado por "alguns criados". O mesmo acontece com o marquês de Angeja. Consta que o conde de Belmonte, sua mulher e o conde seu filho vieram acompanhados por "criados e criadas". Quem visa saber o tamanho da comitiva precisa responder a essas questões: quantos eram esses criados? Teriam vindo sós ou traziam suas famílias?

E por falar nisso, são inúmeras as indicações de pessoas que vieram com suas "famílias". A rigor, das 514 que compõem a *Relação*, mais de cinquenta vieram acompanhadas por familiares, entre elas:

> O conde de Caparica, d. Francisco de Menezes da Silveira e Castro, com sua mulher e filhos;
> O conde de Cavalheiros, sua mulher, irmão, e família;
> José Egídio Alves de Almeida, com sua mulher e família;
> D. Josefa Joaquina Marianna Breco da Silveira, viúva do desembargador José Maurício da Gama, com duas filhas e um filho;
> Francisco Inácio, capitão-de-fragata, com sua família;
> Francisco José Beiras, piloto, com sua família;
> João..., morador da rua do Paço dos Negros, com a sua família;
> José Alves Victória, sargento-mor reformado com a sua família;

João Correa, escrivão das naus, com sua família;
João Batista de Azevedo Coutinho e Montauri, com sua família;
Antonio Gomes, mestre da nau Príncipe do Brasil, com a sua família;
O capitão-tenente ocupado no Serviço da Esquadra, com sua família;
Francisco Joaquim, capitão-de-fragata, com sua família;
João Manoel, oficial do contrato do Tabaco, com sua família;
Vasco José de Paiva, capitão-tenente, com sua família;
Francisco Ignácio Gerardo, capitão-de-fragata, com a sua família;
Henrique da Fonseca Prego, capitão-de-mar-e-guerra, com sua família;
Francisco Bonifácio, sargento-de-mar-e-guerra com a sua família;
Anna Joaquina, viúva e filhos, assistente na rua de São Felix;
Joaquim Manoel de Paiva, escrivão da mesa dos Vinhos, e sua família;
Francisco Gomes, segundo-tenente com a sua família;
João..., contramestre de navios, com a sua família;
Manoel Francisco, taberneiro, assistente na travessa do Pasteleiro, com a sua família;
Mônica Palmilhadeira, assistente na dita travessa, com a sua família;
Antonio do Rosário, mestre das naus, com a sua família;
Sebastião Pedro de Mello Povoas, guarda Marinha, com suas tias;
Manoel da Silva Franco, e a sua família, na rua Bella da Rainha;

José Maria de Azevedo, Feitor do Pescado, com seus irmãos reposteiros e seus tios;

Luis Gomes, reposteiro da Casa Real, com sua família;

José de Almeida, mestre carteiro, e sua família;

Thomas Antonio Carneiro, criado particular de S.A.R., com sua família;

Joaquim Bernardo, cabeleireiro, e sua família, assistente em Queluz de Baixo;

João Brusco, varredor do quarto do príncipe, com a sua família;

Pedro Fortuna, cozinheiro da Casa Real, com a sua família;

Antonio Pedro Fortuna, dito, com a sua família;

João Duarte, cozinheiro da dita [Casa Real], com sua família;

Vicente Paulino, mestre da cozinha real, e sua família;

José Alvarenga, contramestre da dita [cozinha], e sua família;

José Pedro, cozinheiro, com a sua família;

José Leite, tenente do Regimento de Infantaria nº 4, com sua família;

José Caetano, fiel dos Portos, com a sua família;

Luis Fernandes, cozinheiro com a sua família;

Manoel Simões, cozinheiro com a sua família;

Antonio Faustino Lamprea, com a sua família;

Thomas Franco, capitão-de-fragata, com toda a sua família;

Francisco Xavier de Noronha Torrezão, oficial da Secretaria de Estado com a sua família;

O capitão-tenente João da Fonseca, com a sua família;

João Inglês, porteiro da Cana, com a sua família;

> Vicente José, contramestre dos navios, com sua mulher e filhos;
> Francisco Pedro, Mestre da Ribeira, com a sua família;
> Felipe Antonio, Guardião da Ribeira, com a sua família;
> José Maria, capitão-de-mar-e-guerra, e sua família;
> José Maria, capitão-tenente de Brigada da Marinha, com sua mulher e filhos.[20]

São os detalhes que me chamam a atenção. Seria uma mera questão de estilo do autor dessa lista diferenciar que uma pessoa tenha vindo "com sua família" ou, no caso de "Thomas Franco, capitão-de-fragata, com *toda* a sua família"? Não creio. Note-se que o autor da lista diferencia "famílias", reiteradamente mencionadas, de outras ocorrências. Por exemplo, Vicente José, contramestre dos navios, veio acompanhado "com sua mulher e filhos", assim como José Maria, capitão-tenente de brigada da Marinha, "com sua mulher e filhos", o mesmo sendo válido para o conde de Caparica. Quer isso dizer que "mulher e filhos" não são sinônimos de "família"? Para além dessa distinção, na listagem discrimina-se ainda quando os acompanhantes são apenas "irmãos", "suas tias", "sua mulher" ou "seus irmãos reposteiros". Portanto, considerando o conhecimento assentado sobre a família patriarcal estendida presente em Portugal e trazida para o Brasil desde a época da colonização, podemos supor que "família" envolve, para além do núcleo pai, mulher e filhos, mais alguns círculos concêntricos de agregados, inclusive não-consanguíneos.[21]

É, no mínimo, temeroso fazer-se uma contagem simples a partir das listas onomásticas oferecidas pelas fontes disponíveis, sem se atentar para essas outras informações escondidas nas suas entrelinhas.

Há ainda outros questionamentos a se fazer a essa documentação. Obviamente, quando consideramos todos os relatos sobre o tumulto do

20 IHGB. *Relação das pessoas que saíram desta cidade para o Brasil, em companhia de S.A.R., no dia 29/11/1807*, lata 490, pasta 29.

21 Para citar apenas dois clássicos: FREYRE, 1952; e HOLANDA, 1984.

embarque, reiterado por simplesmente todos os autores citados neste ensaio, há que se considerar que nem todas as pessoas embarcadas foram efetivamente cadastradas. Sobre este último ponto, posso indicar pelo menos quatro indícios, encontrados ao acaso.

Em primeiro lugar, o caso do segundo-tenente da Armada Real Paulino Joaquim Leitão, que oferecera um daqueles poemas encomiásticos, destilando todo o ardor da mais devota vassalagem, ao príncipe regente: "A Esquadra Portuguesa que transportou aos Estados do Brasil os soberanos de Portugal, elogio oferecido a Sua Alteza Real o príncipe regente nosso Senhor". Leitão acompanhou a família real; na dedicatória a d. João, depois de todos os encômios, oferta e expõe o motivo de ser de sua obra:

> É por tão plausível motivo, Real Senhor, que eu confio em que V.A.R. se não dignará aceitar, e defender debaixo dos seus régios auspícios (visto que me é necessário um mecenas, e que ninguém mais o pode ser em assuntos de semelhante natureza) este limitado tributo da minha gratidão, este irrefragável testemunho dos meus incansáveis esforços para me tornar útil por todos os modos. (LEITÃO, 1820)

O segundo caso consta no fundo Casa Real e Imperial do Arquivo Nacional do Rio de Janeiro e diz respeito ao pedido de aumento de vencimentos feito por um mestre de dança do Paço, de resto negado pelo visconde do Rio Seco. Pedro Colona reclamava do seu diminuto ordenado, que vinha recebendo pelo real bolsinho particular; as treze moedas e meia por mês que passou a receber no Rio eram insuficientes para suas despesas, sobretudo o aluguel de casas, "por serem muito caras no presente". Roga que tenha seu pago equiparado ao do maestro Marcos Antonio Portugal, que

> [...] recebe mais cinquenta moedas para casas, além dos mais criados, que Vossa Majestade foi servido fazer-lhe a mesma graça; e porque o suplicante se acha empenhado para suprir as indispensáveis despesas da sua numerosa família. Implora a piedade, e generosidade de Vossa Majestade, para que seja servido contemplar o suplicante na mesma conformidade que se pratica com Marcos Antonio; *visto ser o suplicante um dos mestres mais antigos, e ter a honra de servir a Vossa Majestade há cinquenta anos.*[22]

O terceiro exemplo remonta ao segundo dia de janeiro de 1818, quando vemos chegar às secretarias de Estado outra contenda por causa do famigerado sistema de aposentadorias. Um proprietário de casas reclamava o recebimento do aluguel por meio do sistema, já que em sua casa se instalara, no ano anterior, o padre José de Carvalho Sousa. Em minuta ao rei, seu secretário lhe explicava que:

> Ao lugar de confessor não é nato o pagamento das casas; e por conseguinte o meu parecer é que o suplicante o deve haver do referido padre, que quer chamar ao seu lugar essa obrigação, a exemplo dos padres *frei Antonio Abrantes, e Mazzoni, a quem Vossa Majestade por graça especial fez mercê em atenção a terem acompanhado a Vossa Majestade para esta Corte.* O pagamento que o suplicante agora requer, devia pretender quando o referido padre pediu a aposentadoria, para ele, ou as pagar adiantadas por seis meses segundo a lei, ou apresentar o título pelo qual mostrou-se que a renda havia ser paga pela Real Fazenda.[23]

22 ANRJ. Casa Real e Imperial. Caixa 2, pacote 2, doc. 104. Grifo meu.

23 *ibidem.*

Ora, os nomes de Antonio Abrantes e João Mazzoni constam entre os oito padres e freis listados na *Relação das pessoas que saíram desta cidade para o Brasil*, mas o solicitante padre José de Sousa Carvalho, que também acompanhou o príncipe regente na travessia atlântica, não consta ali! [24]

Por fim, em quarto lugar e como mais um exemplo das práticas de solicitação de graças e da generosidade do soberano, encontrei no fundo da Casa Real e Imperial do Arquivo Nacional um pedido de graça de um pintor, que explica seu merecimento nestes termos:

> Antonio José Nunes, pintor pensionado por S. A. R., e discípulo do primeiro pintor da Câmara e Corte, Domingos Antonio de Siqueira, *teve a honra de acompanhar a S.A. para esta cidade do Rio de janeiro, vindo na nau Príncipe Real, e em companhia do ilustríssimo e excelentíssimo marquês de Angeja*, e desde que chegou tem estado empregado com obras que S.A.R. lhe imcumbiu [...].[25]

Há uma minuta escrita pelo visconde de Rio Seco que resume tudo isso, nesse teor: "Antonio Jose Nunes, pintor pensionado e empregado no Real Serviço de V.A., teve a honra de acompanhar a V.A.R. E não tendo de que subsistir pede a V.A.R. a mercê de lhe mandar contribuir uma pensão."[26]

Esse documento data de 5 de setembro de 1808, seis meses após o desembarque da família real. Embora conste que o marquês de Angeja se fez acompanhar de criados, o nome de Antonio José Nunes também não consta da *Relação*.

---

24 ANRJ. Casa Real e Imperial. Caixa 2, pacote 3, doc 137.

25 ANRJ. Casa Real e Imperial. Caixa 1, pacote 2, n. 19. Grifo meu.

26 *ibidem*.

A questão que aqui se impõe é: quantos mais acompanharam a família real na fuga de Lisboa para o Rio de Janeiro e não se encontram contabilizados nos registros oficiais?

Por fim, merecem atenção as conjeturas de Kenneth Light, especialista em história naval. Light pondera que, no número de 15 mil pessoas aceito pela historiografia, estariam incluídas as guarnições da esquadra naval; mesmo se estas estivessem incompletas, acredita ele, aquele número nunca seria inferior a seis mil pessoas. Quanto ao número de embarcações, concorda que não se pode ter certeza. O livro de quartos da nau capitânia "Hibernia" reportava, a 29 de novembro de 1807, que 56 navios estavam à vista: 16 da esquadra portuguesa, nove do esquadrão britânico e, por conseguinte, 31 navios mercantes.[27]

Em suma, a resposta para a questão do tamanho da comitiva da família real que aportou no Rio de Janeiro em 1808 não pode ser reduzida a uma mera discussão algébrica. Tanto é assim que os historiadores se deparam com ela há quase duzentos anos. Porém, a matemática dos historiadores, que não pode ser tão exata quanto a dos engenheiros, arquitetos e jornalistas, reclama de nós o respeito pelos que nos precederam e nos autoriza a aceitar como plausíveis as avaliações de que, com a família real, veio uma comitiva cuja dimensão pode oscilar entre seis e 15 mil pessoas. Esse é um dado realmente fundamental para quem entende que os historiadores almejam contar a história "tal como aconteceu", à moda dos preciosismos dos antiquários, para quem a história que nos falta conhecer jaz perdida no silêncio dos arquivos. Porém, independentemente da precisão, a história do período joanino veio se escrevendo sempre, e cada vez melhor, desde o século XIX. Acredito que assim continuará, antes que algum iluminado encontre o documento perdido que resolveria de uma vez por todas a questão do tamanho da comitiva. Se é que ele existe. Enquanto isso, a história segue.

---

27 LIGHT, Kenneth. *Carta para Jurandir Malerba*. Rio de Janeiro, 15/01/2003.

Bibliografia

ABRANTES, Laure Junot, duchesse d'. *Mémoires de mme. la duchesse d'Abrantès, ou souvenirs historiques sur Napoléon, la Révolution, le Directoire, le Consulat, l'Empire et la Restauration*. Paris: Ladvocat, 1831-1835.

ALMEIDA PRADO, Antônio Lázaro. Saber contar a história. *Voz da Terra*, Assis, 27 dez. 2000.

BARREIRO, José Carlos. Para além de uma história das elites. *Espaço Plural*, ano III, n. 7, 2001. p. 31.

BIANCARDI, José Theodoro. *Cartas americanas, publicadas por...* Lisboa: Alcobia, 1820.

BOUCHOT, August. *Histoire du Portugal et ses colonies*. Paris: Hachette, 1854.

BRANCO, Pandiá H. de T. Castello. A corte portuguesa no Brasil. *Revista do Instituto Histórico e Geográfico Brasileiro*, Rio de Janeiro, v. 1, p. 417-436, 1914.

CALMON, Pedro. *História do Brasil*. v. 4: O império 1800-1889. São Paulo: Companhia Editora Nacional, 1947.

CALMON, Pedro. *O rei do Brasil*: vida de d. João VI. 2. ed. aum. São Paulo: Companhia Editora Nacional, 1943.

CERVO, Amado Luiz. *Depois das caravelas*: as relações de Portugal e o Brasil (1808-2000). Lisboa: Instituto Camões, 2000.

DENIS, Fernand. *Brasil*. v. 1 Trad. Lisboa: L. C. da Cunha, 1844.

EBEL, Ernst. *O Rio de Janeiro e seus arredores em 1824*. Trad. Joaquim de S. Leão Fº. São Paulo: Companhia Editora Nacional, 1972.

FREYCINET, Louis de. *Voyage au tour du monde. Interpris par ordre du Roi [...] Executé sur les corvettes de S. M. L'Oranie et la Physicienne, pendant les années 1817, 1818, 1819 et 1820.* Paris, Chez Pillet Aîné Imprimeur-Libraire, 1827 (8 v), v. 1.

FREYRE, Gilberto. *Casa grande e senzala*: formação da família brasileira sob o regime patriarcal. 7. ed. Rio de Janeiro: José Olympio, 1952.

GONÇALVES, Adelto. A boa vida da corte no Rio de Janeiro. *Jornal da Tarde*, Rio de Janeiro, 21 out. 2001. Caderno de sábado. p. 20.

GONÇALVES, Adelto. Invencionices e disparates. Disponível em: <http://blog.comunidades.net/adelto/index.php?op=arquivo&pagina=100&mmes=07&anon=2005>. Acesso em: 23/06/2016.

GONÇALVES, Adelto. Capoeiragem: rebeldia e habilidade negra no Rio. Resenha a SOARES, Carlos Eugenio Líbano *A capoeira escrava e outras tradições rebeldes no Rio de Janeiro (1808-1850)*. Campinas: Ed. da UNICAMP, 2001b. Disponível em: < http://www.cecult.ifch.unicamp.br/pf-cecult/public-files/publicacoes/92/capoeira-adelto-goncalvez.pdf >. Acesso em: 23/06/2016.

GONÇALVES, Adelto. D. João revisitado. Disponível em: <http://blog.comunidades.net/adelto/index.php?op=arquivo&idtopico=226711>. Acesso em: 23/06/2016.

HENDERSON, James. *A history of Brazil, comprising its geography, commerce, colonization, aboriginal inhabitants, &c.* Londres: Longman, Hurst, Rees, Orme and Brown, 1821.

HOLANDA, Sérgio Buarque de. *Raízes do Brasil.* 17. ed. Rio de Janeiro: José Olympio, 1984.

LEITÃO, Paulino Joaquim. *A esquadra portuguesa que transportou aos Estados do Brasil os soberanos de Portugal, elogio oferecido a Sua Alteza Real o príncipe regente nosso Senhor por...* Rio de Janeiro: Impressão Régia, 1820.

LIGHT, Kenneth. A viagem da família real para o Brasil (1807-1808). *Revista do Instituto Histórico e Geográfico Brasileiro*, Rio de Janeiro, ano 158, n. 397, p. 1035-1044, out.-dez. 1997.

LIGHT, Kenneth. *Carta para Jurandir Malerba.* Rio de Janeiro, 15/01/2003.

LIMA, Manuel de Oliveira. *D. João VI no Brasil (1808-1821).* v. 3. 2. ed. Rio de Janeiro: José Olímpio, 1945.

LUCCOCK, John. *Notas sobre o Rio de Janeiro e partes meridionais do Brasil.* Trad. Milton de S. Rodrigues. Belo Horizonte: Itatiaia; São Paulo: Edusp, 1975.

MACAULAY, Neill. A corte no exílio. *Hispanic American Historical Review*, ano 85, v. 1, p. 138-139, 2005.

MALERBA, J. *A corte no exílio.* Civilização e poder no Brasil às vésperas da Independência. São Paulo: Companhia das Letras, 2000

MANCHESTER, Alan. A transferência da corte portuguesa para o Rio de Janeiro. In: HENRY, H. Keith; EDWARDS, S. F. *Conflito e continuidade na sociedade brasileira.* Tradução de José Lourenço de Melo. Rio de Janeiro: Civilização Brasileira, 1970.

MARTINS, J. P. Oliveira. *História de Portugal.* 3. ed. emendada. Lisboa: Viúva Bertrand, 1882.

MARTINS, Rocha. *A corte de Junot em Portugal.* Lisboa: Gomes de Carvalho, 1910.

MAWE, John. *Travels in the interior of Brazil, particularly in the gold and diamond district of that country, by authority of the Prince of Portugal...* Londres: Longman, Hurst, Rees, Orme, and Brown, 1812.

MONTEIRO, Tobias. *História do império.* v. 1: A elaboração da independência. Belo Horizonte: Itatiaia, 1981.

MOREL, Marco. Civilizados e radicais no século XIX. *Jornal do Brasil*, Rio de Janeiro, 9 dez. 2000. Caderno Ideias. p. 5.

NORTON, Luís. *A corte de Portugal no Brasil*. 2. ed. São Paulo: Companhia Editora Nacional, 1979.

PIRES, Pablo. Revoluções da corte. *O tempo*, Belo Horizonte, 4 nov. 2000. Caderno Magazine.

PISA, Daniel. Dores e charmes de uma nação entre dois mundos. *O Estado de São Paulo*, São Paulo, 7 jan. 2001. Caderno 2.

REIS FILHO, Nestor Goulart. Urbanização e modernidade entre passado e futuro: (1808-1945). In: MOTA, Carlos Guilherme (org.). *Viagem incompleta*: a experiência brasileira, a grande transação. São Paulo: Ed. Senac, 2000.

SARAIVA, Renata. O espetáculo da realeza no Rio de Janeiro do século XIX. *Valor*, Rio de Janeiro, 23 out. 2000.

SILVA, Luiz Geraldo. O espetáculo da monarquia. *Espaço Plural*, ano III, n. 7, 2001. p. 1; p. 30.

SORIANO, Simão José da Luz. *História de el-rei d. João VI primeiro rei constitucional de Portugal e do Brasil em que se referem os principais atos e ocorrências do seu governo bem como algumas particularidades de sua vida privada*. Lisboa: Universal, 1866.

SOUSA, Otávio Tarquínio de. *A vida de d. Pedro I*. São Paulo: Edusp; Belo Horizonte: Itatiaia, 1988.

SOUZA, Iara Lis Carvalho. O rei na América. *Espaço Plural*, Centro de Estudos, Pesquisas e Documentação da América Latina (Cepedal), ano III, n. 7, 2001. p. 32

SPIX, J. B. von; MARTIUS, von. *Viagem pelo Brasil*. Tradução de Lúcia F. Lahmeyer. Belo Horizonte: Itatiaia; São Paulo: Edusp, 1981.

VASCONCELOS, Gilberto. Começo tropical do teatro da política. *Folha de São Paulo*, São Paulo, Ilustrada, 13 nov. 2000. [disponível em http://www1.folha.uol.com.br/fsp/ilustrad/fq1111200013.htm. Acesso 12/06/2016]

Capítulo 6

Expertise jurídica na construção do Estado monárquico no Brasil[1]

O Esteio da Nação: os bacharéis e a construção do Estado Imperial.[1]

A cultura jurídica no Brasil está profundamente enraizada em seu processo histórico, desde a formação do Estado no século XIX até os dias de hoje. De acordo com o Conselho Nacional de Justiça, em 2010 o Brasil possuía 1240 cursos de Direito reconhecidos pelo Ministério da Educação.[2] Com esta cifra, o Brasil se apresenta em números absolutos como um dos países com mais cursos de Direito entre suas opções universitárias em todo globo. A presença massiva de magistrados e juristas na construção do Estado Brasileiro desde o processo de Independência no início do século XIX, quando a cultura do "doutor" e do "bacharel" predominou nos quadros das elites imperiais, poderá ser um elemento explicativo importante desse quadro.

1 Publicado, em coautoria com José Augusto Miranda como: Expertise jurídica na construção do Estado monárquico no Brasil do século XIX. In: Rinke, Stefan/ González de Reufels, Delia (eds.). (Org.). Expert Knowlegde in Latin American History: Local, Transnational, and Global Perspectives. 1ed.Stuttgart: Hans-Dieter Heinz Akademischer Verlag, 2014, v. , p. 15-36.

2 <http,//www.oab.org.br/noticia/20734/brasil-sozinho-tem-mais-faculdades-de-direito-que-todos-os-paises> Acesso em 22/04/2017.

No Estado Imperial, elite política, burocracia e a formação jurídica caminharam juntas, preconizando o que Joaquim Nabuco[3] chamaria de "vocação de todos". José Murilo de Carvalho demonstrou em sua obra a composição das elites brasileiras protagonistas da independência e da consolidação do Estado imperial, analisando sua formação, ocupação e processos de socialização. A notável presença dos juristas neste processo aponta para o que o autor chamou de "O domínio dos Magistrados", segmento que tomou em suas mãos as rédeas do poder e consolidou um governo altamente centralizado, a despeito das vicissitudes iniciais (CARVALHO, 2010).

Esta elite política, formada nas faculdades de direito viria a fornecer os quadros da burocracia estatal, tornando seus principais cargos e ocupações privilégio dos detentores de diplomas de ensino superior, no caso brasileiro majoritariamente do ensino jurídico. O direito romano positivo compunha a base doutrinária da formação jurídica portuguesa, que legitimava ideologicamente o poder altamente centralizado dos monarcas absolutistas típicos da tradição ibérica. Ruth Gauer reconhece nesse viés uma importante característica da formação da nacionalidade brasileira: a herança portuguesa do culto à jurisdição e ao direito positivo próprias do aparato burocrático-administrativo colonial (Gauer, 2001).

A formação jurídica constituía condição *sine qua non* para o ingresso nas altas instâncias da burocracia imperial. Esta elite burocrática, construtora do Império, fora recrutada exclusivamente da ínfima parcela alfabetizada com acesso ao ensino superior, ou seja, da elite político-econômica nacional.

---

3 Joaquim Aurélio Barreto Nabuco de Araújo nasceu na Bahia em 1849. Ingressou no curso de Direito da Faculdade de Direito de São Paulo, porém concluiu o curso pela Faculdade de Direito do Recife. Diplomata, escritor e abolicionista, legou obras importantes para a compreensão do período imperial, como *O Abolicionismo* e *Um Estadista no Império*. Ocupou cargo de deputado geral durante o império. Faleceu em 1910. Cf. Viana Filho, 1952; Amorim, 2010/2011.

A formação jurídica tornou-se imperativa às elites imperiais desde os primórdios da fundação do Estado brasileiro. A grande maioria dos deputados da Assembleia Constituinte de 1823 era composta por bacharéis. Dos 90 deputados que tomaram assento, pelo menos 35 deles possuíam formação jurídica, realizada pela Universidade de Coimbra.[4] Esta elite política monopolizava o aparato burocrático, formando um corpo coeso, de tendências centralizadoras, que Fernando Uricoechea chamou de "O Minotauro Imperial" (URICOECHEA, 1978). A forte influência desta cultura jurídica no Estado imperial forneceu cores específicas para o quadro institucional brasileiro do século XIX. A estabilidade conquistada pelo Império durante o segundo reinado contava com a observância das elites políticas ao dispositivo constitucional, por meio da liturgia jurídica praticada pela maioria dos elementos da burocracia e da elite política nacional (CARVALHO, 2010, p. 42-43).

Carvalho apresenta um quadro demonstrativo da massiva presença de juristas na alta burocracia imperial brasileira. Em um balanço dos 67 anos de duração do Império, os principais estratos do executivo e legislativo eram compostos por egressos de cursos jurídicos. No tocante aos Ministros, 57% possuíam formação jurídica. Entre os anos de 1843-1853 – período conhecido como "Conciliação", marcado pela estabilidade institucional, após o turbulento período regencial - este número alcançou 74% (CARVALHO, 2010, p. 103). No executivo provincial, 60% de todos os presidentes durante o Império possuíam formação jurídica. A proporção era menor somente nas províncias em que havia significativa presença de militares, como Mato Grosso, e Rio Grande do Sul (GALVÃO, 1969, p. 62-241).

O poder legislativo reforça essa tendência. Quase 60% de todos os titulares do cargo de senador do império possuíam formação jurídica.

4 GAUER, 2001, p. 233-234.

De 1831 a 1840 tal cifra aproxima-se dos 70% (Galvão, 1969, p. 105). Na câmara dos deputados gerais, o número é ainda mais significativo.[5]

Ao analisar a atuação do Instituto dos Advogados do Brasil (IAB) no tocante à abolição da escravidão durante o império, Eduardo Spiller Pena afirma que mais de um terço dos associados da instituição no período ocuparam algum posto nos altos escalões do governo, entre Legislativo, Executivo e Judiciário. É digno de nota a presença desses expertos no legislativo, onde 27% dos associados exerceram algum mandato de deputado ou senador (PENA, 2001, p. 41). Os dados de Pena também são importantes na medida em que apresentam um quadro de atrelamento desses profissionais liberais - os advogados - à burocracia estatal.

Em sua análise, Pena também revela a aproximação dos advogados e do governo imperial no plano doutrinário, tributários de um "positivismo jurídico" oitocentista, em que [se] "via a produção da lei como atributo exclusivo do Estado para aplicação das reformas no ambiente da sua própria estrutura burocrática e, principalmente, como projeto para ordenação das relações sociais" (PENA, 2001, p. 253).

Esta cultura jurídica que orientou a construção do Estado brasileiro também pode ser observada no excesso de juristas formados no país após a fundação dos cursos em São Paulo e Olinda. Já na década de 1870 havia uma considerável reserva de bacharéis, ansiosos por ocupar postos na burocracia estatal (CARVALHO, 2010, p. 87).

A cultura jurídica no Império do Brasil, marcada pelo bacharelismo herdado da metrópole desde os tempos coloniais, foi gestada nos bancos da Universidade de Coimbra, *alma mater* da primeira geração dos construtores do Estado brasileiro. Aqui se pode observar o início de um processo de reeuropeização do Brasil, marcante tanto na construção do Estado quanto da nacionalidade (Freyre, 2006, p. 428; 550). Expoentes dessa nova *intelligentsia*, os bacharéis deixaram marcas pro-

5 Devido à dificuldade de recolher dados relativos aos deputados, dada sua alta rotatividade, Carvalho apresenta estimativas superiores a dos Senadores e Ministros.

fundas nas fundações ética do povo, na cultura livresca e verborrágica, sobretudo no segundo reinado e no advento da república, com similar intensidade (LINHARES, 2001, p. 357).

Assim, os integrantes do aparato burocrático, construtores do Estado Imperial, foram recrutados do seio da elite nacional. O passaporte para a vida pública eram os diplomas em cursos jurídicos, angariados, em um primeiro momento, na Universidade de Coimbra em Portugal, e, após a fundação de dois cursos jurídicos no Brasil, em São Paulo e em Olinda em 1828. Neste capítulo, abordarmos em primeiro lugar alguns aspectos da formação jurídica das elites imperiais; em seguida, trataremos do valor simbólico do grau de bacharel numa sociedade de ordens como a sociedade escravista imperial, cuja hierarquia se reafirmava, para além do poder econômico, em signos de distinção. Na segunda parte, esta análise procurará enfatizar a atuação fundamental dos especialistas com treinamento jurídico na consolidação da ordem interna do Império, por meio de sua atuação nos poderes executivo, legislativo e judiciário e, por fim, de sua ordem externa, onde a atuação dos magistrados foi decisiva para a diplomacia brasileira.

A formação jurídica da elite imperial, de Coimbra à São Paulo/Recife

A Universidade de Coimbra ocupou um lugar de destaque na formação da elite burocrática do Império do Brasil. Devido à proibição da abertura de universidades na América portuguesa, as elites da colônia necessitavam ir a Portugal para sua formação universitária e assim exercer cargos de prestígio no governo e na administração portuguesa. Este quadro só se alterou após a independência, quando a construção do Estado nascente levou à abertura de dois cursos jurídicos em 1827: em São Paulo e em Olinda, sendo este transferido para Recife em 1854.[6]

6 BEVILÁQUA, 1977; FERREIRA, 1980.

Assim, as primeiras gerações de juristas que atuaram na independência e na consolidação do Império possuíam em comum a formação coimbrã. A partir da segunda metade do século XIX, as escolas nacionais assumiam posto de monopolizadoras na produção dos profissionais e do saber jurídico brasileiros.

Esta "geração coimbrã" contou em suas fileiras com nomes representativos dos anos iniciais da política nacional, como Bernardo Pereira de Vasconcelos, [7] José da Silva Lisboa,[8] Honório Hermeto Carneio Leão,[9] Pedro de Araújo Lima[10], José Joaquim Carneiro de Campos,[11] dentre outros.

Ao analisar a contribuição dos egressos de Coimbra, Ruth Gauer oferece números expressivos que demonstram o predomínio do ensino jurídico dentro das elites brasileiras. Dos 788 alunos brasileiros formados por Coimbra entre 1772 e 1820, 469 optaram por cursos jurídicos (GAUER, 2001, p. 152). Esta elite formada após 1772 participou de uma universidade renovada de acordo com os preceitos do iluminismo e da modernidade do século XVIII. Neste ano, o ministro português Marquês de Pombal - campeão da centralização político-administrativa portuguesa - encetou importantes reformas, excluindo os jesuítas da direção da universidade, reformando a proposta pedagógica dos cursos, renovando o quadro de professores e abrindo novas áreas de interesse, como Matemática e Filosofia Natural.[12]

Deste modo, as elites formadas após a reforma de 1772 receberão os fundamentados de um novo ensino jurídico. Não mais estritamente

---

7 SOUSA, 1988; OLIVEIRA, 1963; ROCHA, Justiniano José da. Biografia de Bernardo Pereira de Vasconcellos. In: VASCONCELOS, 1978. p. 9-17.

8 ROCHA, 2001; VILHENA DE MORAES, 1958.

9 SISSON, 1999, Vol I p. 19; SALLES, 1996; JANOTTI, 1990.

10 COSTA PORTO, 1985; MATTOS, 2004.

11 SISSON, 1999, Vol II, p. 199. MELLO MORAES, 1978, v. 1.

12 MAXWELL, 1996; FALCON, 1982; AZEVEDO, 2004.

canônico, mas um direito positivo, que abraçava teóricos então em voga no pensamento ocidental como Locke e Bentham. Esta formação jurídica sólida contribuiu grandemente para o perfil desta elite, que primava pelo domínio civil das instâncias burocráticas e por um sistema representativo, como depois implementado no Império, principalmente durante o segundo reinado. Nessa fonte beberam as elites jurídicas que, após a independência, ordenaram juridicamente o Estado, tendo os egressos de Coimbra contribuído decisivamente para esse empreendimento. Esse grupo trouxe ao ordenamento jurídico brasileiro o Direito Natural, fruto do pensamento cristão secularizado dos séculos XVII e XVIII. Assim, foram os egressos os grandes representantes do racionalismo jurídico no Brasil, não limitados somente à administração do Estado nascente, mas atuantes como políticos e interpretes jurídicos da Nação (GAUER, 2001, p. 307).

Após a fundação dos cursos jurídicos no Brasil, não havia mais motivos para a elite brasileira enviar seus filhos para Coimbra. Então, os egressos dos cursos brasileiros passaram a ocupar os principais postos da burocracia e governo, antes ocupados pelos formados em Coimbra (CARVALHO, 2010, p. 83). A partir da década de 1850, já nenhum ministro contava com um diploma português, sendo este quadro um pouco mais resistente no Senado, devido à vitaliciedade do cargo (CARVALHO, 2010, p. 81). Ao analisar o curso jurídico de São Paulo, Paulo Sérgio Adorno (ADORNO, 1988, p. 78) aponta para uma formação diferenciada daquela experimentada pela primeira geração formada em Coimbra. Para o Autor, o ensino jurídico no Brasil possuía claro propósito político, o de fornecer bacharéis preparados para atuarem na burocracia e governo. Com uma fraca formação doutrinária, o curso de direito de São Paulo primou pelo não-ensino, relegando a atividades extracurriculares, como a imprensa acadêmica, reuniões informais e associações estudantis, o papel de profissionalização política dos novos bacharéis. De fato, Adorno aponta o baixo número de tratados e obras de cunho doutrinário e jurídico - ao contrário da geração coimbrã - apontando, porém, dentre os quadros formados por São Paulo, várias personalidades decisivas para a vida política do segundo reinado e da subsequente república, como José Antônio Saraiva,[13] Paulino José Soares de Sousa,[14] José Maria da Silva Paranhos,[15] Rui Barbosa[16] e Prudente de Morais.[17]

Esses bacharéis formados no país possuíam, portanto, um perfil mais político que jurídico. Com os instrumentos institucionais fundamentais já estabelecidos (Constituição de 1824, Código Criminal de 1831, Ato Adicional de 1834 e a Lei de Interpretação do Ato Adicional de 1841) a nova geração fora formada tendo em vista operar e expandir o

---

13 José Antônio Saraiva nasceu em São Paulo em 1823. Formou-se em Direito pela Faculdade de Direito de São Paulo. Foi deputado provincial, presidente de província, ministro dos negócios estrangeiros, da justiça, do império, da guerra, da marinha e Conselheiro de Estado. Faleceu em 1895. Cf. SISSON, 1999, v. II, p. 69.

14 Paulino José Soares de Sousa, Visconde do Uruguai, nasceu em Paris em 1807. Formou-se em Direito pela Faculdade de Direito de São Paulo em 1831. Foi deputado provincial, deputado geral, presidente de província, senador, ministro dos negócios estrangeiros e ministro do Supremo Tribunal de Justiça. Legitimador da ordem conservadora no Império, legou obras como *Ensaio sobre o direito administrativo* e *Estudos práticos sobre a administração das províncias do Brasil*. Faleceu em 1866. Cf SOUSA, 1944; TORRES, 2011; MATTOS, 2004.

15 José Maria da Silva Paranhos Junior, Barão do Rio Branco, nasceu no Rio de Janeiro em 1845. Ingressou na Faculdade de Direito de São Paulo, porém concluiu o curso pela Faculdade de Direito do Recife. Foi diplomata e ministro dos negócios estrangeiros na república. Patrono da diplomacia brasileira. Faleceu em 1912. Cf., VIANA FILHO, 1990; SANTOS, 2012.

16 Rui Barbosa de Oliveira nasceu na Bahia em 1849. Formou-se em Direito pela Faculdade de Direito de São Paulo. Diplomata, civilista e abolicionista durante o império, foi imporatante figura do movimento republicano, sendo nomeado ministro da fazenda durante o governo do primeiro presidente, Deodoro da Fonseca. Faleceu em 1923. Cf VIANA FILHO, 1949; ABREU, 2007; LAMOUNIER, 1999; MORAES FILHO, 1987.

17 Prudente José de Morais Barros nasceu em São Paulo em 1841. Formou-se em Direito pela Faculdade de Direito de São Paulo em 1863. Foi deputado provincial, deputado geral, presidente de província, senador e o primeiro presidente civil da república. Faleceu em 1902. Cf., SILVA, 1930; KOIFMAN, 2001; SILVA, 1983.

aparato burocrático imperial. Como afirma Adorno: "A cultura jurídica brasileira produzira profissionais disciplinados conforme os fundamentos ideológicos do Estado, profissionalizados para operar este Estado e convencidos senão da legitimidade, da legalidade da forma de governo instaurada" (ADORNO, 1988, p. 78).

Tal formação jurídica concentrada em dois polos de atuação proporcionou uma homogeneização do pensamento jurídico brasileiro. Assim como as elites produtoras da independência e da consolidação do Império, formados em Coimbra, a burocracia imperial contou com um corpo sólido de bacharéis e juristas, cientes de sua função de construtores e unificados ideologicamente (CARVALHO, 2010, p. 65).

O anel de bacharel

No Império do Brasil, o anel de bacharel e a carta de grau representavam, mais do que a conclusão dos estudos jurídicos, signos distintivos de uma nobreza adquirida[18]. Em uma sociedade estamental de fortes traçados senhoriais regulada pelo prestígio, o patronato político substituiu os velhos sinais de nobreza por essa nova forma de nobilitação, angariada na universidade. Esta elite treinada no saber jurídico, preparada para governar e administrar o Estado, tomou pra si o serviço público em uma relação simbiótica, na qual a aristocracia brasileira, ligada à terra e ao comércio, endossava a perpetuação de sua essência no domínio político dos bacharéis.[19]

O novo caminho da nobilitação passava pela educação formal, pelo apreço, mesmo que performativo, às belas letras, pelo desprezo aos trabalhos manuais. Como ensina Raymundo Faoro:

18 HOLANDA, 2007; MALERBA, 2000.

19 Sob tal perspectiva, Raymundo Faoro aborda de forma contundente a formação do patronato político brasileiro, destacando a figura do Bacharel. Cf. FAORO, 2001.

> O caminho da nobilitação passava pela escola, pelos casarões dos jesuítas, pela solene Coimbra ou pelos acanhados edifícios de Olinda, São Paulo e Recife. O alvo seria o emprego e, por via dele, a carruagem do estamento burocrático, num processo de valorização social decorrente do prestígio político. Educação inútil para a agricultura, talvez nociva para infundir ao titular o desdém pela enxada e pelas mãos sujas de terra, mas adequada ao cargo, chave do governo e da administração. (Faoro, 2001, p. 446-447)

Sérgio Buarque de Holanda escreveu belas páginas sobre o desprezo ao trabalho manual em contraposição a um apreço à cultura epidérmica de salão.[20] Fundem-se o aristocrata e o bacharel, resultando na figura emblemática da política imperial, principalmente no Segundo Reinado. Como afirmou o ensaísta, em uma sociedade em que valores senhoriais ainda gozavam de largo crédito "as qualidades do espírito substituem, não raro, os títulos honoríficos e alguns de seus distintivos materiais, como o anel e grau de bacharel, podem equivaler a autênticos brasões de nobreza" (Holanda, 2007, p. 83).

A escravidão era a base material e ideológica dessa aversão ao trabalho manual. A valorização das letras, da reflexão, das atividades "interiores", frutos também de um catolicismo doutrinário secular, levou a elite brasileira a buscar a nobilitação pelo diploma como modo de diferenciação social. Sobre esta juventude que rodeava o Largo do São Francisco[21] e as arcadas da faculdade de Direito de Recife, Faoro diz:

> Os jovens retóricos, hábeis no latim, bem falantes, argutos para o sofisma, atentos às novidades das livrarias de

20 HOLANDA, 2007; também MELO E SOUSA. 1985.

21 Largo do São Francisco, como era conhecida a Faculdade de Direito de São Paulo, recebeu essa alcunha por localizar-se na praça homônima, no centro de São Paulo.

> Paris e Londres, com frase de Pitt, Gladstone e Disraeli bem decorada, fascinados pelos argumentos de Guizot e Thiers, em dia com os financistas europeus, tímidos na imaginação criadora e vergados ao peso das lições sem crítica, fazem, educados, polidos, bem vestidos, a matéria-prima do parlamento. (FAORO, 2001, p. 447)

O diploma que nobilitava o plebeu podia até "embranquecer" ao mulato, filho bastardo do grande fazendeiro ou do respeitável senador (FREYRE, 2006, cap. VII e XI). Grandes figuras da política imperial, embranquecidos pelo anel de bacharel, alçaram posições no Estado e títulos de nobreza, como o caso de Francisco Gê Acayaba de Montezuma, Visconde de Jequitinhonha.[22] Os bacharéis, em consonância com as últimas novidades doutrinárias da Europa, importavam para o Brasil o pensamento que, em voga nas tribunas e discursos em Londres, davam o mote do cânone político do século XIX: o Liberalismo. O doutrinário liberal seria a inspiração maior do ordenamento jurídico brasileiro. A constituição de 1824, o código do criminal de 1830, código do processo criminal de 1832 e o código comercial de 1850 foram gestados como um passo rumo à modernidade, renegando o obscurantismo das antigas Ordenações Filipinas.

A safra de códigos legais produzidos no parlamento brasileiro serviu de mote, devido a seu antenado liberalismo, para os códigos criminais espanhóis de 1848, 1850, 1878, para o código argentino de 1868, paraguaio de 1880 e até mesmo para algumas disposições do código belga. Todavia, a convivência da doutrina liberal com a escravidão não se

22 Francisco Gê Acayaba de Montezuma nasceu na Bahia em 1794. Formou-se em Leis pela Universidade de Coimbra em 1821. Foi deputado geral, diplomata, ministro da justiça, senador, conselheiro de Estado fundador e primeiro presidente do Instituto de Advogados do Brasil, além de membro fundador do Instituto Histórico e Geográfico do Brasil. Faleceu em 1870. Cf. SISSON, 1999,v. II, p. 161-162; SACRAMENTO BLAKE, 1893.

deu de forma simples. De toda a sorte, o coeso corpo de bacharéis estava apostos para assentar as bases do Estado escravista, mantendo seu eixo produtor em certa sintonia com a cartilha política liberal.

Ao mesmo tempo em que advogava o livre comércio como um remédio para os males permanentes de sua balança de comércio, o liberalismo praticado pela elite política imperial permanecia intocável na defesa da manutenção da escravidão. Nesse sentido atuaram os bacharéis. Com firme voz no parlamento, eles protagonizaram delicada operação teórica e doutrinária, coadunando, tanto quanto possível, as ideias liberais e o escravismo. Este discurso apresentava-se intimamente atrelado aos valores patriarcais, valorizador do Direito e sentinela da família e do Estado como entidade coletiva.[23]

Ordem interna: Os magistrados e consolidação do Estado imperial

A força da magistratura foi decisiva na formação do Estado imperial brasileiro, atuando tanto no âmbito administrativo quanto na esfera política. O sistema administrativo e judicial português concedeu aos magistrados amplos poderes e considerável autonomia em terras americanas. O juiz de vintena, primeira instância da magistratura portuguesa, era eleito pelas câmaras municipais, sem necessidade de formação jurídica, atrelando sua atividade à vida política e administrativa da localidade.[24] Após a independência, foram criados os cargos de juiz de paz, com as mesmas prerrogativas e modo de escolha. Com a introdução dos juízes de fora, estes necessariamente formados em direito, o

23 MALERBA. 1994. p. 11; Também a obra de Décio Saes, que aborda as origens agro-escravistas da formação Estado brasileiro e seu projeto de modernização no advento da república, cf. SAES, 1985.

24 Sobre a organização administrativa e da justiça coloniais no Brasil, conferir as recentes pesquisas reunidas em, Bicalho e Ferlini, 2005; e também a obra de SALGADO, 1985.

controle central aumentou, adicionando maior relevância aos bacharéis na rotina política da colônia.

Após a Independência, o Brasil teve nos magistrados um instrumento fundamental para consolidação do Estado Imperial. Até 1871 não havia restrições para magistrados ocuparem cargos executivos e legislativos. Como consequência, tanto Senado como Câmara dos Deputados possuíam ampla composição de funcionários oriundos do poder judiciário. Na década de 1850, 22 dos 55 senadores possuíam cargos em diferentes níveis da magistratura.[25] Dos 113 deputados, 80 deles possuíam alguma ligação com o corpo da magistratura e pelo menos 44 também ocupavam cargos no judiciário.[26] Essa presença massiva de magistrados no legislativo pode ser acompanhada por meio dos discursos proferidos em ambas as casas. Também fica patente a força e o alcance da classe nas mais variadas esferas do poder central, fornecendo um reduto homogêneo para a tomada de decisões e para a tendência centralizadora do Estado. Como discursou o senador Cruz Jobim em 1855:

> Estou persuadido de que se na época da independência do Brasil não existisse uma classe tão inteligente, tão ilustrada e prestigiosa como a classe dos legistas, na qual compreendem os magistrados, que naquela época tiveram tão grande parte na administração pública; se não existisse, digo, essa classe, sem dúvida outras, provavelmente em grande detrimento do país, teriam predominado na administração; talvez a classe militar predominasse e viéssemos a cair nas mesmas desgraças em que tem andado a América espanhola, onde vemos constantemente a guerra civil em movimento[...] estou convencido de que nosso país não seria feliz com os esforços que esta classe tem feito para perpetuar entre nós o regime legal,

25 Jornal do Commercio, 26/07/1855.

26 Anais da Câmara dos Deputados, 1855, tomo IV, p. 225.

> já que o regime legal, o estudo das leis, o respeito a elas, o seu ídolo, é o objeto exclusivo de seus estudos.[27]

Este discurso do senador Jobim demonstra o evidente o orgulho que a classe se atribuía na sua "missão" de construir o Estado imperial. Os estudos jurídicos, a reflexão sobre as leis e a adoração pelo regime civil seriam "benefícios" desta forte presença da magistratura em todas esferas de poder. Esse domínio forneceria um quadro de estabilidade institucional para o Império, que pela força da presença de uma classe jurista homogênea em sua educação e socialização, afastaria os perigos de um domínio militar, fonte de conflitos e guerras civis. Assim, a presença de militares nos altos escalões da burocracia e do governo não foi sentida no Império, tendo os magistrados, contando com seu domínio político e administrativo, obrado pelo seu controle e alijamento, horrorizados com a situação de seus vizinhos hispânicos.

Além das instâncias legislativas, os magistrados também estendiam suas funções para a esfera da segurança pública. O Código do processo criminal, promulgado em 1832, possuía forte tendência descentralizadora e municipalista.[28] Por ele foram extintos os cargos de delegado e subdelegado, com tais funções atribuídas aos juízes de paz, estes eleitos pelo município. Dava-se maiores poderes para agentes da lei com ligações diretas com as elites locais, agentes estes sem formação jurídica ou qualquer vínculo com o poder central.[29]

---

27 Jornal do Commercio, 03/05/1855.

28 Sobre centralização e autonomia política no Império do Brasil, conferir, Gabriela Nunes Ferreira, *Centralização e decentralização no Império*. São Paulo, Editora 34, 1999. Também a obra de Miriam Dohlnifoff, sobre o debate entre federalismo e centralismo na construção do Estado Imperial, Dohlnikoff, 2005.

29 COSER, 2008, p. 63-66;

Após as turbulências do período regencial[30], as elites imperiais iniciaram um processo de regresso das liberdades concedidas com o código do processo de 1832. Com a promulgação do Ato Adicional em 1834, um acordo entre liberais e conservadores retirou dos juízes de paz suas atribuições policiais, delegando a função às Assembleias Provinciais. As funções policiais foram então atribuídas a prefeitos e juízes de direito, estes com formação jurídica (COSER, 2008, p. 132-133).

A ameaça da fragmentação política e territorial ainda era presente. Ao analisar os debates entre federalistas e centralizadores no parlamento durante a primeira metade do século XIX, Ivo Coser encontra nos discursos dos perpetradores do "regresso conservador", um discurso favorável ao fortalecimento das instituições centrais e, consequentemente, maior presença dos próprios magistrados e bacharéis nas instâncias de decisão. O grupo homogêneo e socializado que dominava o aparelho legislativo imperial permitiu, portanto, a perpetuação do poder e da influência de sua classe, principalmente a partir das reformas conservadoras de 1840 e 1841.

O "regresso conservador" consagrou domínio da lei e dos magistrados no Estado imperial, fornecendo os matizes da ordem que vigeu até o fim do reinado D.Pedro II (1889). Estas reformas centralizaram o Estado, responsável pela nomeação dos agentes administrativos, judiciais e eclesiásticos em todas as províncias. Os protagonistas deste movimento, Paulino José Soares de Sousa, Eusébio de Queiróz[31] e Joaquim José

30 Entre 1831 e 1845 o Império foi agitado por diversas revoltas, fruto da instabilidade política com a abdicação de D.Pedro I e de disputas entre as províncias e o poder central. Sobre estas revoltas cf. Lima, 1986; CARVALHO, e 2012; MALERBA, 1999; MONTEIRO, 1982.

31 Eusébio de Quiróz Coutinho Matoso da Câmara nasceu em Luanda em 1812. Formou-se em Direito pela Faculdade de Direito de Olinda em 1832. Foi deputado provincial, deputado geral, senador, presidente de província, ministro da justiça e ministro do Supremo Tribunal de Justiça. Autor do projeto de lei que aboliu o tráfico de escravos em 1850. Faleceu em 1868. SISSON, 1999, v. I, p. 25.

Rodrigues Torres[32], dois deles magistrados, buscaram refrear as tendências centrífugas advindas do período regencial, proporcionando um quadro favorável ao domínio dos bacharéis em todas as instancias do governo imperial.

Em 1840 foi dado o primeiro passo rumo à centralização com a promulgação da Lei de Interpretação do Ato Adicional. Esta lei modificava as disposições do Ato Adicional, ao retirar das Assembleias provinciais o poder de criar e extinguir cargos de polícia. Assim, com as ações provinciais limitadas, a próxima etapa centralizaria os poderes judiciais e policiais, levando a ordem conservadora a todo o território.

Em 1842, com Visconde do Uruguai à frente do Ministério da Justiça, reformou-se o Código do Processo Criminal de 1832. Foram criados os cargos de chefe de polícia, delegado e subdelegado, esvaziando completamente os poderes policiais do juiz de paz eleito localmente. O cargo de chefe de polícia necessitava de diploma em direito e era indicado diretamente pelo Ministro da Justiça. Passou-se a remunerar os promotores públicos e a exigir grau de bacharel em direito para a função. Também foram expandidos os poderes do juiz de direito, magistrado indicado pelo governo central e com necessária formação jurídica (COSER, 2008, p. 261).

Unificados ideologicamente e socializados pela trajetória de suas carreiras, estes magistrados onipresentes no judiciário, legislativo e executivo lutaram para manter sua influência, tendo como primeira derrota a aprovação da lei dos círculos eleitorais de 1871.

32 Joaquim José Rodrigues Torres, Visconde de Itaboraí, nasceu no Rio de Janeiro em 1802. Formou-se em Matemática pela Universidade de Coimbra em 1825. Ocupou cargos de presidente de província, deputado geral, ministro da marinha, da fazenda e conselheiro de Estado. Faleceu em 1872. Cf. Lucas Alexandre Boiteaux, Visconde de Itaboraí, Joaquim José Fernandes Rodrigues Torres. In, *Coleção Titulares do Império*. Arquivo Roberval Bezerra de Meneses. Rio de Janeiro, IHGB, Lata 11, pasta 25; SANTOS, 1880, p. 409-418; SISSON, 1999, v. I, pp73-78.

Centralização, magistratura e cultura jurídica. Estes foram os pilares da ordem interna na construção do Estado Imperial brasileiro. Diplomados em direito iniciavam sua vida pública na magistratura, alcançando os mais altos escalões do governo e da burocracia estatal. Com a gradual substituição dos magistrados por profissionais liberais[33] nas instâncias legislativas e executivas este perfil foi alterado, desde a ascensão dos gabinetes liberais a partir da década de 1860. Todavia, a presença dos bacharéis perdurou até a república, personificada na figura dos advogados.

Ordem externa: os bacharéis, o direito e a consolidação da política externa.

A política externa do Império do Brasil também foi um reduto de bacharéis em Direito. Além de contar com nomes importantes da magistratura na chefia do ministério, como Visconde do Uruguai e Visconde do Rio Branco,[34] a maioria dos ministros que ocuparam o cargo durante o período imperial possuía formação jurídica. Dos 53 ministros, 40 deles eram formados em leis/direito pela Universidade de Coimbra ou pelas Faculdades de Direito de São Paulo e Olinda/Recife.

Esta cultura jurídica na política externa brasileira também faz parte da herança portuguesa para a delimitação de fronteiras de sua colônia na América. Inspirada pela Universidade de Coimbra e sua observância ao direito positivo romano, os juristas e estadistas encarregados

33 Dentre os profissionais liberais cabe destacar a massiva presença dos advogados e jornalistas, frutos deste domínio da cultura jurídica entre as elites imperiais.

34 José Maria da Silva Paranhos, Visconde do Rio Branco, nasceu na Bahia em 1819. Concluiu os estudos de engenharia pela Escola Militar de São Paulo. Foi diplomata, deputado provincial, deputado geral, senador, ministro dos negócios estrangeiros, da marinha, da fazenda e da guerra. Conselheiro de estado e presidente do Conselho. Pai do Barão do Rio Branco. Faleceu em 1880. Cf. VIEIRA, 1991; FRANCO, 2005.

de negociar as fronteiras do império português pautavam-se pela negociação bilateral e pelo uso do Direito Internacional. Ainda no século XVIII, Alexandre de Gusmão[35], formado em leis por Coimbra, negociara os limites territoriais entre os impérios português e espanhol, concluídos em primeira instância pelo Tratado de Madri em 1750. A grande inovação diplomática então efetuada por Gusmão residia na adoção de justificativas de posse territorial previamente ocupadas, o *uti possidetis.* Esta cláusula possui forte inspiração no direito romano, matriz doutrinária orientadora da formação jurídica coimbrã.[36]

Com um território de dimensões continentais, a peleja envolvendo delimitação de fronteiras entre o Brasil e seus vizinhos no cenário pós-independência conduziu a sua prática diplomática para o estudo do direito internacional e marítimo. O processo de emancipação e reconhecimento internacional do recente Império americano também demandou complicadas negociações, exigindo a atuação firme de um corpo diplomático mais profissionalizado.

Amado Cervo e Clodoaldo Bueno atribuem à política externa do Império alguns condicionantes a partir de sua configuração independente: a consolidação prévia do Estado Nacional; o despertar tardio da consciência pública ante o problema das fronteiras; a ausência de um mito de fronteira delineador do espaço brasileiro, como o Destino Manifesto para os norte-americanos; a elaboração de uma doutrina que vinculasse a definição dos limites do Estado com a nacionalidade; a baixa interferência do processo produtivo, voltado para dentro, abrindo mão da necessidade de uma política ostensiva de expansão das fronteiras; e a noção da "grande herança portuguesa", em que o território já havia sido legado pelo coloni-

35 Alexandre de Gusmão nasceu em São Paulo em 1695. Formou-se em Leis pela Universidade de Coimbra. Diplomata e estadista, atuou na negociação das fronteiras portuguesas na região platina. Faleceu em 1753.Cf. CORTESÃO, 1952, Vol I; HEICKEL, 2007.

36 GAUER, 2001, p. 211. Para referencias posteriores conferir, CORTESÃO, 1952., TEIXEIRA, 1972; BANDEIRA, 1998.

zador, não necessitando de uma ação prática no plano internacional para assegurar o que já lhe seria de direito (CERVO E BUENO, 2010. p. 90).

As fronteiras do nascente Império foram estabelecidas ao longo do século XIX e XX, regidas por estes condicionantes. Destaque para a observação dos autores sobre a "redução da questão à sua dimensão político-jurídica" uma vez que demandas mais europeias, como contingentes étnicos e territórios nacionais, não se apresentavam com força na pauta de negociações dos jovens Estados americanos, que valorizavam mais as questões territoriais e as implicações político-jurídicas de sua posse. Esta "redução político-jurídica" perdurou até a república, quando as fronteiras do país foram finalmente delimitadas sob a égide do José Maria da Silva Paranhos Júnior, Barão do Rio Branco.[37]

Cervo também aborda a orientação da política externa do Império voltada para as potências europeias. Ciente de sua posição de mais fraco, o Brasil buscou impetrar uma política baseada no cumprimento das convenções e do direito internacional, utilizando-o como respaldo para suas reivindicações ante aos países mais fortes, que contavam sempre com a força militar para realização de seus objetivos na América. A solução encontrada seria a atuação pelo direito, a despeito de suas limitações (CERVO, 1981. p. 15).

Portanto, o direito internacional seria a principal arma da política externa brasileira, uma via alternativa devido a impossibilidade de interpelar a defesa de seus interesses por meio da força no embate entre as nações. Não é de se admirar tal convicção, uma vez que as instâncias legislativas compunham um domínio de bacharéis, como exposto anteriormente.

Um exemplo marcante da luta entre os argumentos do direito internacional *versus* a força política das grandes potências no período imperial pode ser encontrado nas discussões entre o Brasil e os Estados

37 Para maiores esclarecimentos sobre a importante atuação de Rio Branco conferir, PARANHOS JUNIOR, 2012; PEREIRA, 2012.

Unidos, então em guerra civil, em 1861. Neste ano um vapor de pavilhão dos Confederados atracou no porto de São Luiz, província do Maranhão, para abastecer-se de carvão e víveres. As exigências de satisfações diplomáticas por quebra de neutralidade pelo cônsul americano no Rio de Janeiro, James Watson Webb, para o então Ministro dos Negócios Estrangeiros, Benevenuto Augusto Magalhães Taques expõem a confiança da chancelaria brasileira para com o Direito Internacional. A discussão gerou em torno das convenções internacionais concordadas no Tratado de Paris de 1856, após a guerra da Crimeia, e nas disposições do tratadista Emer de Vattel, então referência doutrinária obrigatória em disputas internacionais com seu compendio *O Direito das Gentes*. A situação desenrolou-se por longas exposições de dispositivos legais pelo Brasil, e ameaças de redução do comércio pelos Estados Unidos, redundando em um silêncio coletivo, sem o préstimo de reparações diplomáticas de ambas as partes.[38]

Nesse sentido, podemos observar como a consolidação Ministério dos Negócios Estrangeiros (Itamaraty) e sua crescente profissionalização no enfrentamento das contendas do cenário internacional permitiram uma maior inserção e atuação dos bacharéis, já então espraiados pelas demais instâncias do e da administração pública.

No início de suas atividades, o Itamaraty contava com uma organização pouco rígida e profissional. Os diplomatas não possuíam planos de carreira e os salários eram baixos (CASTRO, 2009). Com a crescente necessidade de maior representação internacional nas cortes europeias após a independência, o Itamaraty deu ensejo a um processo de consolidação institucional e de valorização dos seus agentes. Três importantes reformas foram realizadas nesse sentido, que também encontraram ferramentas fundamentais de profissionalização nos bacharéis e no direito.

38 Este episódio esta presente nos anexos do relatório do Ministério dos Negócios Estrangeiros ao Parlamento, relativo ao ano de 1861. Disponível em < http,//brazil.crl.edu/bsd/bsd/u1497/>

Na reforma de Aureliano de Souza, Visconde de Sepetiba, de 1842, foi aprovado o primeiro regulamento executório das ações do Ministério dos Negócios Estrangeiros. Foram criadas seções geográficas e burocráticas de atuação. Cabe destacar a sugestão para a criação do cargo de Jurisconsulto, diretamente ligado ao Ministro, para auxiliar no exame das questões legais e jurídicas do direito internacional. Este Jurisconsulto deveria "ser versado em Direito Pátrio, das Gentes e Marítimo" (CASTRO, 2009, p. 69).

Na segunda gestão do Visconde do Rio Branco (1848-1849) novos regulamentos foram aprovados, além da criação do cargo Jurisconsulto. Suas funções compatibilizavam com a formação bacharelesca, sendo necessários reconhecidos conhecimentos de Direito Internacional, público e civil. O cargo foi ocupado por figuras notáveis do saber jurídico brasileiro como Clóvis Bevilacqua[39], Hildebrando Accioly[40] e Amaro Cavalcanti.[41]

Em 1851, durante a segunda gestão do Visconde do Uruguai, a estrutura burocrática do ministério foi novamente reformada. Nela reestruturava-se a carreira de diplomata, criando-se uma hierarquia de cargos e um processo de admissão. O ingresso dava-se pelo cargo de Adido,

39 Clóvis Bevilacqua nasceu no Ceará em 1859. Formou-se em Direito pela Faculdade de Direito de Recife. Magistrado, e escritor, foi promotor público, ministro da justiça e das relações exteriores da república. Legou várias obras importantes para o pensamento jurídico brasileiro. Faleceu em 1944. Cf MEIRA, 1990.

40 Hildebrando Pompeu Pinto Accioly nasceu no Ceará em 1888. Formou-se em Direito pela Faculdad ede Direito do Ceará em 1908. Diplomata e jurista, foi ministro das relações exteriores da república e também atutou na comissao brasileira permanente junto à Liga das Nações. Faleceu em 1962. Cf ABREU, 2001, Vol I, p. 32.

41 Amaro Cavalcanti Soares de Brito nasceu no Rio Grande do Norte em 1849. Formou-se em Direito em Nova York. Diplomata e jurisconsulto brasileiro, foi Ministro do Supremo Tribunal de Justiça, juiz da Corte Internacional de Haia e ministro das relações exteriores na república.Também atuou como um dos autores da constituição republicana de 1891. Faleceu em 1922. Cf VIEIRA, 1960.

que deveria realizar exames de gramática portuguesa, história geral, história pátria, geografia, direito internacional, direito das gentes, tratados realizados pelo Brasil, Economia Política, além de provar conhecimentos nas línguas inglesa e francesa (CASTRO, 2009, p. 98). Bacharéis em direito formados no Brasil ou em Universidades estrangeiras com currículos equivalentes eram dispensados da prestação de exames para ingresso na carreira como adido. É notável a não necessidade de exames para bacharéis no ingresso do serviço diplomático. O diploma garantia acesso automático a carreira.

A geração de bacharéis que assumiu os postos da diplomacia imperial adquiria instrumentos para sua prática já na formação universitária. Nas faculdades de São Paulo e Olinda/Recife, os cursos de Direito contavam com disciplinas de Direito das Gentes e diplomacia, Direito internacional público e Direito civil com ênfase em questões de sucessão e herança, tópico recorrente das ações consulares no país (ADORNO, 1988, p. 95). O rígido controle dos conteúdos ministrados nos cursos jurídicos brasileiros fazia-se, portanto, presente na promoção de estudos diplomáticos voltados para a política externa, já cogitando a produção de bacharéis especializados na área para o ingresso na carreira, como depois formalizado pelo Visconde do Uruguai.

Logo, a profissionalização da carreira diplomática no império passava pela formação de bacharel. O acesso direto dos diplomados à carreira após as reformas do Visconde do Uruguai tornou este importante segmento do Estado imperial mais um reduto da cultura jurídica. A orientação da política externa brasileira, voltada para o apelo ao direito internacional, também colaborou para este cenário. Com a criação do cargo de Consultor, o alto escalão da política externa brasileira, juntamente com o ministro, também passou a ser um reduto bacharelesco.

Considerações finais

O domínio dos bacharéis na construção do Estado Imperial foi, portanto, inconteste. A cultura jurídica coimbrã formou a elite imperial desde a independência e ao longo de todo período imperial, com forte senso corporativo e apelo ao império da lei. Esta primeira geração coimbrã preparou o terreno para a ascensão de uma segunda, já vergada nos preceitos jurídicos de construção do Estado-Nação. A Universidade de Coimbra moldou as primeiras gerações, disseminando o culto ao direito positivo e à cultura bacharelesca. Ainda durante o domínio português, a ascensão a cargos importantes da administração lusa se dava pela posse de um diploma jurídico. Também não é de somenos importância o fato de que, desde a instauração do Colégio dos Nobres, o diploma jurídico nobilitava, ou seja, consistia em instrumento de distinção social.[42] A fundação das faculdades de Direito em São Paulo e Olinda/Recife deu continuidade à produção dos bacharéis. Os cursos nacionais mantiveram o domínio dos bacharéis em todas as instâncias do governo e da burocracia do Império, consagrando seu poder político e seu prestígio social. Ministérios, Conselho de Estado, Câmara dos Deputados, Senado, Presidências de Províncias: todas estas instâncias contaram com o domínio numérico de diplomados em Direito.

Os magistrados ocuparam lugar de destaque neste processo. O judiciário proporcionava os primeiros cargos a serem ocupados pelos

42 Faria e Castro, *Politica moral, e civil, aula da nobreza luzitana*... Lisboa, 1749; Antonio Rodrigues, *Tratado geral de nobreza. Principal Rei de Armas "Portugal" de D. Manoel I.* Porto, Biblioteca Pública Municipal, 1931; Manuel Busquets de Aguilar. *O Real colégio dos Nobres (1761-1837).* Lisboa, M. B. Aguilar, 1935; Oliveira. Luís da Silva Pereira. *Privilégios da Nobreza e Fidalguia de Portugal, offerecidos ao Excellentissimo Senhor Marquez de Abrantes, d. Pedro de Lancastre Silveira Castelo-Branco Vasconcellos Valente Barreto de Menezes Sá e Almeida, pelo seu athor* [...] Lisboa, João Rodrigues Neves, 1806. Cf. MONTEIRO. 1987, p. 15-48; OLIVAL, 1988.

recém-formados. A centralização do Estado efetuada durante o "regresso conservador" da década de 1840 tornou os magistrados ainda mais importantes. Os cargos eletivos de juiz de paz foram esvaziados e os procuradores incorporados ao governo central, assalariados e necessariamente bacharéis. Chefes de polícia e juízes de direito passaram a exercer as funções policiais nas províncias, respondendo diretamente ao Rio de Janeiro.

Até 1871, com a promulgação da lei dos círculos eleitorais, o poder legislativo era domínio absoluto dos magistrados. Eram eleitos para assentos na câmara e senado, garantindo um corpo homogeneizado, pronto para as reformas centralizadoras que instauraram o domínio do Direito.

A lei e o direito também foram norteadores da política externa brasileira. O processo de organização e profissionalização do ministério dos negócios estrangeiros apresenta o progressivo avanço dos bacharéis às posições de destaque. Profissionalizar era colocar diplomados em direito nos postos de atuação. A própria formação jurídica brasileira também proporcionava ferramentas para estes novos profissionais da carreira diplomática. A orientação da política externa do império provocou uma valorização do Direito internacional ante as grandes potências, tornado-se sua arma de defesa e de reivindicação no concerto das nações.

Logo, o domínio dos bacharéis constitui-se de uma maneira eficiente, alastrando-se por todas as intâncias do estado imperial. A magistratura, ao dominar o legislativo e executivo durante boa parte do império, pode fortalecer suas bases por meio da centralização política e burocrática. Com o parlamento vigiado de perto pelos magistrados, houve um forte controle sobre a formação dos novos bacharéis. Este controle, da formação dos novos juristas à ocupação dos cargos vitais, revelou-se tanto na política interna como externa, difundindo a cultura do bacharel no país, que perdurou até à queda do Império em 1889 e mesmo após.

Bibliografia

ABREU Alzira Alves... [*et al*]. *Dicionário histórico-biográfico brasileiro pós-1930*. Rio de Janeiro: Editora FGV, 2001, 4 v.

ABREU, Alzira; LAMARÃO, Sérgio (org.): *Personalidades da política externa brasileira*. Brasília : FUNAG, 2007; Bolivar Lamounier: *Rui Barbosa*. Rio dos Janeiro: Nova Fronteira, 1999; Evaristo de Moraes Filho: *O deputado Rui Barbosa*. Rio de Janeiro: Fundação Casa Rui Barbosa, 1987.

ADORNO, Sérgio. *Os aprendizes do poder*. Rio de Janeiro: Paz e Terra, 1988

AGUILAR, Manuel Busquets de. *O Real colégio dos Nobres (1761-1837)*. Lisboa, M. B. Aguilar, 1935.

AMORIM, Celso: *As duas vidas de Joaquim Nabuco:* o reformador e o diplomata. Conferência do ministro Celso Amorim na Academia Brasileira de Letras em homenagem ao centenário do falecimento do embaixador Joaquim Nabuco. Rio de Janeiro, 18 jan. 2010. Rio de Janeiro: Fundação Alexandre de Gusmão, 2010.

AZEVEDO, João Lucio de. *O Marquês Pombal e sua época*, Rio de Janeiro: Alameda, 2004.

BANDEIRA, Luiz Alberto Moniz. *O expansionismo brasileiro e a formação dos Estados na Bacia do Prata*. 3 ed, Brasília: Revan/Ed. Universidade de Brasília, 1998.

BEVILÁQUA, Clóvis, *História da Faculdade de Direito do Recife*. 2 ed. Brasília: INL; Conselho Federal de Cultura, 1977.

BICALHO, Fernanda, FERLINI, Vera Lucia Amaral (orgs). *Modos de Governar*, Rio de Janeiro: Alameda, 2005.

BOITEAUX, Lucas Alexandre: Visconde de Itaboraí: Joaquim José Fernandes Rodrigues Torres. In: *Coleção Titulares do Império*.

Arquivo Roberval Bezerra de Meneses. Rio de Janeiro: IHGB, Lata 11, pasta 25;

CARVALHO, J. M.; SCHWARCZ, Lilia K. M. (Org.). *História do Brasil Nação: 1830-1889*. vol 2. Rio de Janeiro: Objetiva, 2012;

CARVALHO, José Murilo de. *A construção da Ordem/ Teatro das Sombras*. 5° Ed. Rio de Janeiro: Civilização Brasileira, 2010.

CASTRO, César Mendes De Oliveira. *1808-2008 Dois séculos de história da Organização do Itamaraty*. Brasília, FUNAG, 2009.

CERVO Amado Luiz; BUENO, Clodoaldo. *História da Política Exterior do Brasil;* Brasília: Ed. UnB, Coleção Temas Brasileiros, 2010.

CERVO, Amado Luiz. *O parlamento brasileiro e as relações exteriores (1826-1889)*. Brasília: Ed. UnB, Coleção Temas Brasileiros, 1981

CORTESÃO, Jaime. *Alexandre de Gusmão e o tratado de Madrid*. Rio de Janeiro: Ministério das Relações Exteriores, 1952, Vol I.

COSER, Ivo, *Visconde do Uruguai, centralização e federalismo no Brasil (1823-1866)*. Belo Horizonte: Editora UFMG, Rio de Janeiro: IUPERJ, 2008

COSTA PORTO. *O Marquês de Olinda e seu tempo*. Belo Horizonte/São Paulo, Itatiaia/Edusp, 1985.

DOHLNIKOFF, Miriam. *O Pacto imperial: origens do federalismo no Brasil do século XIX*. São Paulo: Globo, 2005.

FALCON, Francisco *A época Pombalina,* São Paulo: Ática, 1982

FAORO, Raymundo.*Os Donos do Poder*. Rio de Janeiro: Globo, 2001.

FARIA E CASTRO, Damião de Lemos. *Politica moral, e civil, aula da nobreza luzitana...* Lisboa, 1749.

FERREIRA, Gabriela Nunes. *Centralização e decentralização no Império*. São Paulo: Editora 34, 1999

FERREIRA, Luís Pinto. *História da Faculdade de Direito do Recife*. Recife: UFPE, Ed. Universitária, 1980.

FRANCO, Alvaro da Costa (Org.): *Com a palavra, o visconde do Rio Branco:* a política exterior no parlamento imperial. Rio de Janeiro: CHDD, FUNAG, 2005.

FREYRE, Gilberto. *Sobrados e Mucambos.* São Paulo: Editora Global, 2006

GALVÃO, Miguel Arcanjo. *Relação dos cidadãos que tomaram parte no governo do Brasil no período de março de 1808 a 15 de novembro de 1889.* 2ª edição, Rio de Janeiro, Ministério da Justiça/Arquivo Nacional, 1969.

GAUER, Ruth Maria Chittó, *A Construção do Estado-Nação no Brasil* a contribuição dos egressos de Coimbra. Curitiba: Juruá, 2001.

HEICKEL, M.P: *Alexandre de Gusmão.* Brasília: Fundação Alexandre de Gusmão / Thesaurus Editora, 2007.

HOLANDA, Sérgio Buarque de. *Raízes do Brasil.* São Paulo: Cia das Letras, 2007.

JANOTTI, *Aldo:* O Marquês de Paraná: inícios de uma carreira política num momento crítico da história da nacionalidade. *Belo Horizonte: Itatiaia, 1990.*

KOIFMAN, Fábio (org): *Presidentes do Brasil,* Editora Rio, 2001.

LAMOUNIER, Bolivar. *Rui Barbosa.* Rio dos Janeiro, Nova Fronteira, 1999.

LIMA, Oliveira. *O Império brasileiro*. Brasília, Editora UnB, 1986.

LINHARES, Mozart. *A formação da cultura moderna brasileira: os cursos jurídicos de Olinda e São Paulo e o código criminal de 1830 no processo de estruturação do Estado-Nação.* 2001, 521p. Tese de Doutorado, PUCRS,

MALERBA, Jurandir, *O Brasil imperial*, Maringá: Editora EDUEM, 1999.

MALERBA, Jurandir. *A corte no exílio. Civilização e poder no Brasil às vésperas da independência*. São Paulo, Companhia das Letras, 2000.

Malerba, Jurandir. *O Brasil imperial*, Maringá, Editora EDUEM, 1999.

MALERBA, Jurandir. *Os Brancos da Lei*. Liberalismo, escravião e mantelidade patriarcal no Império do Brasil. Maringá: Edtora UEM, 1994

MATTOS, Ilmar Rholof de. *O tempo saquarema*. 5ºedição, São Paulo: HUCITEC, 2004

MAXWELL, Kenneth. *Marquês de Pombal : paradoxo do Iluminismo*. Rio de Janeiro: Paz e Terra, 1996

MEIRA, Silvio. *Clóvis Beviláqua: sua vida, sua obra*. Fortaleza: EUFC, 1990.

MELLO MORAES, A. J. de. *História do Brasil-Reino e do Brasil Império*. v. 1. Belo Horizonte, Itatiaia, São Paulo, Edusp, 1978.

MELO E SOUSA. Antônio Cândido de. *Literatura e sociedade* , estudos de teoria e história literária. 7 ed. São Paulo , Companhia Editora Nacional, 1985.

MONTEIRO, Nuno Gonçalo. Notas sobre a nobreza, fidalguia e titulares nos finais do Antigo Regime. Lisboa, *Ler história*, n. 10, p. 15-48, 1987.

MONTEIRO, Tobias, *História do Império: o Primeiro Reinad,* Belo Horizonte: Itatiaia, 1982.

MORAES FILHO, Evaristo de. *O deputado Rui Barbosa*. Rio de Janeiro, Fundação Casa Rui Barbosa, 1987.

MORAES, Vilhena de. *Perfil de Cayru*. Rio de Janeiro: Arquivo Nacional, 1958.

NABUCO, Joaquim: *O Embaixador*. Rio de Janeiro: CHDD / Fundação Alexandre de Gusmão, 2011

OLIVAL, Maria Fernanda de. *Para uma análise sociológica das ordens militares no Portugual do Antigo Regime. (1581-1621)*. Lisboa, Faculdade de Letras de Lisboa, 1988 (dissertação de mestrado)

OLIVEIRA, Luís da Silva Pereira. *Privilégios da Nobreza e Fidalguia de Portugal, offerecidos ao Excellentissimo Senhor Marquez de Abrantes, d. Pedro de Lancastre Silveira Castelo-Branco Vasconcellos Valente Barreto de Menezes Sá e Almeida, pelo seu athor* [...] Lisboa, João Rodrigues Neves, 1806.

OLIVEIRA, Luís da Silva Pereira. *Privilégios da Nobreza e Fidalguia de Portugal, offerecidos ao Excellentissimo Senhor Marquez de Abrantes, d. Pedro de Lancastre Silveira Castelo-Branco Vasconcellos Valente Barreto de Menezes Sá e Almeida, pelo seu athor* [...] Lisboa, João Rodrigues Neves, 1806.

OLIVEIRA, Martins: *História da literatura mineira*; esquema de interpretação e notícia biobibliográfica. 2. ed. Belo Horizonte : Imprensa Oficial, 1963

PARANHOS JUNIOR, José Maria da silva. *Obras do Barão do Rio Branco*, 12 volumes, Brasília: FUNAG, 2012.

PENA, Eduardo Spiller, *Pajens da casa imperial*. Campinas: Editora UNICAMP, 2001

PEREIRA, Manoel Gomes (Org). *Barão do Rio Branco 100 anos de memória*. Brasília: FUNAG, 2012.

PORTO, Costa. *O Marquês de Olinda e seu tempo*. Belo Horizonte/São Paulo: Itatiaia/Edusp, 1985

ROCHA, Antônio Penalves (org). *Visconde de Caiuru*. São Paulo: Editora 34, 2001.

ROCHA, Justiniano José da. Biografia de Bernardo Pereira de Vasconcellos. In : Bernardo Pereira de Vasconcelos: *Manifesto político e exposição de princípios*. Introdução Petrônio Portela. Brasília: Senado Federal, 1978. p. 9-17.

RODRIGUES, Antonio. *Tratado geral de nobreza. Principal Rei de Armas "Portugal" de D. Manoel I*. Porto, Biblioteca Pública Municipal, 1931.

SACRAMENTO BLAKE, Augusto Victorino Alves do. *Diccionario bibliographico brazileiro*. Typographia Nacional, Rio de Janeiro, 1893.

SAES, Décio. *A formação do Estado burguês no Brasil*. Rio de Janeiro, Paz e Terra, 1985.

SALGADO, Graça (org). *Fiscais e meirinhos - a administração no Brasil colonial*. Rio de Janeiro, Nova Fronteira/Pró-Memória/ Instituto Nacional do Livro, 1985

SALLES, Ricardo: *Nostalgia Imperial: a formação da identidade nacional no Brasil do Segundo Reinado*, TopBooks, 1996.

SANTOS, Lery: *Pantheon Fluminense*: esboços biográficos. Rio de Janeiro: Typ. G. Leuzinger e Filhos, 1880, p. 409-418;

SANTOS, Luís Cláudio Villafañe G: *O evangelho do Barão*. São Paulo : Editora da UNESP, 2012

SILVA, Hélio: *Prudente de Morais - 3° presidente do Brasil*, Editora Três, 1983.

SILVA, Gastão Pereira da. *Prudente de Moraes, o pacificador*. Rio de Janeiro: Zélio Valverde, 1930.

SISSON, Sébatien Auguste. *Galeria dos Brasileiros Ilustres*. Brasília: Senado Federal, 1999, 2 v.

SOARES, Álvaro Teixeira. *História da formação das fronteiras do Brasil*. Rio de Janeiro: Conselho Federal de Cultura, 1972.

SOUSA, José Antônio Soares. *A vida do visconde do Uruguai (1807-1866).* São Paulo: Companhia Editora Nacional, 1944.

SOUSA, Octávio Tarquínio de. *Bernardo Pereira de Vasconcelos.* Belo Horizonte/São Paulo, Itatiaia/Edusp, 1988.

SOUSA, Octávio Tarquínio de. *Bernardo Pereira de Vasconcelos.* Belo Horizonte/São Paulo: Itatiaia/Edusp, 1988.

TEIXEIRA, Álvaro. *História da formação das fronteiras do Brasil.* Rio de Janeiro, Conselho Federal de Cultura, 1972.

TORRES, Miguel Gustavo de Paiva: *O visconde do Uruguai e sua ação diplomática para a consolidação da política externa do Império.* Brasíla: FUNAG, 2011

URICOECHEA, Fernando. *O Minotauro Imperial.* São Paulo: Difel, 1978.

VIANA FILHO, Luiz *A vida de Joaquim Nabuco.* São Paulo: Companhia Editora Nacional, 1952.

VIANA FILHO, Luiz *A vida de Rui Barbosa.* São Paulo: Companhia Editora Nacional, 1949.

VIANA FILHO, Luiz. *A vida do Barão do Rio Branco.* São Paulo: Martins, 1990.

VIEIRA, Dorival Teixeira. *A Obra Econômica de Amaro Cavalcanti.* São Paulo: Grafica da FFLECH/USP, 1960.

VIEIRA, Hermes. *A vida e a época do Visconde do Rio Branco.* São Paulo: T.A Queiroz.

Capítulo 7

Baile de fantasias
as festas chilenas, a monarquia e a república[1]

Aí vem os chilenos, e já ferve o miolo ao povinho, com a perspectiva próxima dos fartões de luminárias, em que se vai distribuir por mil copinhos, com as respectivas mechas e a competente ração de sebo, todo o fogo de simpatia internacional da alma brasileira.[2]

Raul Pompeia

Um dos mais folclóricos episódios da história brasileira, o "baile da Ilha Fiscal" situa-se naquele tipo de encruzilhada dos tempos que desafia os observadores. Trata-se de fenômeno, ninguém irá contestá-lo, inscrito no registro da história factual. Um baile de gala, marcado pelo excesso, o luxo desbragado, ofertado à oficialidade do encouraçado chileno *Lord Cochrane* pelo governo monárquico, sob a batuta do Visconde de Ouro Preto, nos estertores do segundo reinado. A crônica da época, veiculada nos jornais, detalhou as presenças, as ausências, os *toilettes* das damas, o aparato dionisíaco do festim regado a champanhe e quitutes de requintado paladar que experimentaram os mais de quatro mil convivas. Esse episódio foi de tal dimensão que açulou a pena de nossos grandes prosadores, de Machado de Assis e Coelho Netto a Josué Montello. Um

1 Publicado originalmente como "Bailes de fantasías: las Fiestas Chilenas, La Monarquia y El Golpe Militar de La República en El Brasil (1889)". *Historia* (Santiago, Chile), v. 46, p. 395-419, 2013.

2 Publicado em 06/10/1889. IN: POMPEia, 1981-1983, v. 7, p. 167-8

fato resplandecente da história do Brasil. Mas o mero registro factual não vencerá dar conta da complexidade nele inscrita. Esse "fato" não se esgota em si mesmo. É atravessado por feixes de temporalidades diversas, cuja compreensão exige ir além das crônicas e depoimentos deixados por testemunhas oculares que o vivenciaram. Era 9 de novembro de 1889 e, sabemo-lo desde os bancos escolares, em menos de uma semana ruiria o edifício imperial, erigido em filigrana nos 49 anos do reinado de D. Pedro II. Os homenageados chilenos não poderiam imaginar que ancorariam numa monarquia e zarpariam semanas depois de uma república. Não será propositado, portanto, falar das "festas chilenas" sem articulá-la a D. Pedro II e seu reinado, aos militares, ao golpe da república. Nossos convidados presenciaram essa ruptura, cujos antecedentes , no entanto, embora sem qualquer planejamento ou intencionalidade, remontavam a anos, pelo menos desde a Guerra da Tríplice Aliança, e a partir da qual o império entraria naquele movimento que Sérgio Buarque de Holanda chamou de "plano inclinado". Dos espólios daquela guerra, novas ideias e protagonistas tomariam a cena: abolicionistas, republicanos e, sobretudo, militares. Enredar numa única narrativa todos esses feixes de temporalidades, ações e agentes não é tarefa simples. Mas não se pode abrir mão de buscar articulá-los, sem incorrer no pecado de pairar na superfície da história. A compreensão alcançará maior profundidade ao se intentar a articulação dessas temporalidades, as estruturas e acontecimentos urdidos no e pelo processo narrativo, por meio do levantamento das questões pertinentes[3]. O que aquele vaso de guerra de bandeira chilena fazia ali? Porque o império brasileiro distinguiu esses visitantes com tantas homenagens? Qual o papel jogado pelo velho imperador? Como a sociedade fluminense viveu e percebeu aqueles dias intensos de festas, galas e surpresas? Como se articulam as festas chilenas com o império, os militares, a proclamação da república? Os capítulos que compõem a presente obra,

---

3 Sobre a articulação entre acontecimentos e estruturas na narração histórica, Cf. MALERBA, 2011.

ornada de farta iconografia, respondendo em grande extensão a essas indagações a partir de ângulos muito sensíveis, configuram o enredo principal do drama histórico (ou seria antes uma farsa, ou uma comédia?) encenado nos momentos derradeiros da monarquia. Nas linhas a seguir, tentamos pinta o pano de fundo.

I

O Brasil era uma ilha monárquica cercada de repúblicas por todos os lados. Na segunda metade do século XIX, a paz longe estava de reinar entre as nações em formação na América Latina, como é evidência a Guerra do Pacífico, envolvendo Chile e Peru/Bolívia anos antes, entre 1879 e 1883. Buscando o equilíbrio de forças, o Brasil esteve ao lado do Chile em várias contendas diplomáticas, com vistas a aplacar o poderio e as pretensões territoriais da Argentina, com a qual ambos tinham pendências. Até setembro de 1889 o império brasileiro travou com a vizinha platina a "questão das missões", somente resolvida sob a mediação do presidente dos Estados Unidos. O Chile, por sua vez, desde 1876 vinha tentando dar alguma solução a outra disputa de igual gênero com a república argentina, somente alcançada em 1898, com um pacto de arbitragem pelo rei da Inglaterra. Nessas idas e vindas estratégicas da diplomacia internacional, os chilenos receberam em janeiro de 1889 o cruzador brasileiro Almirante Barroso em Valparaíso com efusivas manifestações de amizade, pompa e circunstância, registrada em detalhe pelo comandante José Custódio de Mello. Havia mais que amor fraternal em jogo.[4] Os excessos com que o governo imperial retribuiu os mimos chilenos meses depois tinham o objetivo estratégico de sinalizar para o governo portenho para que lado pendia o império brasileiro no novo desenho das relações internacionais no cone sul.

---

4 Cf. MELLO, 1896; VALLADÃO, 1959. Também as concisas e argutas análises de GUIMARÃES, Lúcia. Baile da ilha fiscal. In: VAINFAS, p. 70.

E o governo imperial não poupou encômios na recepção aos ilustres visitantes da república do Chile, manifestos em sucessivas homenagens, paradas, desfiles, jantares, bailes, visitas e efusivas demonstrações de amizade. As línguas mais afiadas não pouparam o erro de nosso cerimonial pelo excesso. No dia imediato à chegada, sua oficialidade, mais o ministro do Chile e seus secretários foram recebidos pelo imperador, seguindo a visitar órgãos de imprensa e, à noite, o Clube Naval, de onde seguiram para o Teatro Lírico, a assistir-se a ópera *Schiavo,* de Carlos Gomes. As homenagens oficiais nos dias consecutivos exigiram preparo físico de atleta: almoço no Hotel dos Estrangeiros; concerto na Escola da Glória; homenagem da Revista Marítima; visita aos ministros da Fazenda e da Marinha e ao Laboratório do Estado; visita à Princesa Isabel e Príncipe consorte e comparecimento ao baile por suas bodas de prata; jardim zoológico e excursão por Santa Teresa; Jardim Botânico; Casa da Moeda e Câmara Municipal; Escola Militar; Escola Politécnica e Escola Superior de Guerra; instituto dos surdos-mudos; Colégio D. Pedro II e Clube da Gávea; Derby Clube e concertos populares; regatas de Botafogo; passeio à Tijuca, ao Corcovado e à baía da Guanabara.

No dia 4 de novembro, deu-se um dos eventos de maior pompa, espetáculo de gala organizado pela imprensa no Teatro São Pedro de Alcântara, que contou com a presença da própria família imperial. Seguiram-se ainda outras homenagens como a visita à Academia de Belas Artes, o banquete no Palácio Leopoldina[5]; Colégio Militar e Asilo

5 Realizado a 5 de novembro, este evento foi organizado pelo neto do imperador, o Príncipe D. Pedro. O número de poucos convidados "apenas 50 talheres – indica o quão seleto fora o este banquete. Cf. VALLADÃO, 1959, p. 238. Pedro Calmon também menciona este banquete. Para este Autor, embora aquele evento pudesse ter marcado a entrada do Príncipe no círculo imperial, fora ao mesmo tempo sua despedida. Mary Del Priori leva exageradamente a sério a ideia do terceiro reinado, abortado pelo advento da república, sob o cetro do filho primogênito da princesa Leopoldina, irmã caçula da princesa Isabel – que teve dificuldades para gerar um sucessor – e de seu marido, Luis Augusto Maria Eudes de

dos Meninos Desvalidos; Imprensa Nacional; Arsenal de Guerra e outros estabelecimentos.

Além dessas visitas protocolares, houve ainda uma agenda "cultural e científica", como as visitas à Faculdade de Medicina, realizada em 21 de outubro; ao Instituto Pasteur; Museu Nacional; à Sociedade de Geografia. Dessas, a mais comentada pelos testemunhos e pela historiografia foi a sessão solene realizada em homenagem ao Chile no Instituto Histórico e Geográfico Brasileiro.[6] E, por certo, a cereja do bolo, o baile da Ilha Fiscal, de que muito falaremos a seguir.

A mera relação dos festejos é de tirar o fôlego. Os republicanos e críticos do regime em geral tiveram prato cheio de material para atirar à monarquia. Raul Pompeia foi dos que deixou sardônico relato:

> É de fato preciso que um homem se tenha aguerrido nas fadigas da vida marítima e na resignação estoica da vida militar, para carregar a responsabilidade de ser *ilustre hóspede* tal qual se tem isso traduzido contra os marinheiros chilenos.
> As homenagens, as demonstrações amáveis insurgem-se contra eles como uma verdadeira hostilidade. O entusiasmo vai ao mar, cerca o *Almirante Cochrane*, aborda-o, toma-o de assalto, incendeia-o. Trava-se no convés uma verdadeira batalha naval, em que as agressões são abraços, em que os projéteis são protestos de afeição. (...) Há ainda os tiros de peça, há os hinos, como nos outros combates. E é preciso que os chilenos correspondam, quer dizer, defendam-se. Em terra, a mesma coisa. (...) No

---

Saxe-Coburgo-Gota. Retomamos o assunto a frente. Cf. DEL PRIORI, 2007. E CALMON, 1975, p. 1559.

6 Que gerou o número especial da revista do IHGB, *Brasil-Chile*. Cf. Revista do Instituto Histórico e Geográfico Brasileiro. Tomo especial, *Brasil-Chile*. Rio de Janeiro, 1889.

> cais, nas ruas, nos jardins públicos, nas repartições que visitam, nas casas de espetáculos, nos lugares onde jantam ou almoçam, os amigos brasileiros estão alerta como inimigos, e as ovações vêm agredir como rudes ataques. (POMPEia, 1981-1983, v. 7, p. 167-8)

Raul Pompeia foi sensível o bastante para perceber o sentido dos acontecimentos que se desenrolavam sob os olhos extáticos da população fluminense. Quando se imaginava que, dentre as festas para os chilenos, o baile da Ilha fiscal soaria como "a nota mais aguda do concerto de manifestações" aos distintos visitantes, de passagem por esta cidade, eis que surge o acaso, esse "grande festeiro das mais vistosas surpresas" e proporciona-lhes o melhor dos espetáculos que os patriotas de uma nação republicana poderiam esperar: a proclamação de uma República.[7] E os chilenos não foram meros espectadores. Consta que, depois de estabelecido o novo regime, no dia 16, cogitou-se de levar a família imperial a bordo do couraçado chileno. Em sua biografia de D. Pedro, II, afirma Heitor Lyra que foi colocada na mesa a ideia do conde de Carapebus, de se entender com o ministro do Chile para obter autorização do governo provisório para a família real recolher-se a bordo do couraçado chileno – "o mesmo a cuja oficialidade o Governo Imperial oferecera, dias antes, o famoso baile da Ilha Fiscal" (LYRA, 1940, p. 203). Em seu *Balmaceda*, Joaquim Nabuco também reporta que se chegou a cogitar que o navio que levaria D. Pedro II ao seu exílio seria o próprio *Almirante Cochrane*.

> O próprio Balmaceda [presidente do Chile] quando a 16 de novembro telegrafou ao ministro chileno no Brasil para que pusesse às ordens de D. Pedro II para transportá-lo para o exílio, o encouraçado Almirante Cochrane, então em nossa baía. O Sr. Villamil vendo a revolução consolidada, hesitou em dar cumprimento a uma ordem

7 Publicado em 24/11/1989. *Idem*, p. 205.

> que podia despertar a suscetibilidade da nova república e acentuar a inversão diplomática brasileira, sensível desde as primeiras horas do governo provisório. Devido talvez a este receio do representante do Chile, digo talvez, porque o imperador provavelmente teria preferido seguir viagem para o desterro a bordo mesmo do *Alagoas*, na esperança de adiar por uma ficção uma separação definitiva do Brasil, devido aquele receio foi que a dinastia brasileira não teve a honra de ser transportada para fora do continente Americano sob generosa guarda da bandeira chilena. Este último preito honrava tanto o Brasil como o Chile. Republicanos de instinto e de educação os chilenos acolheram simpaticamente o 15 de novembro como a data final do ciclo republicano na América, mas nunca deixaram de admirar, com a intuição prática do seu temperamento positivo, a obra democrática e nacional da monarquia no, obra singular de paciência, constância, desinteresse e patriotismo, que ficara sendo na atmosfera agitada e convulsa deste século na América Latina, um fenômeno quase inexplicável. [8]

Se não surpreendente, fascina esse importante fato da nossa história, em todos os sentidos espetacular, assistido e, em muita medida, protagonizado pelos... chilenos. A propósito, a proclamação da república teria sido tão intempestiva que fizera cancelar outras homenagens que o governo imperial pretendia oferecer aos nossos visitantes, entre as quais as viagens para Juiz de Fora, Ouro Preto, São Paulo e Santos.[9] Como se sabe, esses planos fizeram água devido ao golpe militar. Mas muitos efei-

---

8 NABUCO, Joaquim. *Balmaceda*. Rio de Janeiro: Leuzinger, 1895. Disponível em http://digitalizacao.fundaj.gov.br/fundaj2/modules/visualizador/i/ult_frame.php?cod=258

9 *Gazeta de Notícias*, 14/10/1889.

tos aqueles acompanharam de perto. Não podiam, contudo, perceber os conluios que se urdiam na caserna, desde há um bom tempo.

II

As festas chilenas e o baile da Ilha Fiscal, o baile e o golpe da república, a república e os militares, os militares e os chilenos. Uns ganham sentido à luz dos outros. A bem da verdade, muitos já o disseram com maior propriedade, os militares havia muito vinham em rota de colisão com o governo imperial. Mas, durante quase duas décadas desde o fim da guerra do Paraguai, colisão com o governo, leia-se, com os ministérios constituídos, e não propriamente com o regime monárquico. Os antecedentes remontam, mais antigamente, ao sucateamento das forças armadas (particularmente do Exército) por D. Pedro I, que, temendo um golpe de Estado, preferiu esgotar os homens de farda e armar os cidadãos na guarda nacional[10]. Ou, mais recentemente, à chamada "questão militar".

Lenta, mas inexoravelmente, desde o fim da guerra do Paraguai foi-se consolidando um clima de animosidade contra o governo imperial, fomentado pela força insidiosa e livre da opinião pública. Sim, talvez nunca antes na história deste país a imprensa tenha sido tão livre. À medida que a saúde do imperador se esvaia, aumentava proporcionalmente a agitação latente dentro da caserna. A chamada "questão militar" tinha antecedentes longínquos, desde o incidente em que um deputado tratara o coronel Cunha Matos de traidor e covarde, diante do ministro da Guerra – civil, como era a tradição do Império, para desgosto manifesto dos homens de farda. Como o tal ministro fez ouvidos de mercador, Cunha Matos se defendeu indo à imprensa e manifestando abertamente seu estranhamento à indiferença de seu superior aos ataques dirigidos a ele, um militar. Não bastasse a ofensa, o coronel foi repreendido disci-

---

10 Sobre a Guarda Nacional, cf. BANDEIRA, L2000; CASTRO, 1977; RODRIGUES, e FALCON, 1981.

plinarmente e preso. Aí, o espírito de corpo falou mais alto. O Exército em peso tomou as dores do camarada. Enquanto isso, outro oficial, Sena Madureira, era demitido de suas funções por indisciplina. Militar de maior prestígio nesse contexto, marechal Deodoro da Fonseca, que então servia no Rio Grande do Sul, solidarizou-se com os oficiais punidos pelo governo, seguido, no Senado, pelo visconde de Pelotas, herói da guerra do Paraguai. Com a imprensa livre, as declarações dos líderes militares reverberaram na corte, alimentando a oposição abolicionista e republicana.

Porém, até aquele momento, a crise militar se circunscrevia a um episódio corporativo, de classe, de caráter reivindicativo, os militares em peso mantendo-se fiéis à monarquia. O quadro foi se complicando à medida que outros problemas relativos à categoria emergiram do incidente. Acima de tudo, a questão do veto aos militares de participação na vida política do país. Também lhes incomodava o papel policial, delegado pelos chefes civis das pastas militares, de caçadores de negros fugidos.[11]

Foi nesse quadro crescentemente perturbador que o imperador começou a perceber, atinado que era, que as forças políticas começavam a se mover à revelia de sua autoridade, pela primeira vez o poder parecendo situar-se para além da órbita do trono. Se o golpe da maioridade encontrou em D Pedro seu ponto convergente, esse trunfo se mostrava agora desgastado (SCHWARCZ, 1998). O próprio Rui Barbosa não se cansava de insistir na inutilidade da presença do Imperador para o funcionamento da nação. Cogito que, no fundo de seu discernimento, o próprio imperador já não discordava disso. Tanto assim que não se esforçou para debelar o movimento quando teve chance. E teve várias.

11 Sobre o Exército e a questão militar, cf. CASTRO, 1995.; SCHULTZ, 1997; COSTA, 1996; DORATIOTO, 2008; LEMOS, 1999; BESOUCHET, 1999, P. 433-462.

III

No dia 23 de Outubro de 1889, quarta-feira, Bernardina Botelho de Magalhães, filha de Benjamin Constant, o grande ideólogo militar do golpe da república, junto com o civil Quintino Bocaiúva, anotava em seu diário íntimo,

> Papai foi antes do meio-dia para a Escola Militar a convite dos oficiais de lá, a fim de assistir a uma festa que vão dar em razão de irem os chilenos visitar a escola; papai não apareceu para jantar e já estávamos receosos sem sabermos para onde ele iria e onde jantaria, pois ele não gosta de andar fardado, quando ele chega, dizendo que fizeram-lhe lá um brinde, ele agradeceu; e como se achava presente o ministro da Guerra, Candido de Oliveira, censurou severamente o governo pela maneira por que se tem portado para com o Exército, provocando sempre conflitos, ao passo que este tem sempre mantido uma situação digna e respeitosa etc.; os alunos e quase a Escola em peso aplaudiram-no muito com palmas, vivas e flores, e até as senhoras foram cumprimentá-lo e jogar-lhe flores. Papai disse que falou quase uma hora.[12]

Não poderia imaginar a adolescente que registrava o início do parto da república. O episódio é assaz conhecido. Nesse discurso de improviso, Benjamin Constant desafia publicamente o governo, tornando-se a partir daí a referência moral do jovem oficialato que irá urdir o golpe da república. Nesse evento, que constava na programação oficial de homenagem aos chilenos, exalta "esta distintíssima mocidade" e afronta o governo, "falando francamente sobre os desagradáveis conflitos entre

12 MAGALHÃES, 2009, p. 64. Sobre o famoso discurso de Constant, ver a análise de CARVALHO, 2007, p. 212

o Exército e o poder, que foi sempre, como se disse, o provocador desses conflitos", conforme consta no rascunho de seu discurso em seu arquivo pessoal. Concluiu, segundo várias fontes, afirmando que o Exército brasileiro não era composto por janízaros e que, "sob a farda de cada soldado, pulsa o coração de um cidadão e de um patriota" (MACHADO, 1980, p. 138). Constrangido, o ministro da guerra retirou-se antes do fim do discurso.

Em depoimento a Tobias Monteiro, o visconde de Ouro Preto, chefe do último gabinete do império, assim reportou esse episódio.

> Quando Benjamin Constant pronunciou diante de oficiais chilenos um discurso inconveniente, contrário ao governo, eu perguntei ao Sr. Candido de Oliveira, que era então ministro da guerra, como tinha procedido. 'Retirei-me para não continuar a ouvir', respondeu o meu colega. 'Devia tê-lo preso', retruquei, 'só assim poderia ser corrigida a falta de um oficial que se pronuncia contra os seus superiores, diante deles e ainda mais de oficiais estrangeiros. Que juízo farão estes de nós?' Não conformei com o ocorrido e a esse respeito falei ao imperador. (MONTEIRO, 1913, p. 227-8)

Tivesse o Sr. Candido assim procedido, talvez a república tardasse mais alguns anos, pelo menos até a morte do imperador. Mas não o fez e, ao final de seu discurso empolgado, Constant foi saudado de forma "entusiástica e delirante". Segundo algumas fontes, enquanto o ministro se retirava, os alunos gritavam "Viva a República.;. do Chile", forçando exagerada e provocadoramente a pausa. Depois, os jovens oficiais improvisaram um baile que durou a noite toda. [13]

---

13 Quintino Bocaiúva teria maliciosamente usado o mesmo trocadilho em seu periódico *o País*, em 11 de outubro, "Viva a República... do Chile". Cf. MAGALHÃES, 2009, p. 64; PRIORI, 2003; Carvalho, 1987. CALMON, 1975. v.

Em 26 de outubro, portando 15 dias após o *Almirante Cochrane* aportar na Guanabara, um manifesto assinado pelos cadetes da Escola Militar concitava Benjamin Constant a se fazer guia da mocidade dessa "pobre Pátria, desse desgraçado país onde o trono se assenta sobre o espectro de um rei". Medidas disciplinares contra alguns soldados e oficiais foram tomadas, mas já seria tarde.

Os jornais já falavam da "onda de anarquia que reina" e da "mazorca da mão negra" policial, e os abaixo-assinados feitos por militares em solidariedade a Benjamin Constant enchiam as colunas da imprensa. No cabeçalho de um desses abaixo-assinados lê-se que "os signatários acompanharão as deliberações até o terreno da resistência armada". Era o aberto desacato ao governo imperial. Benjamim Constant acabaria por assumir, talvez sem o desejar, o papel de mentor ideológico do golpe da República e a influência principal na decisão de Deodoro da Fonseca de aderir à causa republicana.[14]

Alimentados pela própria mídia, e depois retroalimentados pela historiografia posterior, rumores correram no calor dos acontecimentos de que o baile de gala oferecido aos chilenos fora tramado pela cúpula palaciana como reação aos ataques republicanos desferidos desde a caserna, um *tour de force* da ala governista visando reiterar talvez, entre a elite fluminense, a força e o prestígio que a monarquia gozava entre as camadas populares, na onda ainda dos louros pela "outorga" da abolição da escravatura (JESUS, 2009). Diz-se também que, para "enquadrar" os militares, estes teriam sido excluídos da lista de convidados para o baile.[15] Em clássico depoimento a Tobias Monteiro, o Visconde de Ouro Preto

4, p. 1540. HOLANDA, 1977, p. 359. (*História geral da civilização brasileira*. t. 2, v. 5, *Do Império à República*)

14 LYRA, 1940, v. 3 (Declínio, 1880-1891, p. 167).

15 Lilia Schwarcz endossa que "... circularam rumores de que as Forças Armadas teriam sido intencionalmente excluídas da lista de convidados". Cf SCHWARCZ, 1998, p. 455.

nega tal acusação: "(...) Disseram então que eu cheguei a excluir do baile da ilha Fiscal os oficiais do exército. Veja esta carta do barão Sampaio Vianna, organizador da festa, ao meu oficial de gabinete e a lista de nomes que a acompanha". Tobias Monteiro descreve a tal carta:

> A carta é de 8 de novembro e remete a relação, 'copia da que ontem remeti ao Sr. General Peixoto', diz o signatário. Esta compõe-se de quarenta e cinco nomes, o primeiro dos quais é o marquês da Gávea e o ultimo o capitão José Eulálio da Silva Oliveira. Entre outros figuram os generais Floriano, Deodoro, Niemeyer, José Clarindo, Rio Apa, Simeão, os coronéis Leite de Castro, Teixeira Junior, Ribeiro Guimarães, Benjamin Constant, João Neiva e o major Pires Ferreira. A lista fecha com a seguinte nota: 'e mais vinte convites em branco remetidos ao Sr. General Peixoto'. (MONTEIRO, 1913, p. 223-224)

Desse erro infantil Ouro Preto não pode ser acusado. Se seu testemunho deve se tomado com cautela, o aval de Tobias Monteiro garante-lhe fidedignidade, corroborada pelo diário de Bernardina, filha de Benjamin Constant, pelo qual ficamos sabemos que a família do líder republicano só não foi ao baile por causa da enfermidade da mana.

Por convidados ou não, a conspiração corria solta indiferentemente.

Dias antes do baile, tem-se notícia de que correram boatos da intenção do imperador de abdicar em favor de d. Isabel, sob a condição de que ela também abdicasse em favor do príncipe Pedro Augusto. Essa boataria soa a coisa plantada, mas é fato que, a partir dos primeiros dias de novembro, a cronologia dos acontecimentos parece ter-se acelerado. Neste dia 7 de novembro, quinta-feira, a conspiração estava em curso adiantado. Benjamin Constant recebia em sua casa a visita de Quintino Bocaiuva e dos oficiais Sólon, Mena Barreto e Joaquim Inácio, além de outros suboficiais e alunos. Segundo as fontes, já se discutiam detalhes do golpe republicano, como que destino dar ao imperador (MAGALHÃES,

2009, p. 78). Bernardina reporta as seguidas reuniões na Escola de Guerra e no Clube Militar; os jornais registram a onda crescente de manifestações de indisciplina nos quartéis. Queriam os republicanos convencer Deodoro de que a monarquia brasileira era página virada da história, mas ele tinha opinião irrevocável de que a causa dos males dos militares jazia no governo do gabinete Ouro Preto. Este era o alvo. Se muitos fluminenses assistiram "à parada" da proclamação da República bestializados – ou simulando-se tal, mas sim indiferentes, "bilontras" –, mais dificuldade ainda tiveram os chilenos de perceber todo esse movimento. O futuro sócio grande-benemérito e secretário perpétuo do Instituto Histórico e Geográfico Brasileiro Max Fleiuss, testemunha ocular desses acontecimentos , comenta o clima de certo constrangimento que se seguiu após a retirada da família imperial dos salões do baile na Ilha, logo no começo da madrugada.

> Depois da retirada dos imperantes, por volta de meia noite, começaram os boatos de que o Club Militar estava reunido para deliberar sobre a prisão do ministério, boato que se avolumou sem, entretanto, perturbar o baile. A verdade, porém, é que, a despeito de toda a suntuosidade, sentia-se certo constrangimento, inexplicável no instante, mas explicável daí a seis dias. (FLEIUSS, 1941, p. 112)

Todos sabemos o que aconteceu seis dias depois. Menos simples é buscar uma articulação eficiente, que fuja dos determinismos simplistas, de conjeturas *naïve* sobre chilenos, militares, festas, república. A força da opinião pública, alimentada e manipulada pelos meios de comunicação da época, pode fornecer boa pista. Aqui, a extravagância do aparato imperial, marcante em si e pintado em cores ainda mais vivas pelos formadores de opinião, sobre o exotismo e o custo da ostentação de uma corte sobre os ombros do povo, talvez ganhem um sentido renovado.

IV

Se o baile da Ilha Fiscal presenciado pelo comandante Bannen e seus oficiais ficou inscrito na memória popular da capital fluminense, tal se deve em grande medida ao esplendor desse espetáculo, único nos anais do segundo reinado brasileiro. Os capítulos que compõem este volume iluminam ângulos da função memorável, de que abundam as fontes, pois de outra coisa não se falou e escreveu por uma semana – e não mudaria o assunto das rodas, salões e diários cariocas não fosse o advento da república. O Rio de Janeiro ficou em ebulição nas horas que antecederam o baile. Já pela manhã daquele sábado quente e úmido de 9 de novembro, as concorridas ruas da moda do centro da cidade estavam congestionadas de carruagens, todos a disputar os modistas da rua do Ouvidor, as mais concorridas as casas Wellimcamp, Formosinho, Doll, Guimarães, Barbosa & Freitas, Mme. Roche, Palais Royal, Notre Dame, Mercier, Schimidt e Chesneaux. Difícil também aos senhores um salão para riscar a barba. A "melhor sociedade" da corte concorria para apresentar-se bem, pois correu solta nas vésperas a notícia da extravagância com que se preparou a festa. E toda ostentação propalada se confirmou no dia. Coelho Netto transmite toda a energia desse frenesi em sua prosa realista, a cidade vibrando em burburinho, o movimento desde cedo nas ruas do centro, alfaiates, costureiras, sapateiros, armarinhos e perfumistas, cabeleireiros, caixeiros e negros de ganho correndo com os pacotes.

> [...] não se falava senão no baile, - nas casas, nos bondes, nas ruas, em volta dos quiosques, nos engraxates, desde os mais remotos subúrbios até o cais, onde se ajuntavam para embarque as comedorias, pilhas de balões venezianos, camadas de escudos alegóricos, feixes de mastros sarapintados e, espadejando o mar espumarado, bufando, apitando num travamento de albarôos por entre gritos dos tripulantes, que empunhavam croques, lanchas que

> partiam para carregar ou já abarrotadas. Além da festa que alvoroçava a cidade era sábado, um lindo sábado de sol, dia elegante, e os que não iam ao baile queriam pelo menos sentir lhes os aprestos, ver a cidade, ouvir os comentários, inteirar-se do que seria essa festa, como jamais houvera nem mesmo depois da guerra, à chegada das tropas da guerra do Paraguai. (Coelho Netto. 1929, *passim*)

No fundo "Festas Chilenas" do Arquivo Nacional encontra-se boa parte da hemeroteca referente a esses sucessos memoráveis. Sabemos pelas colunas de *O País* e da *Gazeta de Notícias* que a iluminação foi confiada à direção do Sr. Leon Rodde, empregando o material pertencente à extinta *Empresa de Força e Luz*, que conseguiu produzir força para 700 lâmpadas elétricas, alimentadas por três motores. Um quarto motor produzia um foco de 60 mil velas. O efeito da "cesta de luz no oceano" registrado pela pena de Machado de Assis em *Esaú e Jacó*.

Uma sequência de cenários nababescos. Francisco Marques dos Santos, referindo a um dos salões de ceia, destaca que "além destas salas, são dignas de cita a de *toilette* de S. M. a Imperatriz, com móveis alcatifados de vermelho e ouro, jardineiras japonesas cheias de ramos de violetas, flores que também juncavam o tapete: a de jogo, com oito mesas para voltarete...". (SANTOS, 1941, p. 50-90, 1941. Citação p. 76). Deste ambiente, a *Gazeta de Notícias* detalhava no mesmo dia do baile, aumentando a expectativa da população, principalmente dos convidados,

> A sala destinada à família imperial pode ser vedada por amplas cortinas que a separam inteiramente da outra sala; nesta, há 50 lâmpadas com força iluminativa de 1344 velas, além de 40 candelabros e 14 lâmpadas. A mesa desta sala foi posta para servir com cadeiras; toda a mobília é de apurado gosto. À direita e à esquerda são os salões de danças, três de cada lado e o de *toilette* das damas à esquerda e da família imperial, à direita. Duas orques-

> tras tocarão nos terraços laterais; uma na sala do *bufett*, uma anda de música na torre a do Arsenal de guerra. A decoração das salas é inteiramente igual [...] festões de flores ocultam lâmpadas; o espaço entre as janelas, preenchido por espelho em fundo veludo grená; o tapete é de um vermelho rubro artisticamente posto para quebrar o efeito de palidez da luz elétrica sobre as *toilettes*. Sobre os espelhos... coroas de flores, guardando âncoras de ouro e prata [...] todas as dependências são iluminadas por luz elétrica. Há folhagens em todas as dependências.[16]

Laurent Suadeau e Carlos Augusto Ditadi analisaram em detalhe, o serviço de *buffet*, fornecido pela prestigiosa confeitaria Pascoal (MALERBA, Heynemann e RAINHO, 2014, p. 161-186). Entre copeiros, trinchadores, cozinheiros e ajudantes foram mobilizados 300 funcionários. Registram-se 12 mil garrafas de vinho, champanhe e outras bebidas; 12 mil sorvetes; a mesma quantidade de taças de ponche, 500 pratos de doces variados. Serviram-se ainda dezoito pavões, oitenta perus, trezentas galinhas, 350 frangos, trinta fiambres, 10 mil *sandwiches*, 18 mil frituras, mil peças de caça, cinquenta peixes, cem línguas, cinquenta *mayoneses* e vinte e cinco cabeças de porco recheadas. O cardápio, ricamente ornamentado, consistia em um livreto forrado de cetim com as cores das bandeiras brasileiras e chilenas, em cuja primeira folha estava impressa, na parte superior, as bandeiras das duas nações.[17]

Bernardina e suas irmãs, em meio à multidão, devem ter ficado maravilhadas com o movimento de valetes e damas, pois que foram to-

16 *Gazeta de Notícias*, de 9/11/1889.

17 CASTRO CORRÊA, 1943, p. 253-268, disponível em http://www.docvirt.com/WI/hotpages/hotpage.aspx?bib=MHN&pagfis=9797&pesq=ilha+fiscal+gast%C3%A30+penalva&url=http://docvirt.no-ip.com/docreader.net#. Acesso em 22/04/2017.

das "à ponte das barcas ver a iluminação e as pessoas que iam ao baile".[18] Inúmeros autores descreveram em detalhe o *toilette* das damas, cobertas de brilhantes, veludos (no calor carioca de novembro!), tiaras, coroas, pedraria, vidrilhos, pérolas, filós, túnicas, caudas, bordados, rendas e fitas. Um luxo ostensivo, agressivo, que mesmo alguma testemunha de época há ter acusado o gosto duvidoso. Tudo gritava pelo excesso, como evidencia o relato na *Tribuna Liberal:*

> Pouco depois começou o baile. O que ele foi, é difícil de dizer. A riqueza oriental das *toilettes*, o brilho e o ruge-ruge das sedas que mal cobriam as espáduas marmóreas das senhoras, o veludo, a pelúcia de seda que guardavam como as portas de um sacrário os colos alvos e palpitantes das brasileiras, salpicados de brilhantes, de safiras, de esmeraldas; os diademas rutilantes nos penteados artísticos das moças; o burburinho argentino do contentamento aflorando de lábios coralinos das avezinhas implumes que contam apenas 15 ou 18 primaveras; a galanteria fidalga dos cavalheiros, uns trazendo suas vistosas grã-cruzes, outros ostentando na lapela os miosótis, as violetas, as raríssimas camélias; o dourado sedutor das fardas, cobrindo peitos patrióticos – como descrever tudo isto?[19]

Em meio a tanta profusão, não espanta a notícia das gafes, dos furos de etiqueta de nossa aristocracia jaguara. O articulista do *Correio do Povo*, no dia seguinte ao baile, ironizava a conduta dos cavaleiros da Guarda Nacional, que o governo quis prestigiar para demonstrar força aos militares do Exército. Era por todo lado um mar de penachos ondulantes, em branco e vermelho, agitados pela brisa marinha. Sem o menor

18 "[...] papai foi ao Clube Militar." MAGALHÃES, 2009., p. 80.

19 *Tribuna Liberal* de 9/11/1889. É provável que o diário tenha saído nos dias seguintes, com data do dia 9, considerando-se o relato no tempo passado.

apuro nos modos, não obedeciam as mais triviais regras das quadrilhas. Num arroubo impetuoso, os milicianos acabaram deitando uma sova num pobre rapaz que caiu na infelicidade de desentender-se com os cidadãos armados.

> Parecia que um bando de aves fantásticas pousara na ponte para dar às plumas um banho apoteótico de luz elétrica. E os oficiais não se continham. Rodopiavam, giravam, acotovelando a multidão, amarrotando com as espadas os vestidos das senhoras, arranhando as casacas dos senhores com as dragonas. Disse eu, de mim para mim – temos batalha naval! A dançar, santo Deus, a dançar! Não há como oficiais da guarda-ouro-pretoriana para ter uma noção exata do que são as regras da grande tênue de baile. Dançar de capacete e espada – é um cúmulo [...] [na volta para terra firme] um moço achou que a guarda era engraçada e riu. Riu.[...] Todos da Guarda caíram sobre ele de espada desembainhada, rasgaram-lhe a casaca, ensanguentaram-no, deixaram-no quase morto [...] Bravo! Não pode haver maior heroísmo. Todos contra um [...] com as proezas da Guarda consentidas e patrocinadas pelo governo, coincide a dispersão do exército. Destacam-se os regimentos, retalham-se os batalhões. (*Correio do Povo,* 10/11/1889)

E continua o articulista destilando seu sarcasmo no ataque impiedoso aos preparativos do baile, à presença de muito "bicho careta" (penetras), e ao comportamento impróprio de grandes autoridades imperiais.

> Viu-se que não houve pena, nem escrúpulo de gastar dinheiro do estado contanto que a obra saísse limpa, asseada e perfeita, na grandiosa proporção dessa maravilhosa *chuva de ouro* que inunda e fertiliza todo o país

> [ ] se a festa esteve suntuosa e esplêndida pelo conjunto de sua decoração, sob outros pontos de vista esteve abaixo de toda crítica. [ ]o mau exemplo partiu do próprio presidente do conselho que, em nome do governo, oferecia aquele baile [ ] sua exma. como que atordoado com aquele estranho movimento não conservou a compostura correta de um homem de estado [ ] percorria os salões com passo apressado e desmedido como quem andasse corrido da justiça. Com a cabeça calculadamente levantada, visivelmente fora de alinhamento, como para mostrar que vive de fronte erguida, envolvia-se no meio de compacta multidão, movendo-se descompassadamente, com gestos desordenados e petulantes, com ar afetado de suficiência, impondo- se com estudada arrogância, inculcando- se o único homem deste país, depois do conde de Motta Maia que é o primeiro estadista da América do Sul como está escrito em sua biografia prestes a chegar da Europa. Era tal a sua agitação que se o viu, no salão do buffet, arrastando violentamente pela mão, o barão de Drummond como que o conduzindo para ver algum animal raro no Jardim Zoológico. Aquele estado de perturbação, antes parecia filho da inquietação do que resultado de deslumbramento.[20]

20 Correio do Povo, 10/11/1889. Ao comentar as práticas sociais que circulavam nos bailes, Lilia Schwarcz, citando Martins Pena, ressalta o nítido distanciamento que existia entre a sociedade de corte brasileira e qualquer ambiente europeu que se pretendia imitar: " As regras dos bailes, mal interiorizadas, levavam a confusões e, revelavam como o teatro, muitas vezes, mal e mal colava-se ao cotidiano. Em *um sertanejo na corte*, Tobias tira Inês para dançar e quando esta lhe propõe um "galope", o pobre fazendeiro responde: "Oh, oh, oh...! Esta é boa! Então o meu cavalo também sabe dançar e, portanto, pode vir a essa coisa" SCHWARCZ, 1998, p. 115-116.

Rapazola na época, Max Fleiuss não alivia a pena para descrever aquilo que chamou de um verdadeiro despropósito, as quatro mil pessoas ali reunidas naquele evento social, "figuras nunca vistas e mal acomodadas em casacas veneráveis pelo uso, ou de alheios donos." Para Fleiuss, o adiamento do baile em função do falecimento de Dom Luiz I, rei de Portugal, foi o principal motivo para o grande número de convidados. Nos 20 dias entre a data inicialmente agendada (19 de outubro) e a nova avolumaram-se os pedidos de convites, que a secretaria de Ouro Preto, visando angariar apoio político, distribuiu à fartura.

Além da aglomeração dos convidados, outro aspecto ligado ao comportamento das pessoas foi alvo da crítica de Fleiuss.

> Foi talvez no baile da Ilha Fiscal que nasceu o *avança* nas comedorias, havendo mesmo quem subornasse os copeiros para alcançar boa quantidade de iguarias. Neste particular, tive ensejo de assistir a cenas ridículas... Uma delas foi um oficial da *briosa* segurando nas mãos enluvadas vários sanduíches.[21]

Rodrigo Otávio Langgaard de Meneses, magistrado e escritor, registrou em seu livro de memórias as lembranças que guardou do imperador D. Pedro II. Em determinada passagem, comenta o imortal fundador da cadeira número 35 da Academia Brasileira de Letras que fora justamente no baile da Ilha Fiscal a última vez que veria o monarca. Personagem importante da república nascente, ao enumerar o baile entre as festividades que ocorreram para homenagear a oficialidade chilena, o autor ironiza que houve mais uma festa, esta não programada: a Proclamação da república. Sobre o evento, lembra os contratempos afeitos à locomoção dos convivas.

---

21 *Briosa* era a alcunha da Guarda Nacional. FLEIUSS, 1941, p. 109-112.

> Foi uma festa maravilhosa de fausto, de luzes, de elegância e que se constitui pelas circunstâncias, no derradeiro lampejo da monarquia. (...) a escolha do local não foi feliz pela deficiência de meios de condução, ou melhor, pela dificuldade de embarque e desembarque na Ilha. Quem pôde dispor de uma lancha, fez o trajeto mais facilmente; para o grosso dos convidados, porém, o transporte se fazia em barcas de Niterói, postas a sua disposição pelo Governo. As barcas só deixavam o cais Pharoux quando literalmente cheias, o que tomava, de cada vez, uma boa hora de fatigante espera; da Ilha, a barca só partia nas mesmas condições; e, embarque e desembarque, onde não havia dispositivo apropriado para atração das barcas, era quase um ato de ginástica; isso para senhores de casaca e crachás e senhoras de *toilettes* de baile, naquele tempo, de cintura atarracada e cauda arrastão, era trágico (OCTÁVIO, 1978, p. 33).

Testemunha ocular do baile antológico, Rodrigo Otávio deixou sagaz observação desse movimento. Aqueles cortesãos caricatos, carregados de galões, veneras e os mais diversos distintivos, sustentando uma falsa nobreza comprada ou conquistada pela subserviência, pelo servilismo, arrogavam maior majestade que a do próprio soberano. As condecorações trazidas por alguns cavalheiros despertavam a inveja de uns e o deboche outros, estes os republicanos que também contavam em meio aquele mar de gente. Porém, do alto de seu lugar, D. Pedro II apresentou-se sobriamente, discreto até.

> Aí, vi o imperador, cercado de sua família, de ministros de Estado, de diplomatas. Salva a imponência do porte, era o menos aparatoso naquela roda de fardões bordados e peitos engalanados de grã-cruzes e brilhantes veneras; cabeça descoberta, casaca preta, folgada, ostentava D. Pedro

> no peito apenas um penduricalho, o precioso carneirinho pendente da nobilíssima Ordem do Tosão de Ouro. Embevecido na maravilha daquela noite e no deslumbramento daquela festa, o velho monarca não imaginava que, naquela mesma hora, se estava concertando, num pequeno sobrado do Campo de Santana, o trambolhão do Império e que os dias de seu reinado estavam contados...[22]

O povo, como de costume, fez figuração ao longe. Os organizadores aplacaram sua excitação, como prêmio de consolação, dispondo da banda da polícia, em traje de gala, a distrair a massa aglomerada no largo da Praça de fronte à ilha Fiscal (SCHWARCZ, 1998, p. 455). Pelas colunas da *Tribuna Liberal* ficamos sabendo que

> As eminências que estão mais próximas, achavam-se literalmente cobertas de povo e muitas famílias levaram grande parte da noite a observar os efeitos de iluminação, os acordes das bandas marciais e o movimento do povo. Não havia uma casa perto do local do baile que estivesse desocupada; tinham sido invadidas por famílias; os hotéis, casas de saúde, árvores do paço, chafariz, escadas que dão para o mar, tudo estava repleto. [23]

V

Todo esse luxo transbordante, esse excesso manifesto, essa ostentação que o povo assistiu do alto dos outeiros ou nas paliçadas do cais Pharoux, causam estranhamento a quem acompanhe mais de perto a história do segundo reinado e se aproxime, com todas mediações obviamente existentes, ao caráter desse personagem singular que foi D. Pedro

22 OCTÁVIO, 1978, p. 33-34. Também CASTRO CORRÊA, 1943, p. 258.

23 Relato na *Tribuna Liberal* de 9/11/1889.

II. É muito bem sabido, por fontes abundantes, da vida relativamente modesta que viveu a família imperial, salvo alguma excentricidade que se possa lembrar no início desse longo reinado. D. Pedro era então muito jovem e é assaz compreensível que um rapazola de 18, 20 anos de idade se comprazia com festas, danças e moças. Mas, passado muito rapidamente esse momento de euforia juvenil, declinou das festas e danças, dedicando-se apenas à ciência e às moças. Anos a fio viveu o imperador e sua família em muita simplicidade, por assim dizer avesso aos compromissos sociais – o que não deixar de ser algo paradoxal numa sociedade de corte. Assim por quase todo seu reinado. Um diplomata argentino, Vicente Quesada, notou essa modéstia do cotidiano da família imperial, que praticamente não realizava festas em Petrópolis: "Não dava festas [o imperador], observava Quesada, a quem seu palácio em Petrópolis parecia mais a residência de um abastado fazendeiro do que o retiro de um soberano" (LYRA, 1940, v. 3, p. 92). O último baile no Paço, antes das festas chilenas, aconteceu no longínquo ano de 1852, por ocasião do encerramento do trabalho das câmaras. Diz-se que a festa foi concorridíssima, e que D. Pedro varou a noite nas contradanças, quadrilhas, schottisches e valsas (SCHWARCZ, 1988, p. 114-5).

É mesmo estranho que o epicentro de uma sociedade de corte, o imperador, fosse refratário a festas e compromissos sociais dessa ordem. Praticamente não os atendia e, quando o fazia, pouco se deixava ficar. Os salões e cerimônias eram lugares e circunstâncias para reafirmação do poder soberano, imprescindíveis nesse tipo de configuração social *sub specie ludens,* extensão do antigo regime.[24] O detalhe não passou desaper-

24 Arno Mayer demonstrou a persistência forte de uma visão de mundo arcaica entre as elites europeias, que se estendeu até a Primeira Guerra Mundial, não como um elemento frágil e decadente, mas como "a própria essência das sociedades civis e políticas situadas na Europa": "As classes governantes, em que o elemento feudal se manteve particularmente evidente, estavam de todo imbuídas de valores e atitudes nobiliárquicas. Sua concepção de mundo era consoante com uma sociedade autoritária e hierárquica em vez de liberal e democrática". E a corte

cebido à historiografia. Em seu estudo clássico, Wanderley Pino analisa a relação da família imperial com os principais eventos de etiqueta por meio dos quais se socializava com sua corte. Excetuando os primeiros anos do segundo reinado, muito pouco havia que se comentar sobre as festas que a realeza patrocinava. "Em uma monarquia o rei e a família reinante devem dar o tom da vida social. Entre nós Pedro II esqueceu esse dever. Poderíamos dizer que não deu tom nem som."[25]

Entre o período de 1841 (baile em comemoração pela coroação do imperador), e 1852 (último baile realizado no Paço, quando *O Magnânimo* contava apenas 27 anos) o monarca chamou várias vezes aos salões do palácio a sociedade e a corte. "A fama de triste da corte brasileira, como estamos a ver, não tinha fundamento naqueles primeiros anos, e o grande festeiro era então o próprio Pedro II, sempre disposto à dança, na corte ou em viagem; com a Imperatriz ou sem ela", comenta Pinho, após descrever alguns dos principais bailes que ocorreram neste tempo. Assim se registra a figura disposta do monarca em uma "botada" oferecida na fazendo do barão de Muriaé:

> A etiqueta, a contenção cerimoniosa, o respeito medroso que inspiram os monarcas mesmo rapazes, tudo cedia ao som da polca, e lá se foi S. M. num armazém de açúcar, aos volteios com a futura viscondessa de Santa Rita. Não bastava esta expansão e, após o jantar, às quatro da tarde e uma volta pelo jardim e pomar, S. M. não falta ao pequeno baile que lhe oferece – 'no qual S. M. para honrar as senhoras da casa tomou parte em todas as contradanças'.

---

bragantina era e se via como uma corte europeia nos trópicos. Cf. Mayer, 1987, p. 15-24) Cf. elias, 1987; huizinga, 1990.; balandier, 1982. souza, 1999; NEEDELL, 1993; SCHWARCZ, 1998; MALERBA, 2000.

25 O trecho da obra na qual Wanderley tece alguns comentários sobre o baile da ilha Fiscal encontra-se no capítulo VI, "Os paços imperiais – São Cristóvão e Petrópolis". Cf PINHO, 1942, p. 109-123.

> Era um rei em visita aos seus povos. Era um jovem de pouco mais de vinte anos. Divertia-se; deixava expandir--se a mocidade.
> Nada tinha daquele Pedro II severo e taciturno que, depois, parecia querer manter a corte nas meias tristezas de um luto aliviado. (PINHO, 1942, p. 116)

O último baile solene do Paço foi dado, como se disse, dia 31 de agosto de 1852, por ocasião do encerramento das câmaras. Festa concorridíssima, que mereceu diversos comentários nos principais jornais da época durante algumas semanas após o evento. "Foi o último clarão de esplendor de uma corte que daí em diante teimou em obscurecer-se, refratária as grandes festas de exibição" (PINHO, 1942, p. 116).

O que se seguiu depois disso foi o contínuo alheamento da família imperial em relação à alta sociedade do império. Wanderley Pinho relaciona este recolhimento, com passar dos anos, com a abdicação ao luxo material que deveria ostentar a monarquia na construção de sua imagem perante a sociedade. Sua simplicidade era matéria prima para a crítica ácida da oposição e para os chargistas do império[26], observadas sem piedade inclusive por alguns estrangeiros que frequentaram o paço imperial. Praticamente a única distração da família imperial foram os teatros amadores que se encenavam com alguns restritos convidados, que, a bem da verdade, podem ser mais propriamente situados no âmbito da esfera doméstica da família imperial, do que como "eventos sociais".

O único acontecimento digno de se contrapor a esta vida mais simplória da corte fora o baile da ilha Fiscal.

> O tom predominante da corte foi o lilás de uma meia melancolia. E para que não lhe faltasse um paradoxo do destino, aquela dinastia que parecia ter rompido relações

26 D. Pedro foi "vítima" dos melhores cartunistas do império. Cf. LIMA, 1963; TEIXEIRA, 2001; SALIBA, 2002.

> com a dança, expira, por assim dizer, num baile, e Pedro II assinala a última semana de seu poder com a mais pomposa festa de seu reinado. (PINHO, 1942, p. 122)

Pois nesse paradoxo jaz o ponto de reflexão. Porque o imperador, que passou quase quatro décadas alheado da vida social, permitiu a seu chefe de governo promover uma festa pantagruélica como foi o baile da Ilha Fiscal, que, bem sabia ele, ecoaria tão negativamente na opinião pública? Aquilo definitivamente nada tinha a ver com sua rotina e com seu perfil. Teria sido uma manobra redondamente equivocada do velho monarca no sentido de exaltar seu reinado, sua casa dinástica, com vistas a ela dar continuidade por meio de sua herdeira? Minha hipótese segue em sentido frontalmente oposto. O imperador deixou o cisne dar seu último e estridente canto; sabia de tudo que corria a sua volta; não ofereceu resistência, apenas entregou-se, por assim dizer indiferente, à força implacável dos novos tempos. Fez do baile o *grand finale* de seu reinado, sua despedida.

Tal soará estranho a mentes mais racionais, para quem o poder é um fim em si mesmo. Mas um homem como D. Pedro, naquela quadra da vida, operava noutra racionalidade; creio, deveria preocupar-se mais com o seu legado à história, com as glórias de ser lembrado como soberano esclarecido, arquiteto da nação, amigo das luzes, do que apegado com o fastio do mando. Sabia muito bem exercer o poder, mas ninguém desconhece que preferia as sessões dominicais no Instituto Histórico a debater "como se deve escrever a história do Brasil" ou se "o estudo e a imitação dos poetas românticos promovem ou impedem o desenvolvimento da poesia nacional?" do que as funções de gestão política e administrativa de seu império. Pode soar estranho, mas sou da opinião de que D. Pedro já era indiferente em relação a manter-se (ou a sua dinastia) no poder. A rigor, não há qualquer evidencia contundente que ateste qualquer laivo de tal desejo. Talvez por isso não tenha feito qualquer movimento consequente no sentido de dissipar os voluntariosos republicanos, militares e civis, de derrubar o edifício imperial. Ao contrário, continuou e até intensificou seus laços com amigos e sábios do exterior, seus colegas do *Institut de France*, Lesseps, a condessa do Barral, Nioac, velhos amigos que o mantinham informado dos últimos acontecimentos na Europa (BESOUCHET, 1999, p. 466).

Por outro lado, mercê de sua saúde claudicante, o imperador passou a ser cada vez mais "blindado" dos assuntos de Estado, de notícias pouco alvissareiras, pela família e por um grupo próximo de amigos. Contudo, se houve de fato esse filtro, o alheamento do imperador em relação aos negócios da política tem muito de livre arbítrio. D. Pedro tinha poder e instrumentos para domesticar os dissidentes, mas parece ter mesmo optado por não fazê-lo. A liberdade de imprensa, já tanto referida, garantia a circulação das criticas mais ferozes contra o regime e os homens públicos, o imperador primeiro lugar. Mas a todas tentativas de restrição a essa liberdade, D. Pedro se manifestava sempre intransigente, por considerá-la essencial ao regime. Se o noticiário que lhe chegava era censurado, "filtrado" por sua *entourage*, e o imperador foi se afastando do cotidiano da política, jamais deixou de ter consciência de tudo que se passava, político "hábil, habilíssimo", segundo Vicente Licínio Cardoso – sempre se manteve a par do processo que levou à queda do regime.[27]

Será que omissão é a atitude que melhor caracteriza a relação de D. Pedro para com sua coroa e seu Estado nesses momentos quentes de nossa história? Creio que não! Wanderley Pinho descreve com rara felicidade "uma certa insensibilidade sobranceira", que dominava o caráter do Imperador para justificar sua alienação. Oliveira Lima sustenta que, na na última década da monarquia, fosse por uma evolução natural de seu Governo ou pela desilusão de conservar à sua sucessão o apanágio de uma dinastia, o Imperador acabou aderindo ao radicalismo constitucional e, em lugar de fazer frente às dificuldades políticas ou simplesmente

27 Cf. CARDOSO, 1924; CARVALHO, José Murilo de. Introdução. In: VIANA, 2006, p. ix-xxii. BESOUCHET, 1999, p. 508.

contorná-las, cedia; "chegou mesmo a capitular." Prossegue o grande historiador prossegue:

> D. Pedro II parecia cada dia mais apegado a sua realeza científica do que ao seu poder imperial; sua tolerância exemplar e de todos os tempos ia ao extremo para um Monarca de não maldizer das repúblicas, e ao objetivismo digno de um espírito budista, de analisar os argumentos do ponto de vista dos adversários, porque o contrário seria um subjetivismo despótico do pensamento. (*Apud* BESOUCHET, 1999, p. 510)

Tal comportamento do imperador, afeiçoado ao conceito de "ciência" do século, sustentada na observação objetiva, desapaixonada, não é mera conjetura, foi corrente e está muito bem documentado. Tome-se o caso de Benjamin Constant, o grande mentor intelectual e líder ativo do golpe da república. Depois de seu ardoroso discurso na Escola Militar em 23 de Outubro, diante dos chilenos e desacatando o regime na presença do ministro da Guerra, D. Pedro podia muito bem ter ali debelado o movimento, apenas sequestrando seus líderes. O próprio visconde de Ouro Preto chegou a sugerir-lhe que nomeasse outra pessoa para o comando da Escola Superior de Guerra, no lugar do Marechal Miranda Reis, mas o imperador recusou. Ouro Preto comenta o fato:

> Imagine o que disse o imperador, continuou o visconde. 'Qual, Sr. Ouro Preto, não vá por aí. O Sr. acredita no resultado desse conselho? Lobo não come lobo. Olhe, o Benjamin é uma excelente criatura, incapaz de violências, é homem X mais B, e além disso muito meu amigo; mande chamá-lo, fale com franqueza e verá que ele acabará voltando ao bom caminho'. (MONTEIRO, 1913, p. 229)

Depois de consumado o golpe, a 17 de novembro, já detido pelo novo regime, D. Pedro manda chamar o amigo Constant que lhe depusera para uma palavra de adeus. Bernardina Botelho deixou eloquente registro sobre o estado de espírito de seu pai:

> O Imperador embarcou hoje para a Itália com toda sua família; disse que reconhecia em papai e no general Deodoro verdadeiros amigos; ele partiu voluntariamente porque os militares fizeram-lhe ver que a sua estada aqui podia provocar uma guerra civil mesmo, por ser ele muito estimado pelo povo; consta que El manifestou desejo de falar com papai, *porém papai não foi porque ficaria muito comovido e não tinha coragem.* (MAGALHÃES, 2009, p. 87) (grifos nossos)

Não é de estranhar que, nesse contexto, muitos dos próprios defensores da república não viam na pessoa de D. Pedro II um obstáculo ao novo regime, especialmente pela sua simplicidade e personalidade ilustrada.

VI

Se os salões, bailes, saraus, jogatinas e outros divertimentos promovidos pela "boa gente" fluminense eram pretextos excelentes de articulação política, a figura de maior expressão da nação se manteve arredia a eles, como vimos, com a notável exceção do baile aos chilenos. Lilia Schwarcz, apoiando-se em Wanderley Pinho, afirma com acerto que nos tempos de D. Pedro II os salões e os bailes serviram de espaços não apenas para as práticas sociais, como também políticas, favorecendo o debate entre os partidos e as conciliações. O barão de Cotegipe costumava dizer que "não se faz política sem bolinhos". Em todas as províncias, e mormente na corte, os eventos sociais costumavam reunir sem constrangimento expoentes de todo espectro político, conservadores e liberais.

Neles, as articulações buscavam o equilíbrio, o centro, a conciliação.[28] Este pode ter sido o propósito velado do visconde de Ouro Preto, usar o baile para arrefecer a oposição.

> A festa mais parecia uma grande confraternização. Suspensos os conflitos, reuniam-se num mesmo salão liberais e conservadores, a corte e seus barões, e até mesmo o primeiro-tenente da Marinha, José Augusto Vinhaes, que teria um importante papel no golpe que selaria a sorte do Império, alguns dias depois. (SCHWARCZ, 1998, p. 455)

Na conclusão de seu livro clássico *O teatro de Sombras*, José Murilo de Carvalho, apoiado nas categorias de H. White, sustenta sua tese da teatralidade da monarquia brasileira e argumenta que o baile da ilha fiscal foi o ato que simbolizou a comédia do final do império. O evento tinha como objetivo justamente o apaziguamento das relações conflituosas, em um clima festivo e de grande conciliação. Vários personagens que rivalizavam na cena política, no baile compareceram em clima amistoso: "[...] os anfitriões liberais e os convidados conservadores; o rei e sua corte; os barões já em parte compatibilizados com a abolição em virtude dos grandes empréstimos recebidos. (...) até mesmo o primeiro-tenente da Marinha José Augusto Vinhaes, que dias mais tarde tomaria parte importante no golpe militar ocupando a repartição dos Correios e Telégrafos". (CARVALHO, 1996, p. 420-7. Citação às P. 422)

Essa confraternização, por outro ângulo, pode ser tomada como expressão de uma crônica fluidez ideológica, patente não apenas na prática partidária, mas extensiva a todo universo mental de homens e mulhe-

28 Como, não por acaso, foi batizado o período do gabinete de Honório Hermeto Carneiro Leão, marquês de Paraná, entre 1853 e 1858. *Conciliação, ali,* não significou propriamente um um acerto programático, de ideias. Os partidos conservador e liberal continuaram existindo. Sem um programa elaborado, a conciliação foi mais uma aproximação de homens que de seus princípios. Cf. MALERBA, 1999.

res que atenderam aos efeitos de homenagem aos chilenos. A pena afiada de Machado de Assis que o valha: "Não é que só fossem Liberais ao baile, também iriam os conservadores, e aqui cabe o aforismo de Dona Cláudia que não é preciso ter as mesmas ideias para dançar a mesma quadrilha". Tal fluidez achacava a todos, inclusive àqueles agentes históricos que a historiografia desenhou com nítidos contornos, como evidentes republicanos (progressistas) ou monarquistas (conservadores). Já vimos as ligações estreitas de amizade que mantinham o imperador com Deodoro e Floriano. A casa deste último, sempre aberta recebia com a mesma generosidade e carinho um Quintino Bocaiuva ou um Carlos de Laet, seu colega na Escola Normal e grande amigo da família, a quem Constant também frequentava, embora ardoroso defensor da monarquia, que fez campanha contra a república após 1889.[29]

Deveria ser difícil a Benjamin Constant administrar tantos conflitos, sua amizade com o imperador, seu lugar social (e da família) na corte. E se Alcida, sua filha mais velha, não tivesse ficado de cama? Do que registrou Bernardina em seu diário, as filhas de Constant só não foram ao baile por causa do contratempo da enfermidade da irmã, como registrou em seu diário no dia 5 de novembro (véspera do Baile!): "... Alcida manifestou hoje desejo de ir ao baile da Ilha Fiscal, com o que nos admiramos muito e causou contentamento por vermos que ela está melhor, porém como falta pouco para o dia do baile nós não vamos por não haver tempo de fazer os vestidos" (MAGALHÃES, 2009, p. 77).

VII

Como articular numa só narrativa esses fatos entrelaçados, as festas chilenas e o baile da Ilha Fiscal, o baile e o golpe da república, a República e os militares, os militares e os chilenos? Os fatos estão muito

29 Sobre Carlos de Laet, Cf. Chediak, 1942; Chediak, 1943; *No centenário de Carlos de Laet*, 1947. Sobre o amplo anedotário laetiano, ver "Introdução". In: Lopes, 1964; e Santos, 2010, p. 63-67.

bem estabelecidos e documentados, divergem apenas as interpretações. Num golpe de especulação, lançamos outra, que segue no sentido de pensar uma tese muito assentada na historiografia: a de que um dos fatores determinantes do golpe da república foi o temor de alguns setores da sociedade em relação a um eventual terceiro reinado. Em sua análise do baile da Ilha Fiscal, Mary Del Priori endossa essa tese corrente:

> Passada a euforia diante do ato [o 13 de maio], o medo tomou conta dos que não queriam um reinado de Isabel I e seu consorte, o conde d'Eu. Sem ter parte direta no governo, o real cônjuge preenchia as condições previstas na Constituição para receber o título de imperador. E já se tinha certeza de que seria um reinado de beatices e camarilhas. (DEL PRIORI, 2003, p. 3)

Não se questiona que os críticos do regime podem ter usado tal argumento, como artilharia no campo da guerra dos boatos. Mas não se encontra facilmente evidência de que qualquer dos atores principais desse enredo, de Constant ao próprio D. Pedro, acreditasse de fato na possibilidade de um terceiro reinado tendo conde d'Eu como eminência parda. Essa conjetura ganhou força de constatação empírica pela pena ilibada de um de nossos maiores historiadores, José Murilo de Carvalho. Em seu *O teatro de sombras*, Prof. José Murilo apoia-se em Machado de Assis para referir um aspecto que evidencia o caráter ficcional da queda da monarquia:

> Na ilha feericamente iluminada desenvolvia-se a maior festa do Segundo Reinado. Talvez fosse intenção dos promotores sugerir a inauguração do Terceiro Reinado, fantasia concebida por uma das personagens de Machado de Assis em *Esaú e Jacó* reproduzida no quadro de Aurélio Figueiredo. A simbologia era perfeita. Reunia-se a corte e a elite numa ilha iluminada separada da cidade em que

> por 67 anos tinham governado o país e sugeria-se o renascimento imperial quando, na mesma hora, reuniam-se os militares em seu clube para ultimar os preparativos para o golpe de 15 de novembro. (CARVALHO, 1996, p. 23)

Carvalho retoma o argumento em sua recente biografia de D. Pedro II, o baile da Ilha Fiscal como um golpe de publicidade encetado por Ouro Preto para promover o terceiro reinado. Um dos capítulos desta biografia alude o baile da Ilha Fiscal. Grande parte de sua análise está ancorada no romance *Esaú e Jacó*, do bruxo do Cosme Velho, que narra o evento no famoso capítulo "Terpsícore". O presidente do Conselho teria confabulado uma grande festa em homenagem aos oficiais chilenos, de proporções jamais vistas na corte, o baile que acabou sendo realizado em 9 de novembro na ilha Fiscal: "O palácio da ilha foi iluminado com setecentas lâmpadas elétricas para a recepção de cerca de 4500 convidados. A própria ilha brilhava à luz de 10 mil lanternas venezianas, motivando o conselheiro Ayres, narrador do romance *Esaú e Jacó*, de Machado de Assis, a se referir a ela como um sonho veneziano" (CARVALHO, 2007, p. 212-213).

Carvalho deixa explícito o débito de sua análise para com a obra ficcional de Machado, retomando a relação desta com o famoso quadro pintado por Aurélio de Figueiredo.

> Na mesma hora em que a família imperial, o governo e a alta sociedade da corte dançavam ao som de valsas, no Clube Militar um punhado de conspiradores acertava os detalhes do assalto ao poder. A ironia da situação inspirou o pintor Aurélio de Figueiredo, irmão de Pedro Américo, a pintar em 1905, o quadro *O último baile da monarquia*. No primeiro plano, Figueiredo colocou a família imperial e os políticos; no alto, à direita, o sonho do terceiro reinado representado pela coroação de Isabel I; à esquerda, localizou a marcha da história figurada no

> episódio da proclamação da República. O pintor pode ter se inspirado também no capítulo já citado de *Esaú e Jacó*, romance de 1904, em que d. Natividade, mãe dos gêmeos Pedro e Paulo, pensando no baile, sonha com o filho monarquista, Pedro, inaugurando o século XX e o terceiro reinado como ministro. Ao sonho de Natividade, Figueiredo contrapôs o outro sonho do republicano Paulo. (CARVALHO, 2007, p. 213-214)

A relação entre o quadro de Figueiredo e o romance de Machado já havia sido brilhantemente analisada por Alexandre Eulálio. Sobre "Terpsícore" - a deusa da dança da mitologia grega, representada com uma lira nas mãos, com que Machado batizou o capítulo referente ao baile - observa Eulálio que a prosa machadiana está nos antípodas do relato naturalista de um Coelho Netto[30]. Para pintar o quadro do acontecimento no cenário idílico da ilha, Machado de Assis não o "rememora", mas, a rigor, supõe como cada um de seus personagens o teria vivido. A crítica que Eulálio desfere ao quadro de Aurélio de Figueiredo assenta em que este, apoiado naquele, criou a ambiência "de seu famoso painel conhecido por *O último baile do império*, mas que o próprio autor intitulou, machadianamente, *A ilusão do terceiro reinado*."(EULALIO, 1983, p. 185 ss) Ocorre que, na linha de Figueiredo, autores importantes de nossa historiografia, como J. M. de Carvalho, fundamentam suas interpretações do episódio na suposição de uma expectativa popular de um terceiro reinado, baseados na produção ficcional de Machado. Mas, com Eulálio, é importante reforçar o caráter ficcional da narrativa machadiana.

---

30 É sobejamente conhecida a crítica de Machado à estética naturalista: "'Voltemos os olhos para a realidade, mas excluamos o Realismo...' Ou seja, a literatura busca a realidade, interpreta e enuncia verdades sobre a sociedade, sem que para isso deva ser a transparência ou o espelho da 'matéria' social que representa e sobre a qual interfere". Cf. CHALHOUB, 2003, p. 91-93.

> O Autor satisfaz-se em esboçar o ambiente com quatro ou cinco pinceladas – pinceladas de mestre, é bem verdade. Fala das "horas" suntuosas que seriam lembradas por todos os presentes, evoca, em uma linha, a sensação de irrealidade que provocava "aquela cesta de luzes no meio da escuridão tranquila do mar", e sintetiza, em outras três, o flutuar de Flora em meio ao turbilhão mágico. (EULALIO, 1983, p. 185)

O aparato de suntuosidade é construído por Machado para acentuar o caráter idílico, de irrealidade da representação do baile, tal como evocado, sentido, esperado, por seus personagens. Não há ali qualquer pretensão figurativa, as "raras linhas de sugestão ambiental" existentes não são mais que "traços concisos que procuram apenas inculcar o ambiente festivo dessa ilha encantada que um instante se iluminou como lugar falazmente mágico" (EULALIO, 1983, p. 187) O problema que Eulálio vê em Figueiredo é que este pegou essa única linha para dar o ambiente de seu quadro:

> [...] a leitura da passagem machadiana deve ter falado fundo ao artista plástico, provocando nele um misto de emoções contraditórias. Havendo participado da festa, desejou torná-la o tema central de uma composição ambiciosa que tivesse ao mesmo tempo o caráter documentário de "coisa presenciada" e a grandiosidade do gênero histórico... (EULALIO, 1983, p. 187)

Para atingir seu propósito, Aurélio de Figueiredo projetou a partir da ficção machadiana suas próprias intenções na figura da princesa Isabel – que surge no romance tida pelos personagens presentes ao baile como a futura imperatriz do Brasil. Buscando valorar sobre a alienação de uma elite que "dançava em cima de um vulcão" (CAMPOS, 1993, p. 109-114), conforme se disse na época, o pintor acadêmico alternou o caráter ora paródico, ora nostálgico das "visões" que os figurantes de *Esaú e Jacó* acalentavam da cena do baile machadiano, transformando-as, na sua tela, em explícitas abordagens alegóricas. Ora, mas há que se ter em conta que Machado é o mestre maior no uso do tropo "ironia", bastando lembrar, nesse enredo, que ele colocou os dois gêmeos no ventre de Natividade, Pedro o monarquista e Paulo o republicano, a trocar pontapés já no ventre da mãe, no emblemático ano de 1871, da edição da lei do Ventre Livre.

O teor idílico da narração machadiana, expressão de uma percepção interiorizada, quase introspectiva de como seus personagens vivenciam o acontecimento, é patente na ambientação do cenário da festa: "A novidade da festa, a vizinhança do mar, os navios perdidos na sombra, a cidade defronte com os seus lampiões de gás, embaixo e encima, na praia e nos outeiros, eis aí os aspectos novos que a encantaram [a Flora] durante aquelas horas rápidas." O mesmo em relação ao futuro reinado da Princesa Isabel:

> Não lhe faltavam pares, nem conversação, nem alegria alheia e própria. Toda ela compartia da felicidade dos outros. Via, ouvia, sorria, esquecia-se do resto para se meter consigo. Também invejava a *Princesa Imperial, que viria a ser Imperatriz um dia, com o absoluto poder de despedir ministros e damas, visitas e requerentes, e ficar só, no mais recôndito do Paço.* (MACHADO DE ASSIS. *Esaú e Jacó, passim)* (grifo nosso).

Portanto, não será vão lembrar que ambas obras – tanto *Esaú e Jacó*, de 1904, quanto *A ilusão do terceiro reinado*, de Aurélio de Figueiredo, inaugurada no Teatro da Paz em Belém do Pará em 1907 – são projeções retrospectivas, rememorações criativas do acontecimento. Quando Machado "descreve" as cenas do baile e a intuição de seus personagens, ou quando Figueiredo representa a marcha da república por sobre a cabeça dos convidados às portas do palácio, ambos já sabiam muito bem do desfecho dessa história que redundaria na República, proclamada seis dias depois do baile. Como tais, são projeções teleológicas da marcha dos acontecimentos, produzidas literalmente *post festum*. A república inteira já tinha conhecimento de que o terceiro reinado nunca passou de uma ilusão.

Bibliografia

ASSIS, Anatólio Alves de. *Sob o signo do cometa Halley*. Belo Horizonte : Imprensa Oficial de Minas Gerais, 1988. (V. 2 Ultimo baile da ilha fiscal).

BALANDIER, Georges. *O poder em cena*. Trad. Luiz Tupy Caldas de Moura. Brasília, UnB, 1982.

BANDEIRA, L. Alberto Moniz. *O Feudo*. Civilização Brasileira. São Paulo, 2000.

BARMAN, Roderick J. *Citizen Emperor. D. Pedro II and the Making of Brazil, 1825-1891*. Stanford, Calif.: Stanford Univesity Press, 1999.

BERNARDES, Lysia & SOARES, Maria Terezinha de Segadas. *Rio de Janeiro: Cidade e Região*. Rio de Janeiro: APERJ, 1995. (Coleção Biblioteca Carioca) http://wwwo.rio.rj.gov.br/arquivo/pdf/biblioteca_carioca_pdf/rio_de_janeiro_cidade_e_regiao.pdf

BESOUCHET, Lídia. *Pedro II e o século XIX*. Rio de Janeiro, Nova Fronteira, 1999.

BRAGA, Cláudio da Costa. *O último baile do Império* : o baile da Ilha Fiscal. Rio de Jnaeiro: Claudio da Braga Costa, 2006.

CALMON, Pedro. *História da D. Pedro II*. Rio de Janeiro: J. Olympio, 1975, v. 4.

CAMPOS, Maria Consuelo Cunha. Dançando sobre um vulcão. O Baile, o fim de festa. Santa Maria, *Letras*, p. 109-114, 1993.

CARDOSO, Vicente Licínio, org. *À Margem da História da República*. Rio de Janeiro: Edição do Anuário do Brasil, 1924.

CARVALHO, Delgado de. *História da Cidade do Rio de Janeiro*. Disponível em http://pt.scribd.com/doc/30729279/Historia-da-Cidade-do-Rio-Janeiro-Delgado-de-Carvalho

CARVALHO, José Murilo de. *A construção da ordem: a elite da política imperial; Teatro de sombras: a política imperial*. 2ed. Rio de Janeiro: Editora UFRJ. 1996.

CARVALHO, José Murilo de. Introdução. In: VIANA, Oliveira, *O ocaso do Império*. 3. Ed. Rio de Janeiro: ABL, 2006.

CARVALHO, José Murilo. *D. Pedro II*. São Paulo: Companhia das Letras, 2007.

CARVALHO, José Murilo. *Os bestializados. O Rio de Janeiro e a República que não foi*. São Paulo: Companhia das Letras, 1987.

CASTRO CORRÊA, Otavia de. O baile da Ilha Fiscal. Rio de Janeiro: *Anais do Museu Histórico Nacional*, v. II, p. 253-268, 1943, disponível em http://www.docvirt.com/WI/hotpages/hotpage.aspx?bib=MHN&pagfis=9797&pesq=ilha+fiscal+gast%C3%A3o+penalva&url=http://docvirt.no-ip.com/docreader.net#

CASTRO, Celso. *Os Militares e a República*. Rio de Janeiro: Editora Zahar, 1995.

CASTRO, Jeanne Berrance de. *A Milícia Cidadã: A Guarda Nacional de 1831 a 1850*. Companhia Editora Nacional. São Paulo, 1977.

CASTRO, Ruy. Carnaval no fogo. *Crônicas de uma cidade excitante demais*. São Paulo: Companhia das Letras, 2003.

CHALHOUB, Sidney. História e forma literária. In: *Machado de Assis, historiador*. São Paulo: Companhia das Letras, 2003.

CHEDIAK, Antônio J. *Carlos de Laet, o polemista - Primeira série*, Ed. Anchieta, São Paulo, 1942.

CHEDIAK, Antônio J. *Carlos de Laet, o polemista – Segunda série*, Ed. Zelio Valverde, Rio de Janeiro, 1943.

COARACY, Vivaldo. *Memórias da cidade do Rio de Janeiro*. Belo Horizonte: Itatiaia/ EDUSP, 1988 (Reconquista do Brasil, 2a. Série, v. 132).

COELHO Netto. *Fogo fatuo*. Porto: Chardron de Lello & Irmãos, 1929.

COSTA, Wilma Peres. *A espada de Dâmocles: o exército, a Guerra do Paraguai e a crise do Império*. Campinas: Hucitec, 1996.

DAMAZIO, Sylvia. *Retrato social do Rio de Janeiro na virada do século*. Rio de Janeiro: EDUERJ, 1996.

DEL PRIORI, Mary Del. Entre "doidos" e"bestializados": o baile da Ilha Fiscal. REVISTA USP, São Paulo, n. 58, *p*. 35, junho/agosto 2003.

DEL PRIORI, Mary. *O Príncipe Maldito - Traição e Loucura na Família Imperial*. Rio de Janeiro: Objetiva, 2007.

DORATIOTO, Francisco. *General Osório*. São Paulo: Companhia das Letras, 2008.

EDMUNDO, Luiz. *O Rio de Janeiro do meu tempo*. Rio de Janeiro: Imprensa Nacional, 1938. 3 v.

ELIAS, Norbert. *A sociedade de corte*. Trad. Ana Maria Alves. Lisboa, Stampa, 1987.

EULALIO, Alexandre. De um capítulo do *Esaú e Jacó* ao painel d'*O último baile*. Literatura e pintura no Brasil: simpatias, diferenças, interações. Um caso-tipo - Aurélio de Figueiredo e Machado de Assis. São Paulo, *Discurso*, n. 14, p. 181-207, 1983.

FAZENDA, José Vieira. *Antiqualhas e memórias do Rio de Janeiro.*Rio de Janeiro: Imprensa Nacional, 1921. 5 v. http://www2.senado.gov.br/bdsf/bitstream/id/179495/1/000104741.pdf

FLEIUSS, Max. *Recordando...* Rio de Janeiro: Imprensa Nacional, 1941.

FREIRE, Felisbelo. *História da cidade do Rio de janeiro.* Rio de Janeiro: Revista dos Tribunais, 1912, 2 v.

FREYRE, Gilberto. *Ordem e Progresso. Processo de desintegração das sociedades patriarcal e semipatriarcal no Brasil sob o regime do trabalho livre: aspectos de um quase meio século de transição do trabalho escravo para o trabalho livre e da monarquia para a república.* Rio de Janeiro, Record, 1997.

GUIMARÃES, Lúcia. Baile da ilha fiscal. In: VAINFAS, Ronaldo (Org.). *Dicionário do Brasil Imperial.* Rio de Janeiro: Objetiva, 2002.

HOLANDA, Sérgio Buarque. O fim do regime. In: *Do Império a República.* São Paulo: Difel, 1977, p. 359. (*História geral da civilização brasileira.* t. 2, v. 5)

HUIZINGA, Joahn. *Homo ludens: o jogo como elemento da cultura.* Trad. João Paulo Monteiro. 2ª ed. São Paulo, Perspectiva, 1990.

JESUS, Ronaldo Pereira. *Visões da monarquia. Escravos, Operários e Abolicionismo na Corte.* Belo Horizonte: Argumentum, 2009.

LAGO, Pedro Corrêa; Fernandes Junior, Rubens (orgs.). *O Século XIX na Fotografia Brasileira.* Rio de Janeiro: Francisco Alves; São Paulo: Faap, 2002.

LEMOS, Renato. *Benjamin Constant: vida e história.* Rio de Janeiro: Topbooks, 1999.

LIMA, Herman. *História da caricatura no Brasil.* Rio de Janeiro: José Olympio, 1963.

LOPES, Francisco Leme. *Carlos de Laet – Textos Escolhidos*. Rio de Janeiro: Agir, 1964;

LYRA, Heitor. *História de Dom Pedro II*. 1825-1891. V. 3 (Declínio, 1880-1891). São Paulo: Companhia Editora Nacional, 1940.

MACHADO, Luiz Toledo. *Formação do Brasil e unidade nacional*. São Paulo: IBRASA, 1980.

MAGALHÃES, Bernardina Botelho de. *O diário de Bernardina: da monarquia à república pela mão da filha de Benjamin Constant*. Organização, introdução e notas, Celso Castro e Renato Lemos. Rio de Janeiro: Jorge Zahar, 2009

MALERBA, Jurandir. *A corte no exílio. Civilização e poder no Brasil às vésperas da independência*. São Paulo: Companhia das Letras, 2000.

MALERBA, Jurandir. *Ensaios. Teoria, História & Ciências Sociais*. Londrina: Eduel, 2011.

MALERBA, Jurandir. *O Brasil imperial. Panorama da história do Brasil no século XIX*. Maringá: Eduem, 1999.

MALERBA, J.; Heynemann, Claudia Beatriz; RAINHO, M. C. T. (org.). *Festas chilenas: sociabilidade e política no Rio de Janeiro no ocaso do Império*. Porto Alegre: EDIPUCRS, 2014,

MAYER, Arno. *A força da tradição. A persistência do Antigo Regime (1814- 1914)*. Trad. Denise Bottmann. São Paulo, Companhia das Letras, 1987

MELLO, José Custódio de. *Vinte e um meses ao redor do planeta: descrição da viagem de circunavegação do cruzador "Almirante Barroso"*. Rio de Janeiro: Cunha e Irmão, 1896;

MONTEIRO, Tobias. *Pesquisas e depoimentos para a história*. Rio de Janeiro: Francisco Alves e Cia, 1913.

MONTELLO, Josué. *O baile da despedida.* Rio de Janeiro: Nova Fronteira, 1992.

MOTTA, Marly da Silva. *Rio de Janeiro: de cidade-capital a Estado de Guanabara.* Rio de Janeiro: Assembleia Legislativa do Estado do RJ/ FGV, 2001.

MOURA, Sonia Maria da Silva. *O Baile das Narrativas.* Literatura e História, mediações possíveis. Niterói, 2008 (Tese de doutorado apresentada ao PPG em Literatura comparada da UFF).

NABUCO, Joaquim. *Balmaceda.* Rio de Janeiro: Leuzinger, 1895. Disponível em http://digitalizacao.fundaj.gov.br/fundaj2/modules/visualizador/i/ult_frame.php?cod=258

NEEDELL, Jeffrey D. *Belle Époque Tropical.* São Paulo: Companhia das Letras, 1993.

No centenário de Carlos de Laet, número especial da revista *Verbvm*, da Universidade Católica do Rio de Janeiro, tomo IV, fasc. 4, 1947.

OCTÁVIO, Rodrigo. *Minhas memórias dos outros.* Rio de Janeiro: Civilização Brasileira, 1978.

PINHO, Wanderley. *Salões e damas do segundo reinado.* São Paulo: Martins, 1942.

POMPEia, Raul. *Crônicas do Rio,* Rio de Janeiro, Biblioteca Carioca/ Secretaria Municipal de Cultura, 1996. {disponível em http://wwwo.rio.rj.gov.br/arquivo/pdf/biblioteca_carioca_pdf/cronicas_rio.pdf].

POMPEia, Raul. *Obras.* Rio de Janeiro: Civilização Brasileira, 1981-1983, v. 7.

RAGAZZI, Frederico de Oliveira. O salão de baile na Ilha Fiscal. Por Marc Ferrez. In: *Anais da Biblioteca Nacional,* p. 231-236, v. 128, 2008.

RENAULT, CELSO. *O dia-a-dia no Rio de Janeiro segundo os jornais 1870-1889.* Rio de Janeiro: Civilização Brasileira/ INL-MEC, 1982.

Revista do Instituto Histórico e Geográfico Brasileiro. Tomo especial, *Brasil-Chile.* Rio de Janeiro, 1889.

RODRIGUES, Antônio Edmílson Martins; FALCON, Francisco José Calazans e NEVES, Margarida de Souza. *A Guarda Nacional no Rio de Janeiro 1831-1918. Estudo das características histórico-sociais das instituições policiais brasileiras, militares e paramilitares, de suas origens até 1930.* Rio de Janeiro: Pontifícia Universidade Católica do Rio de Janeiro, 1981.

SALIBA, Elias Thomé. *Raízes do riso: a representação humorística na história brasileira.* São Paulo: Companhia das Letras, 2002.

SANTOS, Armando Alexandre dos. O terrível Carlos de Laet. In: *A porto-riquenha dentuça e horrorosa*, Piracicaba: 2010.

SANTOS, Francisco M. As duas últimas festas da monarquia. Bodas de prata de Suas Altezas Imperiais a 15 de Outubro de 1889. Baile da Ilha Fiscal, a 9 de Novembro de 1889. *Anuário do Museu Imperial*, Petrópolis, v. 2, p. 50-90, 1941.

SCHWARCZ, Lilia Moritz. *As barbas do Imperador.* São Paulo: Companhia das Letras, 1998.

SCHULTZ, John. *O Exército na Política.* São Paulo: Edusp, 1997.

SOUZA, Iara Liz Carvalho. *Pátria coroada. O Brasil como corpo político autônomo (1780-1831).* São Paulo, Editora da Unesp, 1999.

TEIXEIRA, Luiz Guilherme Sodré. *O traço como texto: a história da charge no Rio de Janeiro de 1860 a 1930.* Rio de Janeiro: Fundação Casa de Rui Barbosa, 2001.

VALLADÃO, Alfredo. *Brasil e Chile na época do império: amizade sem exemplo.* Rio de Janeiro: José Olympio, 1959.

Capítulo 8

Heranças Brasileiras
construção e descontrução do Brasil (séculos XIX e XX)[1]

A complexa entidade política e social chamada Brasil, tal como a conhecemos hoje, resulta de cinco séculos de história, marcados, como prescreveu lord Von Martius em sua monografia sobre "Como se deve escrever a história do Brasil", pelo encontro de três grandes agrupamentos humanos: ameríndios, centenas de nações que originalmente habitavam estas latitudes quando da chegada do colonizador europeu; europeus, inicialmente os híbridos e aventureiros portugueses; africanos, de diversas e ricas etnias, trazidos para mover a máquina colonial com seu trabalho, na condição de escravos.[2] Essa entidade que viria a ser o Brasil, para todos os efeitos, surge a partir da expansão do capitalismo comercial europeu pelo globo e a anexação de longínquos territórios na rota desse novo modo de organização da economia, que por volta do século XVI começava a unificar o mundo sob sua lógica. Durante os três primeiros séculos, o Brasil foi uma espécie de grande feitoria da coroa portuguesa,

1 Publicado como "Heranças brasileiras: construção e descontrução do Brasil (século XIX e XX)" In: Claudia Passador and João Luis Passador (org.). *Gestão Pública e Desenvolvimento no Século XXI: Casos da Companhia de desenvolvimento dos Vales do São Francisco e Parnaíba (Codevasf)*...(São Paulo : Annablume/ Fapesp), 2007, p. 79-106.

2 Karl Friedrich Phillp Von Martius ganhou o concurso "Como se deve escrever a História do Brasil", promovido pelo IGHB em 1844. A tese do naturalista alemão centrava-se na especificidade da trajetória histórica do país tropical, a partir da tese das três raças formadoras. Cf. WEHLING, 1989; também SCHWARCZ, 1993.

organizada com fim de gerar a maior riqueza com o menor custo financeiro possível. A terra concentrou-se nas mãos de poucas famílias, assim como o poder e o prestígio. Organizou-se o país em regime de grandes propriedades fundiárias, basicamente exploradoras de riquezas minerais ou monocultoras de produtos tropicais voltados ao abastecimento de mercados europeus. Num primeiro momento, movia-as o braço de escravos buscados nos sertões do país – os "negros do gentil da terra do cabelo corredio"; depois, foi o elemento escravo buscado na África, iniciando-se o tráfico intercontinental que integrou os três continentes na sórdida economia negreira. O país experimentou seus primeiros três séculos de história como uma verdadeira cornucópia, da qual extraíam-se as riquezas que mantinham a coroa portuguesa livre no concerto das nações europeias.

Na virada do século XVIII para o XIX, os ventos revolucionários varreram a Europa e chegaram ao continente americano. Nos 50 anos entre 1776 e 1825, praticamente todas as regiões das Américas se independeram de suas pátrias-mãe: o que hoje chamamos de América Latina se pulverizou em inúmeros países livres, que adotaram o regime republicano e aboliram o que havia de trabalho escravo (com exceção das Antilhas caribenhas). Estados Unidos e Brasil tiveram destino diferente: lá se adotou o regime republicano federalista e democrático e aqui a monarquia constitucional. Apesar dessa diferença de formato político, ambos países lograram manter a integridade de seu território e, principalmente, a continuidade do trabalho escravo.[3] Essa riquíssima página da história das independências marcou definitivamente a trajetória das Américas independentes nos últimos duzentos anos.

Neste breve ensaio, porém, não pretendo recuperar a densa e controversa história da formação do Brasil nos últimos 200 anos, mas apenas

3 Cf. o ensaio comparativo de MCFARLANE, Anthony. Independências Americanas na Era das Revoluções: Conexões, contextos, comparações. In: MALERBA, 2006.

manusear alguns elementos resgatados à história com o fim de pensar a realidade brasileira, a trajetória do país e, nela, o modo como alguns de nossos principais pensadores interpretaram o itinerário do Brasil e do seu povo; que diagnósticos fizeram e quais soluções propuseram em diferentes momentos desse percurso histórico do Brasil independente.

O que se segue a partir do rompimento com o velho sistema colonial é a matéria que nos interessa aqui. Independente o Brasil de Portugal, havia que se erguer como nação-estado livre e soberana. As elites econômicas, políticas e culturais, que via de regra se convergiam nos mesmos estratos sociais, puseram mãos à obra para construir o Brasil ao longo do século XIX. A edificação do Estado ficou a cargo dos homens de lei, juristas imperiais, filhos letrados da elite endinheirada do país; a formulação de uma ideia de nação, a busca de um conceito do que é "ser brasileiro", deveu-se em grande medida ao trabalho dos grandes literatos imperiais, artistas e escritores que, sob o diapasão romântico, buscaram traçar uma identidade nacional, a partir dos escombros da sociedade colonial.

Assim, o século XIX pode ser definido como o século da construção do Brasil. Na virada para o século XX, contudo, transformações estruturais assolaram a vida brasileira. Em 1888 foi abolida a escravidão, a instituição nefanda que por quase quatro séculos garantiu o abastecimento da mão-de-obra e, mais que isso, vincou definitivamente todas as dobras das relações sociais no Brasil. *Moto contínuo*, um ano depois ruía o edifício imperial, o regime de governo que até então assegurava a estabilidade política do país e os privilégios econômicos de sua elite agrária e mercantil, mas que agora, no novo desenho do planeta sob a lógica do capitalismo industrial emergente e do liberalismo político e econômico que a ele se vincula, apresentava-se este governo monárquico como um grande entrave e não mais como solução. Nessa esquina dos tempos, quando a palavra de ordem na Europa da *Belle Epoque* e nos Estados Unidos do fordismo era crescimento, prosperidade, modernidade, o gigante permanecia deitado em berço esplêndido. Preso às vigas de um passado presente, o Brasil não conseguia arrancar. Foi quando muitos intelectuais brasileiros começaram a se perguntar sobre o porquê disso. Historiadores, mas também sociólogos, economistas, escritores e livre-pensadores em geral começaram a tentar entender as amarras que não permitiam deslanchar o Brasil. Começava ali a se constituir o que depois se convencionou chamar de "pensamento social brasileiro". Este tem suas raízes no início do século XX. Talvez pudéssemos argumentar que há os precursores, como Sílvio Romero, ali no final do século XIX, preocupados com elaborar suas teorias e/ou interpretações: do Brasil, do Estado brasileiro, de nossa nação e de nosso povo. Mas as grandes interpretações, a busca exasperada de explicações do nosso percurso, de nossas raízes, da nossa identidade, das expectativas de futuro, otimistas ou pessimistas, que delas se podiam inferir, são fenômenos do século XX. Capistranos, Mários e Oswalds, Bonfins, Barretos, Prados, Celsos, Euclides, Lobatos, Vianas, depois Holandas, Freyres, Sodrés, Faoros, Florestans, Furtados, Damattas são frutos dos impasses do século XX.

E devemos nos perguntar: porque? Porque a gana de perscrutar os estratos da sociedade e de devassar os anais da história brasileiras datam-se assim? Não se trata de recorte cronológico aleatório. A rigor, se observarmos com cuidado, o fenômeno coincide com o desmonte do que havia sobrado das ruínas da sociedade imperial. Se a República datava tão recente, as estruturas sociais que a precederam insistiriam em arrastar-se século XX adentro. Com a modernidade batendo à porta, impasses seculares comprometiam o despertar do gigante adormecido. Aqueles intelectuais que se deram à tarefa do diagnóstico, marcados por pertencimentos sociais iniludíveis, imbuídos cada qual com seus projetos de futuro, foram conformando o tal "pensamento social brasileiro", que podemos considerar uma obra aberta, haja vista que inúmeros impasses perduram até hoje, como a fome, a miséria, o preconceito, a má distribuição da riqueza, os vícios da vida política e tantas outras mazelas.

O século XIX não poderia ter legado um tal pensamento, que é analítico, que é desconstrutivista em essência. Essa consciência crítica da formação da sociedade e do Estado no Brasil inexistia entre nós, sobretudo, porque a ascendência intelectual e o poder institucional no Brasil do século XIX estavam com os homens versados no Direito. O pensamento jurídico foi o suporte das elites na construção do Estado brasileiro. A tarefa, então, era a de construir: construir as bases legais em que se assentaria o Estado que, imediatamente após a independência, acabava de nascer dos escombros do velho regime colonial. Apaziguados os ânimos regionais, que dilaceraram o país na primeira metade do século XIX, a elite imperial percebeu a necessidade de buscar costurar a unidade interna. Fê-lo não apenas pela via da política, mas sobretudo por meio da empresa de construção de uma identidade nacional. A pena de nossos mais célebres literatos serviu, consciente ou não, a tal propósito: construir nossa identidade enquanto um povo novo![4]

Todos os vícios e sequelas dissecados pelo pensamento social brasileiro ao longo do século XX provinham dessa história que os juristas e literatos imperiais ajudaram a construir. Esse é o elo que liga o século XIX ao XX no Brasil, os tempos de sua construção e desconstrução. Nas linhas seguintes, procurarei traçar em largas pinceladas, num primeiro momento, alguns importantes aspectos intelectuais, jurídicos, referentes à construção do Estado no Brasil do século XIX. Não se tratará de sumarizar a história política e jurídica da construção do Estado, mas apenas de resgatar alguns elementos doutrinários que nortearam sua lógica. Em seguida, da mesma maneira panorâmica, procurarei indicar alguns momentos e personagens marcantes da obra de desconstrução do Brasil levada a cabo por sucessivas gerações de intelectuais – dos quais, por razões de espaço, tomarei apenas um ou outro, com o fim de pontuar as mudanças gerais de argumento sobre a trajetória histórica do Brasil.

---

4 Uma bibliografia seleta sobre a construção do Estado e da Nação no Brasil no século XIX pode ser buscada em BARMAN, 1988; BOSI, 1980; CANDIDO, 1985; CARVALHO, 1988; CARVALHO, 1981; COSTA, s/d.; graham, 1997; JANCSÓ, 2003.MALERBA, 1999; malerba, 2000; PENA, 2001; RODRIGUES, 1965.; SAES, 1985; SANTOS, 1978; SCHWARCZ, 1998.

O Século XIX e a construção do edifício imperial

No período entre a chegada da Corte e a promulgação do Código Comercial, em 1850, foram estabelecidas as linhas mestras do Estado brasileiro - um corpo de leis que instituiu sua estrutura e funcionamento político, jurídico e administrativo. Entre 1808 e 1822 importou-se da burocracia lusa não apenas uma miríade de leis, avisos e decretos, mas também os próprios quadros. Tratou-se primeiramente de adequar a vida cortesã à realidade colonial. Em 1815, houve que reformulá-la com a elevação do Brasil a Reino Unido a Portugal e Algarves. Os moldes jurídicos da nova nação foram dados pela Constituição de 1824, pelo Código Criminal de 1830, pelo Código do Processo Criminal de 1832 e, finalmente, pelo Código Comercial de 1850.[5]

Nas reflexões que seguem, não será redundante lembrar, estarei trabalhando com questões ligadas à esfera do pensamento jurídico, portanto, o modo como os segmentos dominantes da sociedade escravista do Brasil no século XIX, por meio de seus prepostos competentes, deitaram no papel e instituíram em lei uma concepção ideal de sociedade, um *dever ser*, à sua imagem e semelhança. Estaremos, pois, lidando não com os escravos do eito, mas com os conceitos jurídicos de escravo; não com as relações efetivas que viveram senhores e escravos, mas com a concepção jurídica de como deveriam se dar essas relações.

O Estado imperial no Brasil foi construído sobre a base sólida de uma concepção patriarcal de poder, que tinha origem remota na própria tradição política portuguesa. Cimento ideológico incontestável, essa ancestral concepção patriarcal aderiu vigorosamente à arquitetura mental própria da sociedade escravista da época imperial. Não foi mera coincidência o fato de os mentores ideológicos da nação-estado no século XIX, senhores numa sociedade escravocrata moderna, terem buscado no

5 Cf. PRADO Jr., 1986. p. 47 e ss. Além do livro já muito citado de ADORNO, 1988, ver também SAES, 1985; MALERBA, J. 1994; e PENA, 2001.

Direito romano as fundações jurídicas do Estado em construção: este se ergue para resguardar basicamente o direito de propriedade privada e o pátrio-poder.[6]

Juridicamente, o predomínio da esfera privada sobre a pública no Império do Brasil arranjou-se na forma do oîkos grego. Para o sociólogo alemão Max Weber, sua função fundamental, enquanto grande fazenda doméstica, autoritariamente dirigida, não seria necessariamente a aquisição capitalista de valores monetários, mas suprir organizadamente as necessidades do senhor. De modo que o fundamento jurídico do poder doméstico nas sociedades baseadas na exploração da grande propriedade monocultora voltada ao mercado externo, como foi o caso do Brasil no XIX, reside na convivência pessoal, permanente e íntima da comunidade. Para a mulher, este fundamento do poder doméstico significaria a superioridade normal da energia física e espiritual do homem. Para o filho jovem, sua necessidade natural de ajuda. Para o escravo, sua falta de proteção fora da jurisdição do senhor, a serviço do qual se encontra desde a infância por circunstâncias da vida (WEBER, 1987. p. 311).

O exercício de dominação na célula doméstica assume, assim, a forma patriarcal, o que significa que nela a submissão pessoal ao senhor é o que garante a legitimidade de sua jurisdição. Os limites de seu poder procedem de normas consagradas pela tradição. Essa matriz - a onipotência do pater-familias - é determinante para o entendimento do Brasil oitocentista. Sua força atinge a própria configuração do Estado imperial.

Foi assim, legitimando juridicamente a violência privada, que nossos letrados imperiais buscaram fundamentação jurídica para conter a escravaria. A legitimidade da violência privada no escravismo é *ex natura*, como na relação entre pai e filho. O senhor detém o direito legal da aplicação do castigo moderado, como pai e protetor de seus *famuli*, responsável pela garantia da ordem em seus domínios. Na casa grande esse preceito deveria ser, e efetivamente foi, insofismável. Na apologia

6 GUTIÉRREZ-ALVIS Y ARMARIO, 1976; WIEACKER, 1993.

dos jurisconsultos à obediência passiva, ressaltava-se a veneração pelo dever filial à voz paterna. Muitos deles afirmavam que "... o exercício do poder legítimo arrasta á necessidade de fazer o mal, para reprimir o mal (...) pois que ninguém quereria mais ser magistrado, ou pai, se não houvesse segurança de seu poder" (MONTENEGRO, 1860, p. 148).

O próprio regime servil contribuía para legitimar o poder patriarcal. Segundo a historiadora Emília Viotti da Costa, quando o trabalho se desmoraliza e é resultado de uma imposição, os dominantes veem-se obrigados a apelar à violência física (COSTA, 1989, p. 303). Para os juristas imperiais, o mal causado pelo castigo doméstico tendia à conservação da tranquilidade doméstica: "o mal que resulta do castigo infligido pelo pai ao filho, pelo senhor ao escravo, pelo mestre ao discípulo se redunda em beneficio dos que o sofrem – é empregado para fazê-los entrar no circulo de suas obrigações" (MONTENEGRO, 1860, p. 181).

Dessa doutrina derivaram outras igualmente veneradas pelos nossos juristas, como o respeito às hierarquias, à obediência passiva frente aos superiores, à família, à honra da mulher etc. De um tal ordenamento jurídico, apoiado numa sociedade escravocrata, fundou-se um Estado estruturalmente homólogo, organizado como uma família ampliada, gerida por uma *summa potestas* com poderes similares ao do senhor em seu domínio - o imperador. Por isso torna-se mais compreensível a concepção aristotélica de Estado dos juristas imperiais, para os quais não haveria diferença qualitativa na constituição da casa e do Estado. Era como se nossos juristas não conhecessem os cortes hobbesiano e rousseauniano:

> O exercício do poder legitimo arrasta à necessidade de fazer mal para reprimir o mal. *O poder legítimo divide-se em político e doméstico.* O magistrado, ou pai, ou aquele que o representa, não podiam fazer respeitar sua autoridade, um no Estado, outro na família, se não estivessem armados de meios coercitivos contra a desobediência. O mal que eles infligem tem o nome de pena ou castigo.

> *Por estas vias de fato só procurarão obter o bem da grande como da pequena sociedade*, e não é preciso dizer que o exercício de sua autoridade legítima é um meio completo de justificação, pois que ninguém quereria ser pai se não tivesse toda a segurança no emprego de seu poder (...). *Não se pode, pois, duvidar do Direito que existe no pai, no senhor e no mestre de castigar o filho, o escravo e o discípulo.* (ênfases acrescentadas) (ALVES Jr., 1864. t. I, p. 284)

Concepção paternalista de sociedade e de Estado

Na sociedade patriarcal, as facções políticas eram constituídas, à semelhança da família, em todos indivisíveis, cujos membros se encontravam associados por sentimentos e obrigações - não por interesses e ideias. Coube a Sérgio Buarque de Holanda - ao derrubar as pretensões dos que defendiam o "liberalismo" de José da Silva Lisboa, visconde de Cairu - explicar a essência da morfologia política do Estado imperial. Na obra do visconde salienta-se a noção bem característica de sociedade política, considerada uma espécie de prolongamento ou ampliação da sociedade doméstica[7].

A concepção paternalista de sociedade e de Estado, própria aos valores escravistas, apresenta um sólido argumento contra as teses que sustentam o liberalismo como doutrina vigente no Brasil imperial. As ideias revolucionárias inspiradas na filosofia da ilustração, fundamentais na derrubada do absolutismo francês, cuja teoria do poder se expressa no jus-naturalismo, assenta-se nos seguintes traços principais: laicização do Estado e subordinação do príncipe às leis naturais - que são as leis da

7 "O primeiro princípio da economia política", segundo Cairu, "é que o soberano de cada nação deve considerar-se como chefe ou cabeça de uma vasta família, e consequentemente amparar a todos que nela estão, com seus filhos e cooperadores da geral felicidade". *Apud* HOLANDA, 1984, p. 52 e ss.

razão; primado da lei sobre o costume; relações impessoais entre o príncipe e o funcionário, de onde nasce o Estado como estrutura burocrática, e entre o funcionário e o súdito, donde o Estado de direito; e, finalmente, como ensina Bobbio, uma concepção anti-paternalista do poder estatal, harmônica com os princípios do iluminismo, "... definido como a era na qual o homem finalmente se tornou adulto, no Estado que tem como meta não fazer os súditos felizes, mas torná-los livres."[8]

Pimenta Bueno, futuro marquês de São Vicente, talvez o mais conhecido crítico do direito público brasileiro, mostra-se avesso às teses liberais esboçadas acima. Defende, ao contrário, o Estado eudemonista - que busca a felicidade para seus súditos, como o pai ao filho -, distante, portanto, da concepção formal-racional (segundo Weber) da filosofia política moderna[9]. São expressivas as funções que o renomado fidalgo atribui ao direito civil, que determina o estado das pessoas, "marca a maior e a menoridade, os direitos do pátrio poder e dos filhos", enfim, as relações pessoais dos particulares entre si (BUENO, 1978, p. 10).

A noção paternalista de Estado só poderia dotá-lo de um caráter eudemonista; daí sua permissividade quanto ao arbítrio, tanto ao pai em sua casa como ao monarca, que deveria dirigir o país como uma grande família, num verdadeiro exercício tutelar[10]. O jurista pernambucano

8 BOBBIO e BOVERO, 1987, p. 93 e ss. Ver também a obra clássica de LASKI, 1973.

9 "Estes dois direitos ou interesses, estas duas sociedades política e civil, são ambos filhos da razão esclarecida e da complexa natureza social, ambos eles têm um igual e mesmo fim, a felicidade de todos e de cada um. A diferença está somente em proceder-se, segundo a refletida natureza de cada um deles, do todo para os indivíduos, ou dos indivíduos para o todo. É, certamente, necessário que não só a comunidade, mas também cada indivíduo seja feliz; é o bem ser destes que compõe o bem-estar geral." (JM) BUENO, 1978, p. 6. São impagáveis as críticas de Tobias Barreto de Meneses ao marquês. Ver o texto de 1881 de MENESES, 1976, p. 122-51.

10 Oliveira Viana, na obra comentada, vai na mesma direção, mas em sentido contrário: ao falar da gênese dos clãs e do espírito de clã, afirma que a concentração

Tobias Barreto, comparando Monarquia e República em 1882, simpatizante do regime republicano, via com maus olhos a outra forma centralizada e autoritária de poder que, "... com seu chefe de Estado perpétuo e hereditário, é uma tutela política, que desagrada ao povo; porque ninguém quer ser dirigido pelos outros, e o caráter de perpétua minoridade é ultrajante à nação" (MENESES, 1976., p. 129). Para Barreto, a hereditariedade monárquica vigente no Brasil era o que mais acentuava seu caráter odioso de tutela perpétua. Diferentemente de uma burocracia racionalmente constituída a partir de relações informais, o Estado imperial foi hipertrofiado e ineficiente, servidor dos interesses daqueles aduladores áulicos fincados ao pé do trono a espreita de suas sinecuras. Um exemplo de sua onipotência está na literatura e nas artes. Até o final do Império, à falta de um público de leitores e consumidores, o Estado era feito seus sucedâneos.[11] Todos grandes artistas e literatos imperiais viveram das benesses do bolsinho do rei e/ou retiravam sua sobrevivência de um cargo público, como aconteceu com Alencar, Pedro Américo e Machado, entre todos.

A sociedade política no Império

Privado, no conceito fundido e difundido pela classe superior, refere-se a *doméstico*, a *familiar*, não ao moderno conceito burguês rela-

de centenas de pessoas em torno de um senhor rural não é de natureza religiosa, militar ou econômica. O que os impele à congregação é a "necessidade de defesa contra a anarquia branca", originada pela corrupção e abuso de cabedal dos homens de prestígio, motivo de toda sorte de prevaricações e anarquia. O que colocaria em permanente estado de desproteção "os cidadãos sem fortuna (...), as camadas proletárias contra a violência, o arbítrio e a ilegalidade". Caberia somente ao fazendeiro esta função tutelar. Toda a legislação colonial, inclusive, tende a fazê-lo "centro histórico da gravitação colonial do povo rural". Cf. VIANA, 1982., p. 148-56.

11 Ver SOUSA, 1985. p. 73-88. Também SCHWARCZ, 1998.

cionado à intimidade, ao individual. O espaço privado por excelência é definido nos limites do *oîkos* ou *dominus*, onde a família tutelada e protegida pelo *pater* é extensa: inclui toda sorte de dependentes, agregados e trabalhadores escravos - todos, por padecerem de um estado permanente de menoridade, desprovidos de vontade (jurídica-política, notoriamente) e à mercê do comando paterno.

No espaço privado, na unidade rural de produção caracteriza-se o domínio do detentor legítimo do uso da violência sobre seus dependentes. A inclusão da escravaria na família, reforçada pela inserção dos escravos domésticos na casa-grande, não dissimula, contudo, o permanente conflito entre o produtor direto e o senhor que o submete.

Essa arquitetura de poder, centrada na figura poderosa do *oikos despotes*, tem uma contrapartida simétrica no governo do Estado imperial. O quê garantiu essa simetria foi a figura do *poder moderador*, criada na constituição "outorgada" por D. Pedro I em 1824, que garantia para si a soberania do país e se sobrepunha aos outros três poderes pensados por Montesquieu. O moderador é o sinal mais flagrante da fenda que se abria na Constituição daquela que se pretendia monarquia parlamentar à inglesa. Mercê de seus atributos, o rei estava acima dos demais poderes. Discutindo se as atribuições desse poder extrapolavam seus próprios limites, se toda a política do Império não derivava meramente da vontade do soberano, se poderia admitir-se a influência da personalidade do imperador em termos tão absolutos, o sociólogo Paulo Mercadante percebeu como a linguagem do grupo dominante impregnava a coletividade e o indivíduo singular acabava participando de um pensamento geral, de tal maneira que o modo de pensar do indivíduo confundia-se com o ideário coletivo. O exercício do arbítrio do imperador, o pôr à prova o absoluto de sua vontade, não contrariava a tendência geral da época, "a ideologia que atravessa a atmosfera". Nisso residia a autenticidade do imperador ou sua representatividade (MERCADANTE, 1972, p. 192 ss). O modo de exercício do poder pelo monarca não era estranho às estruturas presentes na sociedade. Era o mesmo modo autoritário e incontestável com que os senhores administravam suas casas.

Para além de legal, a onipotência do imperador era absolutamente legítima, na exata medida em que, de fato, tratava-se de um *pater familias* gerindo sua casa. Esse valor estava assentado de tal maneira nos corações e mentes dos homens do Império, que se transcreveu em lei. [12] A lógica de tais ideias resume-se no seguinte enunciado: havia uma homologia estrutural entre a *casa* e o *Estado*, entre o privado e o público. O senhor da casa era o soberano em seu domínio; ou seu duplo: o soberano da nação a dirigia como sua família.[13] Em momento algum a soberania estaria no povo. Na *casa* ela pertence ao senhor; no Estado, ao imperador. Ambos são inatingíveis em seus domínios. O uso e abuso da nação pelo soberano[14], como faz o *pater* em sua casa, não passou despercebido aos olhos atentos dos juristas. A crítica voraz de alguns revela o descomedimento do summa potestas imperial e o aproxima do *oîkos despotes* ou *pater famílias.*

No Império em construção, na primeira metade do século XIX, efetiva-se esse vício. O personalismo, o apadrinhamento, a proteção e o arbítrio são a regra. Quando não mais agradam as regras, que se as mudem, como está ilustrado em vários momentos de nossa história, desde a dissolução da Assembleia Constituinte por D. Pedro I (ARMITAGE, 1972, p. 51-62). Inúmeros autores imperiais irão acusar a imoralidade e a corrupção, desde os escalões mais baixos da administração até os mais superiores. Todos são unânimes em denunciar o torpe desvio dos fun-

---

12 "Em virtude da mesma Constitução a pessoa do monarcha é inviolavel e sagrada e nenhuma de suas acções se reputam criminosas, nem é submettida á tribunal algum." Cf. MONTENEGRO, 1875, p. 22.

13 MENESES, A questão do poder moderador (o governo parlamentar no Brasil), 1976, p. 82 e ss.

14 Que Sérgio Buarque de Holanda eleva a um dos fatores que teriam conduzido à queda do regime monárquico. Cf. HOLANDA, 1983; COSTA, s/d, p. 59-78.

cionários e dos mandantes governamentais, comparando a falência do Brasil à queda do Império Romano.[15]

De resto, toda a corrupção e arbítrio vêm definitivamente de cima para baixo: a vontade do soberano, suas idiossincrasias na lida com a coisa pública são, no limite, a lei - assim como na casa do senhor de engenho ou da fazenda de café o é a voz do pater. Estas são, em linhas gerais, as heranças coloniais preservadas a um alto custo pelo Estado imperial: a base social escravocrata e tudo que dela decorre; e uma estrutura social e de poder patriarcais. Algumas dessas características da sociedade imperial iriam perseverar República adentro, causando indignação em vários extratos políticos e sociais. Os militares haviam mudado o regime político, mas sem lograr mudar as bases da sociedade e do poder. De todos os lados começaram a se ouvir essas vozes dissonantes, que procuravam identificar os motivos da letargia brasileira e apontar soluções. Aí, nesta virada para o século XX, começava a se formar o pensamento social brasileiro.

Nação e identidade nacional no Império

Por volta do final do século XIX vários autores (como Machado de Assis, Sílvio Romero ou Tobias Barreto) levantavam o problema da importação de modelos europeus, das ideias liberais aos cânones estéticos do romantismo, e sua "aplicação" à realidade brasileira, marcada pelo arcaísmo e pela crônica situação periférica e dependente. Esse dilema marcaria profundamente a cultura nacional durante o século XIX, culminando na solução radical do modernismo na década de 1920.

A propósito, o próprio termo "cultura nacional" no Brasil oitocentista constitui-se numa expressão problemática, já que a expressão comporta os principais dilemas de nossa produção intelectual. Primeiro,

---

15 Cf. PESSOA, 1885, p. 233. Outros juristas imperiais vociferaram contra as excentricidades do regime monárquico brasileiro. Cf. PERDIGÃO, 1882, p. VII; AZEVEDO, 1851., p. 181. Ver também ALVES Jr., T. *op. cit.*, p. 252.

porque "cultura", no sentido oficial da palavra - enquanto "norma culta" distinta de outra cultura "popular" - era privilégio de uma minoria ínfima de pessoas ligadas ao poder político e/ou econômico, num Império formado por escravos e homens livres pobres e analfabetos. Segundo, porque a questão "nacional" é o centro de toda a preocupação intelectual do período, seja na literatura, na filosofia, nas artes plásticas ou na música. Era mister criar, produzir valores e sentimentos que dessem unidade e identidade a um país que se caracterizava pela diversidade – diferenças regionais, raciais, de classe, de credo. Logo desde a independência, as elites brasileiras sentiram a necessidade fundamental de vincar as particularidades que distinguiam o Brasil de seu antigo colonizador. Já não éramos portugueses. O que éramos, então?

Ensina Antônio Cândido que tal empreitada começou a ganhar corpo com os românticos reunidos em torno da revista *Nicteróy* (1836), um dos primeiros fanzines literários a circular na corte. Tratava-se de um grupo de jovens patriotas que desejavam completar a Independência no plano estético. Para isso, esses brasileiros residentes em Paris fundaram a revista em 1836, inaugurando um movimento que foi batizado de "nativismo romântico". Seu lema, "Tudo pelo Brasil e tudo para o Brasil", trazia implícita a missão de exaltação da originalidade brasileira e de nossas qualidades locais.

O "nativismo" já se exprime no próprio título, retirado da narração de Thevet (século XVI), que indicava a fonte de inspiração de todo o movimento: a cultura indígena. Nomes como Gonçalves de Magalhães, Joaquim Norberto Sousa Silva, Gonçalves Dias, Francisco Adolfo de Varnhagen compunham um grupo muito próximo ao imperador. Vários destes e de outros intelectuais gravitaram em torno Instituto Historio e Geográfico Brasileiro[16].A busca pela "cultura nacional" integrou-se, desde

16 Francisco Sales Torres-Homem e Araújo Porto Alegre, Evaristo da Veiga (editor do *Aurora Fluminense*, 1827-37), Justiniano José da Rocha e Rodrigues Silva contam entre as figuras emblemáticas deste primeiro momento do romantismo no Brasil.

a Independência, na luta da classe dominante no sentido de manter a integridade do Império, abalado internamente por interesses regionais iniludíveis e, externamente, um enclave em meio às repúblicas americanas.

Mas será mais propriamente no Segundo Reinado, inaugurado com a antecipação da maioridade de D. Pedro em 1840, que o movimento ganha força.[17] Nosso romantismo buscou realçar a originalidade do país em relação aos modelos lusitanos, dando os contornos do que viria a ser o "nacionalismo" brasileiro.

Desde a década de 1830 e o final do Segundo Reinado, à procura de uma verdadeira cultura e identidade nacionais, fundaram-se no Brasil várias associações, como Instituto Histórico e Geográfico Brasileiro (1838) - que veio a ser um importante centro de pesquisas históricas e literárias, ativo ainda hoje. Desses anos são também *A marmota fluminense* e *Minerva brasiliense*, periódicos que publicaram os principais intelectuais do país.

O IHGB, em particular, reunia a elite letrada do país, os "homens bons" do reino que ali se reuniam aos domingos para debater temas previamente escolhidos, ligados à língua, à história e à geografia da nação. Os membros do Instituto Histórico pretendiam fundar uma história do Brasil, tendo por modelo a vida de grandes vultos e personagens, os "heróis nacionais", como rezava o modelo francês então em voga. Seu primeiro secretário vitalício, o cônego Januário da Cunha Barbosa, em seu primeiro editorial, expressava claramente a intenção de criar uma genuína historiografia para o país, "não deixar mais ao gênio especulador dos estrangeiros a tarefa de escrever nossa história"; estabelecer uma cronologia única da "fundação da nacionalidade".[18]

17 A literatura especializada reconhece que o romantismo nativista brasileiro se inicia quatro anos após a publicação de *Suspiros poéticos e saudades*, primeira obra de influência romântica no Brasil. Cf. SOUSA, 1981. v. 2.

18 Cf. *Revista do Instituto Histórico e Geográfico Brasileiro*, 1939, *apud*. SCHWARCZ, 1998.

À frente do Instituto, destacava-se a figura paternal de D. Pedro II, um verdadeiro mecenas da instituição e frequentador assíduo das reuniões dominicais, das quais presidiu 506 sessões entre 1849 e 7 de novembro de 1889. Seus opositores acusavam-no de ser mais presente às reuniões do Instituto de que nas reuniões da Câmara dos Deputados, onde, conforme exigia o Regimento da casa, só aparecia no começo e no final do ano, para abrir e fechar os trabalhos. D. Pedro, conscientemente ou não, preencheu o papel de importante agente no projeto de fortalecimento da monarquia e do Estado, da unificação nacional, por meio do financiamento direto e a concessão de auxílios a poetas, músicos, pintores, cientistas...

O temário por excelência dos escritores românticos no Brasil foi o *indianismo*. Na pintura, ilustram a eleição do indígena como modelo de representação do país as pinturas de Victor Meireles e Rodolfo Amoedo. Nossa literatura endossa ainda mais essa opção, marcada que foi, na época, pela difusão de romances épicos sobre grandes chefes e indígenas heroicos e amores silvestres, tendo por pano de fundo a floresta virgem. O papel imprescindível que tiveram etnógrafos e linguistas é até hoje incomensurável, como na recuperação por eles levada a cabo dos velhos dicionários de línguas nativas feitos pelos jesuítas séculos antes.

Na poesia, Gonçalves de Magalhães e Gonçalves Dias são os exemplos maiores dos poetas que levaram a fundo o ideal indianista, com seus trabalhos meticulosos de etnografia e pesquisa linguística. Um verdadeiro marco da literatura romântica do Segundo Reinado foram os chamados romances regionalistas, indianistas e de "psicologia social", de que é expoente maior José de Alencar. Este pode ser tomado como um intelectual ideal-típico do período: sua obra ocupa-se com a construção de valores nacionais. A "empresa nacionalista" da obra de Alencar (e de outros escritores da época) manifesta-se na busca da criação de uma identidade "brasileira" desvinculada de seu passado colonial, onde o negro é solenemente excluído e o índio tomado como o genuíno herói nacional. Nossa produção literária, porém, ainda continuava presa a modelos formais europeus. Em *O guarani*, de Alencar, por exemplo, Peri é um "herói europeu", imbuído dos valores típicos dos homens brancos, como honra, coragem e fidelidade; e Ceci, sua coadjuvante, uma dama mais próxima dos arquétipos medievais do que da realidade brasileira. Desse cenário, não tem a distinção de participar o elemento negro. Essa exclusão persiste e acentua-se após a abolição e o advento da república.

O Século XX e a obra de desconstrução da herança colonial brasileira

Na virada o século XIX para o XX, o Brasil vivia uma época de incertezas. Sob pressão de uma gama de fatores, desde os imperativos de uma economia capitalista carente de mão-de-obra livre e de um mercado consumidor interno até o cerco da opinião pública mundial contra o regime escravista, passando pelos movimentos de rebeldia negra e de abolicionistas provenientes de todos os extratos sociais, derrubou-se a escravidão. O regime servil havia sido, desde o século XVII, o sustentáculo da economia colonial, impregnando de todos os vícios a vida social. Alguns autores, como Darci Ribeiro, afirmam que a mácula da escravidão contaminou a todos, brancos e negros. O grande acordo elitista da independência fez-se, no Brasil, para garantir às classes proprietárias a manutenção do trabalho escravo e a adoção do regime monárquico foi o endosso do cumprimento desse acordo velado. O império brasileiro significou o império da escravidão africana em terras brasileiras. Em 1888, caindo o regime servil, a monarquia deixava de ter sentido. Em 1889, uma parada militar pôs fiz ao império. Seguiu-se, então, uma época de turbulências.

Movimentos sociais violentos pipocaram pelo país, via de regra, marcados pelo apelo messiânico e, não raro, questionadores da nova ordem política.[19] A nova república tinha dificuldades para se estabilizar.

19 Sobre diversos desses movimentos, cf. QUEIROZ, 1976; SUASSUNA, 2004; MACHADO, 2004; AMADO, 2002.

Enquanto isso, as regiões centrais do capitalismo mundial floresciam sem amarras. Europa e Estados Unidos eram o próprio modelo da prosperidade, que se enunciava num simples radical: modernização, modernismo, modernidade. Diante de tal cenário, de estagnação brasileira ante o deslanche das potências internacionais, vários intelectuais brasileiros começaram a denunciar tal estado de coisas, fazendo diagnósticos da realidade brasileira, buscando explicações as mais diversas para ela e apresentando eventuais soluções para os problemas que conseguiam enxergar. Começava a se constituir o "pensamento social brasileiro". Inúmeros pensadores, egressos das mais variadas áreas do saber e de todas as colorações políticas, aventuraram-se nessa empreitada, que continua viva até hoje. Não caberá aqui mapear toda essa rica produção, que inclui nomes como Conde Afonso Celso, Nina Rodrigues, João Batista de Lacerda, Oliveira Viana, Paulo Prado, Capistrano de Abreu, Alberto Torres, Manuel Bonfim, Luís da Câmara Cascudo, todos os modernistas de 1922, de Mário de Andrade a Villa Lobos, Fernando de Azevedo, Florestan Fernandes e seus discípulos, Roberto Da Matta e tantos outros. Uma vastíssima e competente literatura há que procurou entender esses interpretes do Brasil, isoladamente ou em conjunto.[20] Meu propósito aqui é resgatar alguns desses interpretes do Brasil, ou, antes, suas obras seminais, para ilustrar como as diferentes análises, as diversas maneiras de conceber a trajetória do Brasil e de seu povo, variaram ao longo do século. Esse painel será composto com a apresentação da obra dos clássicos da literatura nacional que são Euclides da Cunha, Gilberto Freyre, Sérgio Buarque de Holanda, Caio Prado Jr., Celso Furtado e Darci Ribeiro, pondo em relevo as diversas ênfases interpretativas desses autores, centradas,

20 Uma bibliografia seleta e competente voltada à análise do pensamento social Brasileiro encontra-se, entre outros, em MOTA, 1994; SILVA, Alberto da Costa e. Quem fomos no século XX: as grandes interpretações do Brasil. In: MOTA, 2000, p. 19-41; MOTA, 1999; REIS, 1999; MICELI, 2001. Antes deles MARTINS, 1976; LEITE, 1969.

respectivamente, na raça, na cultura, nos enquadramentos mentais, na estrutura social, e, por fim, na economia.

Raça

No início do século XX, a intelectualidade brasileira vivia um enorme dilema, que, aliás, não era nenhuma novidade. Povo colonizado, nossa cultura foi sempre e profundamente marcada pelos vínculos com a Europa, com a qual se identificavam nossas elites de mando, particularmente durante o século XIX. De lá vieram as principais correntes de pensamento com as quais aquelas moldaram a construção do Estado e da nação durante a época monárquica: as doutrinas liberais, esposadas por juristas e homens de Estado; os cânones românticos, a fundamentar as ideias de uma nação autóctone herdeira do passado indígena; mais no final do século o positivismo, fonte em que beberam nossos primeiros historiadores, além de militares e republicanos. Assim como as ideias políticas e econômicas e os cânones estéticos, também os paradigmas científicos eram todos importados da Europa.

Lá vigiam os arquétipos eugênicos das teorias evolucionistas, de acordo com os quais as nações dominantes europeias, constituídas por raças puras, eram dominantes justamente porque eram puras. Essas teses eugênicas, que nutriram a formação dos estados nacionais europeus ao longo do século XIX, mais tarde desaguariam no nazismo; elas refletiam, de algum modo, o imperialismo europeu no mundo. O dilema da intelectualidade brasileira, então, se manifestava no ato de olhar a realidade a seu redor e tentar, tentando entendê-la a partir das teorias racistas europeias. O problema é que, segundo essas teorias importadas, a mistura das raças condenava o Brasil à barbárie. Um exemplo singular dessa condição se expressa na obra do médico e professor da Escola de Medicina da Bahia Nina Rodrigues, que reuniu pelas casas e ruas de Salvador um riquíssimo material etnológico, com o que veio a formar-se o Museu Nina Rodrigues e a partir do qual escreveu sua clássica obra póstuma *Os africanos no Brasil.* Tal material anunciava uma raça negra transbordante de riqueza. Porém, homem de ciência que era, Nina Rodrigues acabou reiterando os estereótipos racistas de seu tempo, que condenavam o negro e o mestiço como seres degenerados.[21]

A ironia residia em que Nina era ele mesmo mestiço! Assim como eram mestiços inúmeros outros pensadores da época, como Euclides da Cunha[22]. De Euclides, tomaremos sua obra monumental, *Os Sertões*,[23] de 1902, para nela perceber como se manifestava o dilema mencionado.

Nascido em 1866, Euclides da Cunha é um marco da literatura nacional em função de *Os Sertões*, que escreveu como correspondente de guerra, ao acompanhar *in loco* o desfecho da grande tragédia de Canudos, no limiar da República brasileira. A obra tornou-se um clássico da literatura nacional. Para entendê-la, é preciso levar em conta dois aspectos fundamentais: a formação de seu autor, que era um militar, engenheiro qualificado com formação científica e sua função de correspondente de guerra, envidado especial do jornal *A Província* para cobrir a guerra de Canudos.

Os sertões divide-se em três partes: uma primeira em que, numa ampla perspectiva física, o autor analisa o cenário da guerra, o sertão nordestino, com sua história e suas características climáticas (a caatinga, a seca) e biológicas (plantas e animais); uma segunda parte, que trata do homem nordestino; e uma terceira sobre os desdobramentos da guerra propriamente dita, que fez a fama do jornalista Euclides da Cunha.

---

21 Cf. RODRIGUES, 2005. Sobre o problema do cientificismo e a questão racial no começo do século XX no Brasil, Cf. CORRÊA, 1982; SKIDMORE, 1976; SCHWARCZ, 1993.

22 A bibliografia sobre Euclides da Cunha talvez seja a mais extensa de nossa literatura. Uma excelente amostragem da euclideana está na págia da Academia Brasileira de Letras. http://www.euclidesdacunha.org.br/.

23 A primeira edição de *Os Sertões* (Campanha de Canudos é da Laemmert, 1902. Utilizei 39. ed. corrigida. Rio de Janeiro: Francisco Alves, 1999. A obra é de domínio público e se encontra disponível em diversos sites: http://www.culturabrasil.pro.br/ossertoes.htm; http://www.cce.ufsc.br/~nupill/literatura/sertoes.html

Interessa-nos, em particular, a segunda seção: "O Homem". E aqui a questão principal no estudo do homem brasileiro é a mestiçagem, verdadeiro nó conceitual com que se debatiam à época todos os pensadores do país. A dificuldade decorria de avaliar as respectivas contribuições de índios, brancos e negros, acentuada pela miscigenação não uniforme que gerou vários tipos de combinação, apresentados no mulato (branco com negro), no mameluco ou (branco com índio), e no cafuzo (negro com índio). Todos esses tipos tenderiam, por meio de sucessivos cruzamentos, para um tipo médio, o pardo, que caracterizaria o brasileiro. Euclides procurou entender a questão analisando a história das várias correntes de povoamento.

Para Euclides não haveria uma "raça brasileira", "um tipo antropológico brasileiro", mas seria possível admitir a existência de uma sub-raça, gerada de inúmeros cruzamentos e condicionamentos mesológicos divergentes. Assim, duas categorias de mestiçagem teriam se delineado no Nordeste, conforme se trate do litoral e do sertão. No litoral, onde a presença do africano foi mais marcante, o povoamento assentou-se logo e o mulato foi o tipo predominante. Já no sertão, onde a vida mais penosa não contribuía para a fixação do homem à terra, os bandeirantes paulistas e os índios acabaram por produzir como tipo predominante o mameluco.

Após três séculos de isolamento, a ausência de influências exteriores seria a causa da letargia da população do sertão. Dedicando-se coletivamente ao trabalho nômade do regime pastoril, essa população manifesta os traços psicológicos da índole aventureira dos bandeirantes e da impulsividade indígena. Atento ao tipo físico, Euclides percebe uma grande uniformidade entre os sertanejos, que seria "o tipo de uma subcategoria étnica já constituída". Um homem forte e corajoso, mas, igualmente atrasado e supersticioso.

Nesta seção "O homem", Euclides insere uma reflexão que ele próprio chamou "Um parêntese irritante". Irritava a Euclides enxergar no sertanejo um ser valente, um forte, que lutava com bravura contra o meio hostil e os invasores do Rio de Janeiro; mas acabava classificando-o como um degenerado. As teorias científicas em que se apoiava, desenvolvidas nessa mesma parte, asseveravam que toda mistura entre raças provoca a degenerescência do componente superior. Seu argumento acaba conduzindo a um verdadeiro ataque contra o mestiço, que passa a ser definido como desequilibrado e comparado ao histérico, acusado de hibridez moral, chamado de dispersivo e dissolvente. A perniciosa mestiçagem havia constituído essa sub-raça, pois o índio seria considerado um verdadeiro idiota e o negro "incapaz de alçar-se ao nível intelectual médio do indo-europeu".

O problema está em que, no *front*, o sertanejo não mostrou qualquer sinal inferioridade ou degeneração. A Guerra de Canudos causou uma revolução nas convicções de Euclides, que depois acabaria se voltando contra o Exército e os rumos da República. Mas quando se deu ao trabalho de redação de *Os sertões*, e mobilizando todo o conhecimento disponível, Euclides acaba permanecendo fiel ao que apreendeu nos livros e não ao que assistiu no palco da guerra.

Euclides vive a tensão pendular entre sua consciência e as teorias racistas, e acaba chegando a uma acomodação. Sua conclusão, inesperada e em contradição com as teorias expostas ali mesmo em seu livro, reaparecendo a todo instante no texto, é a de que o brasileiro do sertão seria o primeiro produto da miscigenação dos bandeirantes brancos com os índios durante três séculos de isolamento. Essa mistura, onde só entrariam as melhores qualidades das duas raças, e que, na melhor tradição nacional, sequestra o negro, havia produzido o sertanejo, a raça brasileira propriamente dita, ou pelo menos essa nova "subcategoria étnica". Esse foi o "parêntesis irritante" que assolou Euclides e tantos outros intelectuais da época: a percepção da rica experiência da constituição identitária do brasileiro, ser híbrido por excelência, e as teorias importadas nas quais se formaram, que condenavam todo tipo de miscigenação.

Nas três primeiras décadas do século passado, as interpretações do Brasil pautavam-se fortemente em critérios biológicos, o que significa "raciais"! As visões variavam conforme uma maior ou menor simpatia em relação à contribuição de indígenas e mestiços na construção do Brasil, mas concordavam em geral, seguindo a tradição do romantismo do século XIX, com subtrair o negro do quadro. Se forte era a aceitação, como em Nina e Euclides, de que a miscigenação havia maculado a formação brasileira, uma solução defendida por inúmeros e importantes intelectuais foi a tese da necessidade do "branqueamento" do povo brasileiro. A redenção do passado escravista e mestiço só se poderia reverter com nova onda de miscigenação, mas agora a partir do influxo de sangue branco, que faria "melhorar" a raça. Autores importantes como Sílvio Romero e Oliveira Viana pronunciaram-se francamente a favor dessa ideia (Schwarcz, 1993; Skidmore, 1976). O Diretor do Museu Nacional do rio de Janeiro, no I Congresso Internacional das Raças, que aconteceu em Paris em 1911, defendeu a tese de que "O Brasil mestiço de hoje tem no branqueamento em um século sua perspectiva, saída e solução". A apologia do branqueamento teve grande difusão com Oliveira Viana (VIANA, 1923), para quem, na esteira de Varnhagen, o Brasil se fizera a despeito de índios, negros e mestiços, tudo se devendo exclusivamente ao branco.[24]

Cultura

Esse viés biológico na determinação da formação do povo brasileiro começou a ser consistentemente superado apenas a partir do clássi-

24 Essa visão negativa da miscigenação estará presente em grande parte da literatura da primeira metade do XX, como em *Retrato do Brasil* (1920), de Paulo Prado, que pinta um quadro melancólico da história e da formação do povo brasileiro pelo encontro das três raças. Uma exceção digna de Nota será Capistrano de Abreu (*Capítulos de história colonial*, 1907), para quem a construção do Brasil prescindiu da contribuição do branco, pois fora formado por mamelucos na obra de conquista do sertão! Seguindo ainda a tradição romântica, ainda em Capistrano os negros não foram mais que atores secundários desse drama histórico.

co *Casa Grande & Senzala*, de Gilberto Freyre, publicado em 1933.[25] Essa obra contribuiu enormemente para a mudança radical na auto-imagem do povo brasileiro. Pela primeira vez em nossa literatura sociológica, sustentava-se que o Brasil não é uma nação branca, onde, por acaso, negros habitavam. Freyre supera definitivamente a visão positiva anterior, como defendida por Rui Barbosa, de que o negro fora o grande operário, "os braços" que construíram o Brasil. Ao contrário, Freyre coloca o negro como protagonista mesmo do drama histórico brasileiro, que deixa enfim de ser o mero figurante, presente na obra de Capistrano ou Manuel Bonfim. Para o sociólogo pernambucano, a mestiçagem não foi apenas biológica, mas, mais importante, foi cultural, de modo que todos os brasileiros são mestiços, culturalmente falando. A cultura, e não mais a raça, passa a ser o viés explicativo da realidade brasileira.

Segundo Freyre, a mestiçagem no Brasil colonial foi tão marcante que seria impossível destilar a contribuição de índios, africanos e europeus, particularmente no universo cotidiano doméstico. Os escravos vindos das áreas de cultura negra mais adiantada, em particular os negros islamizados que sabiam ler em árabe o Alcorão, "foram um elemento ativo, criador, e quase que se pode acrescentar nobre na colonização do Brasil; degradados apenas por sua condição de escravos. Longe de terem sido apenas animais de tração e operários da enxada (...) desempenharam uma função civilizadora". (FREYRE, 1951. p. 525)

Casa-grande & senzala desempenhou o papel de uma verdadeira revolução intelectual à época em que foi publicado. Com uma difusão editorial sem precedentes em nossa literatura, suas teses se incorporaram no cotidiano dos brasileiros e abriram caminho para uma torrente de criações que colocavam o negro como protagonista, tanto nas ciências humanas como na arte e na literatura

25 Sobre Gilberto Freyre, ver: ARAÚJO, 1994; ARAÚJO, e FALCÃO, 2001; BASTOS, 1986; DAMATTA, Roberto. 1987; *Gilberto Freyre na UnB*. 1981 e o seminal estudo de NICOLAZZI 2011.

Sua tese principal e seu projeto para Brasil era a de aqui surgira uma genuína "democracia racial": era o entendimento e a proposta de Freyre, contra as teses racistas anteriores. Com Freyre, a mestiçagem deixa de ser uma mácula e passa a ser uma vantagem na constituição do brasileiro, superando-se os arquétipos negativos do negro e do mestiço desviante, patológico, criados a partir da importação de modelos estrangeiros.

Com Freyre, o negro perde as feições selvagens e ganha um rosto; ao chegar ao Brasil, as diversas etnias africanas já dominavam técnicas de pecuária, metalurgia, mineração, irrigação e manejo do solo tropical, de fortificações e organização militares. Esses negros trazidos à força ao Brasil tinham história e identidade. De seu encontro com os outros dois troncos étnicos, o branco e o índio, acabou se formando um povo e um país poderosos, e não um povo triste e fracassado (como em Paulo Prado). Para Freyre, o Brasil é um caldo de cultura e lugar de encontros únicos. O Português, já em si um mestiço histórico, um ser culturalmente variado, vinha encontrar-se consigo mesmo nos trópicos. Aqui, gentes oriundas da região do Minho, Trás-os-montes, Beira, Alentejo, Algarve ou Estremadura, dos Açores ou da Madeira promoviam esse encontro único, que era praticamente impossível no reino. Do mesmo modo, quando falamos "africanos", fazemos tábua-rasa da infinita variedade de povos que foram trazidos como escravos ao Brasil. Homens e mulheres das mais diversas procedências e identidades culturais, sequestrados pelo tráfico internacional na África, não chegavam aqui como "africanos", mas como jalofos, mandigas, fantes, achantis, gãs, guns, baribas, ibadãs, benins, hauçás, , congos, songos, macuas, mangajas..., cada um deles imensamente ricos em seus valores e costumes, línguas e culturas. O mesmo vale para o elemento ameríndio. Havia aqui mais de 900 etnias à época do descobrimento, das quais restam hoje pouco mais de duzentas...

Somos herdeiros desse imenso caldo de cultura. A partir de *Casa-grande & senzala*, o brasileiro não é mais o ser triste e inferior pintado por Bilac ou Paulo Prado. Essa guinada no olhar, da raça para a cultura, foi a grande contribuição de Gilberto Freyre para nosso auto-conhecimento e a formação da identidade do povo brasileiro.

Enquadramentos mentais

Três anos após a publicação de *Casa grande & senzala* vem a lume uma obra nascida um clássico da literatura brasileira. Menos otimista que Freyre, o historiador Sérgio Buarque de Holanda levantou uma questão singela em *Raízes do Brasil* (1936), a qual procurou responder numa perspectiva eminentemente histórica: o que havia dado errado com este país? Porque aqui não se conseguiu construir uma sociedade de mercado e um ordenamento político modernos, modelados como um autêntico estado de direito? Para o célebre historiador paulista, nossas mazelas se explicavam a partir de nossas próprias raízes históricas. [26]

Nesta obra seminal, Sérgio Buarque pretendeu entender os impasses que a sociedade brasileira vivia na conturbada década de 1930, visando identificar certas estruturas de origem remota que atravancavam o desenvolvimento do país. Sérgio pretendeu perceber estas estruturas, certas formas de sociabilidade, instituições e enquadramentos mentais que tinham origem num passado remoto e que ainda se faziam presentes na constituição de uma identidade nacional brasileira. O livro não pretende resgatar toda a história brasileira ou algum de seus momentos marcantes, mas usar a matéria legada pela história para identificar essas amarras que bloqueavam, no presente, a possibilidade de um futuro melhor.

Para tanto, o Autor começa sua análise com um mergulho no tempo e no espaço, situando na Península ibérica o lugar onde começaram a se reunir os elementos dessa identidade brasileira, em particular

26 Sobre Sérgio Buarque, cf. CANDIDO, Antonio. "O significado de *Raízes do Brasil*" in HOLANDA, 1967; CANDIDO, 1998; DIAS, 1985; *Revista do Brasil*, n. 6, 1987. Número especial dedicado a Sérgio Buarque de Holanda; MONTEIRO, 1999; *Sérgio Buarque de Holanda. Terceiro colóquio Universidade Estadual do Rio de Janeiro.* 1992; *Sérgio Buarque de Holanda: vida e obra.* 1988.

a concepção de natureza humana que portugueses e espanhóis compartilhavam desde antes da colonização da América e que marcou depois essa aventura. Segundo Sérgio Buarque, caracteriza a cultura ibérica um forte predomínio de certa "cultura da personalidade", a valorização extremada da pessoa, do indivíduo, no sentido de sua autonomia em relação ao seu entorno. Isso não no sentido do individualismo típico da era do liberalismo, da visão de mundo (e de mercado) livre que foi a própria bandeira da burguesia revolucionária no final do século XVIII. Ao contrário disso, caracterizou a sociedade portuguesa uma certa frouxidão das estruturas sociais, a permeabilidade das hierarquias, a permissibilidade em relação à ascensão social de elementos estranhos ao *ethos* aristocrático – se endinheirados e generosos para com as necessidades do rei – desde os tempos da unificação, no século XIII. Essas características explicam porque a burguesia mercantil portuguesa, diferentemente da francesa (que decapitou o rei e instituiu uma nova ordem!) não precisou adotar uma nova agenda e um novo estilo de vida para afirmar sua hegemonia. Ao contrário, essa classe associou-se às velhas hostes aristocráticas, à nobreza de linhagem e procurou assimilar seu modo de vida. Essa herança ibérica aportou no Brasil e marcou os três primeiros séculos da colonização portuguesa nos trópicos brasileiros. Sérgio Buarque se pergunta sobre os motivos do sucesso da empresa portuguesa de colonização e civilização e percebe que eles estão ligados a certas inclinações de conduta, às "determinantes psicológicas" do seu movimento de expansão colonial. Para reconstruir esses traços típicos do colonizador português, Sérgio Buarque apela para a metodologia weberiana da construção de tipos sociais (ideais) diversos, o aventureiro e o trabalhador, tipos em tudo divergentes. O aventureiro valorizaria de tal maneira seus objetivos finais que os meios lhe são de menor importância, supérfluos, por assim dizer; ele ignora fronteiras, vive de espaços ilimitados, suprime o tempo e busca resultados imediatos. Já o trabalhador, ao contrário, releva principalmente os meios, as dificuldades a vencer, mais do que os resultados; é perseverante em sua labuta mesmo quando as metas não são atingidas ou o são apenas a custa de grande sacrifício; tem uma percepção restrita de espaço, concentra-se na parte e procura não desperdiçar os meios. É parcimonioso e persistente.

Acontece que, sempre segundo Holanda, tais inclinações díspares de conduta norteiam-se por duas éticas diversas. Para o aventureiro, qualquer esforço que não objetive um lucro material imediato é absolutamente desprezível. Já o trabalhador visa atingir estados como a paz, a estabilidade e a segurança no longo prazo. Para a ética da aventura, nada há mais reprovável que essa ética do trabalhador. Já para este, que ora e labuta, que poupa e se priva, as concepções de mundo do aventureiro, baseadas em elementos como o risco, a audácia, a imprevidência, a instabilidade, o imediatismo, são totalmente reprováveis, porque imorais. Na época da conquista e colonização dos novos mundos, o trabalhador teria tido um papel muito pequeno. Para Sérgio Buarque, o tipo do aventureiro teria predominado na conquista e colonização do Novo Mundo.

Além da disposição para a aventura, outras condições culturais e materiais contribuíram para o êxito da colonização portuguesa. O português se constituiu ele mesmo como um tipo híbrido, encontro de inúmeros povos que povoaram a península ibérica durante séculos. Essa característica desproveu o português de qualquer de orgulho de raça, o que teria facilitado, em todos os lugares a que chegou, a assimilação dos dominados, "agindo como dissolvente de qualquer ideia de separação de castas ou raças, de qualquer disciplina fundada em tal separação". Essa tese é muito semelhante à do "luso-tropicalismo", desenvolvida depois por Gilberto Freyre.

Um dos capítulos seminais da historiografia brasileira de todos os tempos escreveu Sérgio Buarque quando se deu ao exame do legado do passado colonial brasileiro e seus desdobramentos até a abolição. Este advento fora um marco divisor de épocas. Antes da abolição, a sociedade teria sido dominada por uma civilização enraizada no meio rural, do qual as cidades não eram senão apêndices. A preeminência rural singularizou a colonização portuguesa. Foi só após a abolição da escravatura que o mundo urbano ascendeu sobre o agrário. O elemento central de sua análise, aqui, é a família patriarcal. Nela, o pátrio poder era quase ilimitado, mantendo-se praticamente imune às pressões ou restrições de fora. A propriedade rural como um todo estava sujeita à vontade do *pater familias*. Sérgio Buarque atribui muito desse poder dos senhores à organização da grande unidade fundiária, que era praticamente autárquica, necessitando de muito pouco do exterior: ela era provida de escola, capela, produzia sua alimentação cotidiana, os móveis e apetrechos do engenho saiam de suas serrarias.

Essa característica da sociedade patriarcal dos tempos coloniais acabou gerando uma confusão entre as esferas pública e privada. Essa é uma tese central em Raízes do Brasil: a família patriarcal foi o elo social através do qual a tradição personalista e aventureira herdada dos colonizadores portugueses se aclimatou entre nós e acabou por imprimir sua marca na sociedade como um todo. A propósito, a questão das consequências do ruralismo e do patriarcalismo para a sociedade perpassa a obra e ressurge a cada capítulo, como naquele clássico sobre "O homem cordial", onde o foco incide nas tensões entre as formas tradicionais de sociabilidade, centradas na família patriarcal, e os padrões de sociabilidade inerentes ao mundo moderno que começavam a dar sinais na segunda metade do século XIX.

Os atributos do homem cordial, oriundos da herança rural da vida familiar, estariam, para Sérgio, com os dias contados, mercê do acelerado processo de industrialização e urbanização, deflagrada esta, aliás, desde os tempos da independência. Mas a verdadeira revolução, que romperia definitivamente com esses quadros mentais, teria começado efetivamente a partir da abolição da escravatura e estava plenamente em marcha na década de 1930. E que revolução seria essa? Aquela que trata do deslocamento do centro de gravidade da vida social brasileira dos domínios rurais para os centros urbanos. Nesse sentido, a abolição apenas demarca o momento final de existência das bases materiais da velha civilização agrária e patriarcal. Mas seria ainda preciso superar os traços remanescentes da civilização tradicional. Era ainda urgente mudar radicalmente a própria substância da política brasileira tradicional, o que só seria alcançado incluindo-se no Estado as camadas sociais até então excluídas, rompendo-se com o modelo de mando oligárquico, que precisaria ser efetivamente democratizado.

Estrutura social

Um enfoque completamente diverso da trajetória histórica do Brasil apresenta-se com a visão marxista de Caio Prado Jr. Em seus dois principais livros, *Evolução Política do Brasil*, de 1933 e *Formação do Brasil contemporâneo*, de 1942, Caio Prado oferece a mais sofisticada leitura materialista dialética da história brasileira até então concebida. A produção, o consumo, e a (má) distribuição da riqueza são seus objetos de investigação. Na concepção de Caio Prado, que antecipa em alguma medida leituras posteriores como o pensamento cepalino, o Brasil surge como um vetor da expansão mercantil do sistema econômico capitalista moderno. Os influxos da economia internacional são o quê atribuí "sentido" à história do Brasil.[27]

Numa perspectiva inédita na historiografia brasileira, seu foco recai nas "classes em luta". Não são mais as elites e sua obra o quê interessa ao historiador paulista, que coloca no centro do palco do drama histórico brasileiro o "povo" anônimo, as massas escravas, semi-escravas, pobres, explorados e excluídos em geral. São estes agora os personagens principais – e não mais as elites. Se para Varnhagen movimentos insurrecionais e rebeliões não eram acontecimentos dignos de constar em sua *História geral do Brasil*, a ponto de dela excluir a Inconfidência mineira, foram justamente esses acontecimentos desprezados pela historiografia tradicional que Caio Prado quis trazer à luz. No resgate das rebeliões da arraia

27 Sobre Caio Prado Jr., queira ver D'INCAO, 1989; IGLÉSIAS, 1982; NOVAIS, 1983; RÊGO, 2000; RICUPERO, 2000.

miúda, da plebe (como nos movimentos de cabanos, balaios, praieiros), nas rebeliões das cidades e das senzalas, com Caio Prado Jr. o "povo" começa a adquirir uma fisionomia própria.

Advogado de formação, autodidata, Caio Prado Jr atinge com *Formação do Brasil contemporâneo* o ápice de sua obra. Inspirado pelo pensamento dialético marxista, porém sem conceder à ditadura da ortodoxia, esse livro supera as demais interpretações marxistas da história brasileira até sua época de publicação, e mesmo se equipara às melhores interpretações não necessariamente marxistas do Brasil. Divide-se em três grandes partes dedicadas à análise do "Povoamento", "Vida material" e "Vida social", as quais são antecedidas por uma "Introdução" e um breve exórdio que cadencia toda a obra, intitulado "Sentido da colonização". Fundamentado em ampla base documental e no conhecimento imediato da realidade brasileira, propiciado por inúmeras viagens feitas pelo Autor Brasil afora, Caio Prado ali fundamentou sua interpretação eminentemente histórica da realidade brasileira.

O projeto original de *Formação do Brasil contemporâneo* era ser uma grande história do Brasil desde os descobrimentos até à época em que foi escrito, a qual deveria contar três volumes. Este que se publicou é dedicado ao período colonial até a Independência – e o projeto integral original nunca foi concluído. Porém, embora centre o foco no período colonial, já na primeira página da obra apõe-se um corte cronológico. Para Caio Prado, o primeiro quartel do século XIX é aquele que contém a "chave preciosa e insubstituível" para poder-se compreender e interpretar o processo histórico que culminou na atual configuração que conhecemos como Brasil.

Nessas duas primeiras décadas do século XIX encontram-se presentes as estruturas básicas da máquina colonial que começava a ruir, assim como os sinais dos rumos das transformações que se anunciavam. No afã de cruzar o colonial com o contemporâneo num *continuum,* Caio Prado buscava, com apoio na teoria marxista – que é eminentemente uma teoria da práxis, da intervenção – contribuir para a superação das contradições, desafios e injustiças originadas no passado e que ainda se faziam presentes. Esse quadro se definiu a partir de uma realidade histórica forjada nos meandros colonização portuguesa na América, cujo sentido fora ditado pelo capital, por meio da divisão internacional do trabalho e da riqueza.

A contrapartida desse modo subordinado de inserção do Brasil como apêndice da história europeia da época mercantilista foi a possibilidade de que aqui se esboçasse um átimo de nacionalidade, contraposta ao dominador europeu, uma espécie de sentimento de nacionalidade cuja definição só começa a se acelerar na virada do século XIX e que culminaria na Independência. Porém, o advento independência não teria levado de imediato a uma autonomia, pois algumas estruturas geradas na época colonial precedente – basicamente o sistema de produção baseado no latifúndio monocultor voltado à exportação de produtos tropicais para o mercado externo e sustentado pelo braço escravo – persistiram, limitando o alcance real da independência e marcando a dependência crônica que nos ligava aos centros do poder econômico mundial. O sistema imposto do exterior condicionou os agentes, grupos e classes a uma subalternidade que comprometeu todo o processo.

A permanência e a continuidade foram as marcas desse processo de transição, e não a ruptura e a inauguração de uma nova era. Em outras palavras, não obstante a independência política, continuava a vigorar então uma ordem social colonial, na qual caberia ao Brasil a condição de ser praticamente uma feitoria da Europa, destinada a provê-la dos bens e riquezas de que necessita. Esse seria, visto na longa duração, o sentido de nossa colonização.

Economia

Entre os grandes intérpretes do Brasil, o economista Celso Furtado foi o primeiro a afirmar com todas as letras que as mazelas estruturais do país, manifestas na desigualdade social, na exclusão, na fome e na miséria, são derivadas de fatores eminentemente econômicos. Furtado fez sua própria e densa análise do processo de formação econômica no Brasil, diagnosticou seu principais problemas e, mais importante, propôs soluções, nos períodos em que participou ativamente da vida pública brasileira como ministro de Estado.[28]

A base intelectual do trabalho de Celso Furtado foi edificada dentro da Cepal (Comissão Econômica para a América Latina), agência da Organização das Nações Unidas (ONU) que, desde a década de 1950, procura identificar as origens e propor soluções para o problema do desenvolvimento na região. A Cepal foi sempre um pólo criador de conceitos inovadores, como centro-periferia, subdesenvolvimento, trocas desiguais entre produção de matérias-primas *versus* manufaturas no comercio internacional e a formação de uma estrutura dual na periferia.

A influência intelectual dos debates da CEPAL é marcante na obra de Celso Furtado, que, pode-se afirmar, foi um de suas mentes mais ativas e criadoras. Em geral, a tese dos cepalinos afirma que os termos do comércio internacional durante o século XX eram prejudiciais às nações exportadoras de produtos primários da "periferia" do sistema econômico mundial. Portanto, a solução para o problema do desenvolvimento da região jazia no empenho ativo dos governos no sentido daquilo que a Cepal chamou de "industrialização para substituição das importações".

Isso significa, praticamente falando, a necessidade do engajamento dos governos latino-americanos de encetarem políticas públicas com o objetivo expresso de buscar a superação do atraso, enfim, de buscar o "desenvolvimento". De acordo com essa tese do "desenvolvimentismo", todas as nações se situariam em momentos diferentes de uma inelutável linha evolutiva como sub-desenvolvidos, em desenvolvimento ou desenvolvidos. Essa ideia era o esteio dos economistas liberais na época e se assentava

28 Sobre Celso Furtado, ver RICUPERO, 2005; SZMRECSÁNYI, 2004; SZMRECSÁNYI, 2002; BIELSCHOWSKY, 1989; MANTEGA, 1989; DANTAS, 1999.

em três pressupostos fundamentais : primeiro, que o mundo era dividido entre nações centrais desenvolvidas e nações periféricas subdesenvolvidas; Segundo, que ambas categorias de nações eram indelevelmente ligadas dentro de um sistema econômico mundial de tal modo que desenvolvimento e subdesenvolvimento eram fenômenos indissociáveis; por último,que, ao menos num passado recente, as relações de comércio no sistema mundial operaram em detrimento das nações subdesenvolvidas.[29]

A novidade da obra de Celso Furtado, em meio a uma miríade de trabalhos surgidos do fórum cepalino, assentava na construção de uma complexa relação entre teoria e história. Não há, em Furtado, uma teoria que se aplique à história; nem o contrário, uma historia que seja explicada pela teoria: a teoria remete à história e esta àquela no próprio processo de construção de seu objeto, um tipo de construção intelectual que estrutura a si mesma, onde a história e teoria alimentam-se reciprocamente. Furtado evita a tradição bacharelesca brasileira, a qual buscava enquadrar a realidade, a historia, em pré-conceitos, modelos abstratos, buscando adequar a realidade à teoria. Tal procedimento levou às conhecidas dicotomias do "país real contra o país legal", ou da "ordem contra a barbárie".

A tese de Furtado, densa em sua aparente simplicidade, é a de que a alta especialização da unidade produtora na época colonial, de vida quase autárquica, conduzia à fragilidade ou até praticamente a ausência de um mercado interno, fator fundamental para o desenvolvimento. Não havia circulação de bens, serviços, mercadorias e, principalmente, de numerário. Esse quadro perdurou até o início do século XVII, com a descoberta das minas no sertão. Esse fenômeno gerou ali – e em outros pólos a ele vinculados - uma insipiente urbanização, com o afluxo de mercadorias e pessoas para as áreas de garimpo, necessariamente provindas de outras regiões. Ali se dava inicio uma insipiente "economia nacional" brasileira. O problema estava em que, nessa época, as minas e toda a eco-

29 Textos seminais do pensamento cepalino encontram-se reunidos em BIELSCHOWSKY, 2000.

nomia colonial eram controladas "de fora", o que acabava inevitavelmente tolhendo atividades manufatureiras e o deslanche da economia. Mais que isso, os surtos de crescimento, estagnação e declínio do país foram também gerenciados "de fora". Toda o processo econômico brasileiro dependia de decisões tomadas nos mercados europeus. O exemplo que oferece Furtado é o da economia açucareira, que era uma atividade financiada, refinada e comercializada pelos flamengos.

Tal cenário pode começar a mudar só com o advento da economia cafeeira, já na segunda metade do século XIX. Sua comercialização já estava nas mãos dos produtores, que promoveram a substituição da mão-de-obra escrava pela assalariada, garantido a constituição de um mercado consumidor interno que alimentasse toda cadeia produtiva. Pela primeira vez em nossa história, as decisões econômicas passavam eram tomadas de dentro do país.

Celso Furtado propõe uma radical mudança de percepção sobre a origem dos problemas do Brasil, que não se devem a vícios de origem ou à índole do seu povo, como sustentaram setores da intelectualidade brasileira na primeira metade do século XIX. É na história econômica do país que se deve buscar a explicação para o atraso e as disparidades de desenvolvimento regional! De modo que as soluções para esses problemas teriam que ser necessariamente de ordem econômica, principalmente o fortalecimento e ampliação do mercado interno, para diminuir a diferença entre as regiões mais pobres (Nordeste) e mais ricas (Sul). Toda ação prática do homem público Celso Furtado, visando à superação das desigualdades regionais internas do Brasil e o papel deste dentro da economia mundial, como a criação da Sudam e da Sudene e a orientação de políticas públicas visando à industrialização para substituição das importações, orientou-se em sua profunda e inovadora análise da história econômica brasileira.

Considerações finais

Neste exercício de apresentação tanto da construção do ordenamento jurídico do Estado brasileiro e da formação da ideia de nação brasileira no século XIX, como da desconstrução crítica dessa lógica pelo pensamento social brasileiro no século XX, qualquer intelectual encontra o limite de sua capacidade de síntese. Afinal, meu desafio não foi menos do que sobrevoar duzentos anos de história do Brasil, pilhando, aqui e acolá, elementos desse vasto material histórico para, com eles, procurar construir a lógica de um argumento.

O objetivo de todo meu argumento é dar a ver, em primeiro lugar, que inúmeros problemas estruturais que maculam a sociedade brasileira têm origem histórica. O regime de apropriação e exploração da terra, desde a época colonial baseado no latifúndio; o apego à exploração da monocultura (um dia foi a cana de açucar, depois o café, o tabaco, o gado, agora a cana novamente...), extensamente cultivada para suprir as necessidades de mercados estrangeiros; as formas violentas de exploração do trabalho (ontem a escravidão, que hoje ainda persiste em alguns pontos do Brasil); as formas não menos violentas de veto à imensa maioria da população a direitos básicos de cidadania, como saúde, educação, habitação, emprego; a persistência de práticas condenáveis na vida pública, na esfera política, como a corrupção crônica e a impunidade... Todas essas mazelas têm origem remota na constituição histórica do Brasil.

O século XIX foi marcado pela opção das elites de mando, agrárias e mercantis, por manter a forma subordinada de inserção do Brasil no mercado e no concerto das nações, o que fez reproduzir no país independente todos os vícios de origem gerados no mundo colonial. No início do século XX alguns brasileiros começaram a procurar entender esta nossa terra rica e complexa, as razões de seu atraso, de suas injustiças sociais. Inúmeros foram os diagnósticos e as receitas para a superação dos problemas brasileiros. Procurei apenas ilustrar, com alguns rápidos e ilustres exemplos, como essas análises e propostas de transformação variaram ao longo do século, desde as visões contaminadas pelo cientificismo acadêmico europeu do início do século XX (que via na mestiçagem o grande mal do Brasil e receitava o "branqueamento" como sua solução) até á análise eminentemente econômica voltada à superação do subdesenvolvimento do país por meio de políticas públicas determinadas (propôs Celso Furtado), passando pelas belíssimas teses sustentadas nos vieses cultural, mental e da luta de classes, de Freyre, Holanda e Caio Prado Jr, respectivamente.

Esse exercício da busca da compreensão da realidade brasileira não parou na década de 1960. Depois de Furtado, muitos intelectuais continuaram e ainda persistem nessa obra, cívica e patriótica, de entendimento do Brasil e da busca de alternativas para a superação de seus problemas. Nossa geração ainda precisa apresentar seus próprios diagnóstico e projeto para o Brasil. Um ótimo primeiro passo é começar por conhecer o legado dos que nos precederam.

Bibliografia

ADORNO, Sérgio. *Os aprendizes do poder* : o bacharelismo liberal na política brasileira. Rio de Janeiro : Paz & Terra, 1988.

ALVES Jr., Tomás. *Annotações theoricas e practicas ao Codigo Criminal.* Rio de Janeiro: Francisco Luís Pinto, 1864. 2 t. I

AMADO, Janaína. *A revolta dos Mucker.* 2 ed. São Leopoldo: Editora da Unisinos, 2002.

ARAÚJO, Ricardo Benzaquen. *Guerra e paz: Casa-grande e senzala e a obra de Gilberto Freyre nos anos 30.* Rio de Janeiro, Editora 34, 1994.

ARAÚJO, Rosa Maria Barboza de e FALCÃO, Joaquim (orgs.). *O imperador das ideias: Gilberto Freyre em questão.* Rio de Janeiro, Topbooks, 2001.

ARMITAGE, John. *História do Brasil.* São Paulo : Martins, 1972.

AZEVEDO, Manoel Mendes da Cunha. *Codigo Penal do Imperio do Brazil com observações sobre alguns de seus artigos.* Recife : Meira Henriques, 1851

BARMAN, Roderick J. *Brazil: the forging of a nation* (1798-1852). Stanford : Stanford University Press, 1988.

BASTOS, Élide Rugai. *Gilberto Freyre e a sociedade brasileira.* Doutorado, PUC, São Paulo, 1986.

BIELSCHOWSKY, R. (org.) *Cinquenta anos de pensamento na CEPAL.* Rio de Janeiro: Record, 2000.

BIELSCHOWSKY, Ricardo. Formação econômica do Brasil: uma obra-prima do estruturalismo cepalino, *Revista de Economia Política*, v. 9 (4), 1989.

BOSI, Alfredo. *História concisa da literatura brasileira.* 2 ed. São Paulo: Cultrix, 1980.

BUENO, José Antônio Pimenta. *Direito público brasileiro e análise da Constituição do Império.* Brasília : Senado Federal/UnB, 1978

CANDIDO, Antonio (org.). *Sérgio Buarque de Holanda e o Brasil.* São Paulo, Fundação Perseu Abramo, 1998.

CANDIDO, Antonio. "O significado de *Raízes do Brasil*" in HOLANDA, Sérgio Buarque de Holanda. *Raízes do Brasil.* Rio de Janeiro, José Olympio Editora, 1967.

CANDIDO, Antônio. *Literatura e sociedade* : estudos de teoria e história literária. 7 ed. São Paulo : Nacional, 1985.

CARVALHO, J. M. de. *Teatro de sombras: a política imperial.*São Paulo: Vértice, Rio de Janeiro: IUPERJ, 1988.

CARVALHO, José Murilo de. *A construção da Ordem.* A elite política imperial. Brasília: UnB, 1981.

CORRÊA, Mariza. Antropologia e Medicina Legal. In: *Caminhos Cruzados*. São Paulo: Brasiliense, 1982.

COSTA, E. V. da. *Da Monarquia à República* : momentos decisivos. 5 ed. SãoPaulo : Brasiliense, s/d.

COSTA, Emília Viotti da. *Da senzala à colônia*. 3 ed. São Paulo : Brasiliense, 1989.

CUNHA, Euclides da. *Os Sertões* (Campanha de Canudos). Rio de Janeiro: Laemmert, 1902.

D'INCAO, Maria Angela (org.). *História e ideal: ensaios sobre Caio Prado Jr.* São Paulo, Editora Brasiliense, 1989.

DAMATTA, Roberto. "A originalidade de Gilberto Freyre" in *BIB*, n. 34, 1987.

DANTAS, José Adalberto M. *Gudin, Bulhões, Furtado*. Maringá: Eduem, 1999.

DIAS, Maria Odila Leite da Silva. "Sérgio Buarque de Holanda, historiador" in *Sérgio Buarque de Holanda*. São Paulo, Editora Ática, 1985.

FREYRE, Gilberto. *Casa Grande & Senzala*. 4 ed. Rio de Janeiro: José Olympio, 1951.

GRAHAM, Richard. *Clientelismo e política no Brasil do século XIX*. Trad. Celina Brandt. Rio de Janeiro: , Editora da ufrj, 1997.

GUTIÉRREZ-ALVIS Y ARMARIO, Faustino. *Diccionario de Derecho romano*. 2 ed. Madrid : Reus, 1976.

HOLANDA, Sérgio Buarque de. *História Geral da Civilização Brasileira*. 3 ed. São Paulo : Difel, 1983. t. 2, v. 5. ("Do Império à República").

IGLÉSIAS, Francisco. "Introdução", *Caio Prado Jr.* São Paulo, Ática, 1982.

JANCSÓ, István (org.). *Brasil: formação do Estado e da Nação*. São Paulo: Hucitec/Unijui/Fapesp, 2003

LASKI, Harold. *O liberalismo europeu*. Trad. A. Cabral. São Paulo: Mestre Jou, 1973.

LEITE, Dante Moreira. *O caráter nacional brasileiro; história de uma ideologia*. São Paulo: Pioneira, 1969.

MACHADO, Paulo P.*Lideranças do Contestado: a formação e a atuação das chefias caboclas (1912-1916)*. Campinas: Editora da Unicamp, 2004.

MALERBA, J. *O Brasil imperial; panorama da história do Brasil no século XIX*. Maringá: Eduem, 1999.

MALERBA, Jurandir. *A corte no exílio. Civilização e poder no Brasil às vésperas da Independência*. São Paulo: Companhia das Letras, 2000.

MANTEGA, Guido. Celso Furtado e o pensamento econômico brasileiro, *Revista de Economia Política*, v. 9 (4), 1989.

MARTINS, Wilson. *História da inteligência Brasileira*. São Paulo: Cultrix; Edups, 1976.

MCFARLANE, Anthony. Independências Americanas na Era das Revoluções: Conexões, contextos, comparações. In: MALERBA, Jurandir (org.). *A independência brasileira: novas dimensões*. Rio de Janeiro: Editora da FGV, 2006,

MENESES, Tobias Barreto de. A questão do Poder Moderador (1871); Prelações de direito constitucional (1882); Direito público brasileiro (1871). In:________. *A questão do Poder Moderador e outros ensaios brasileiros*. Petrópolis : Vozes, 1977.

MERCADANTE, Paulo. *A consciência conservadora no Brasil*. 2 ed. Rio de Janeiro : Civilização Brasileira, 1972.

MICELI, Sérgio. *Intelectuais à Brasileira*. São Paulo: Companhia das Letras, 2001.

MONTEIRO, Pedro Meria. *A queda do aventureiro.* Campinas, Editora da UNICAMP, 1999.

MONTENEGRO, M. J. B. *Lições academicas sobre os artigos do Codigo Criminal.* Recife : Universal, 1860.

MONTENEGRO, Manuel Januário Bezerra. *Crime de injuria : estudo analytico, theorico, comparativo e practico do artigo 236 e 239 do Codigo Criminal.* Recife : Tipografia Comercial, 1875.

MOTA, Carlos Guilherme. *Ideologia da cultura brasileira.* 9 ed. São Paulo: Ática, 1994.

MOTA, Lourenço Dantas (org.). *Introdução ao Brasil. Um banquete nos trópicos.* 2 ed. São Paulo: Editora do Senac São Paulo, 1999.

NICOLAZZI, F. *Um estilo de história: a viagem, a memória, o ensaio.* Sobre Casa-Grande & Senzala e a representação do passado. São Paulo: Editora Unesp, 2011.

NOVAIS, Fernando. "Caio Prado Júnior historiador" in *Novos Estudos CEBRAP,* n. 2, 1983.

PENA, Eduardo Spiller. *Pajens da casa imperial.* jurisconsultos, escravidão e a lei de 1871. Campinas: Editora da Unicamp/ Centro de Pesquisa em História Social da Cultura, 2001.

PERDIGÃO, Carlos Frederico Marques. *Manual do codigo penal brasileiro :* estudos syntheticos e practicos. Rio de Janeiro : B. L. Garnier, 1882.

PESSOA, Vicente Alves de Paula. *CCIB commentado e augmentado com os principios do Direito; legislação de diversos povos, leis do paiz, decretos, jurisprudencia dos tribunaes, avisos do governo, interpretando, alterando ou revogando diversas de suas disposições.* Rio de Janeiro : A. A. da Cruz Coutinho, 1885

PRADO Jr., Caio. *Evolução política do Brasil.* 15 ed. São Paulo: Brasiliense, 1986.

QUEIROZ, Maria Izaura P. *O messianismo no Brasil e no mundo.* 2 ed. São Paulo: Alfa-Ômega, 1976.

RÊGO, Rubem Murilo Leão. *Sentimento do Brasil: Caio Prado Júnior - continuidades e mudança no desenvolvimento da sociedade brasileira.* Campinas, Editora da UNICAMP, 2000.

REIS, José Carlos. *As identidades do Brasil; de Varnhagen a FHC.* 2 ed. Rio de Janeiro: Editora da FGV, 1999.

Revista do Brasil, n. 6, 1987. Número especial dedicado a Sérgio Buarque de Holanda.

RICUPERO, Bernardo. *Caio Prado Jr. e a nacionalização do marxismo no Brasil.* São Paulo, Editora 34, 2000.

RICUPERO, Bernardo. Celso Furtado e o pensamento social brasileiro. *Estudos Avançados,* v. 19, n. 53, 2005.

RODRIGUES, José Honório. *Conciliação e reforma no Brasil.* Um desafio histórico-político. Rio de Janeiro: Nova Fronteira, 1965.

RODRIGUES, Nina. *Os africanos no Brasil.* 5 ed. Brasília: Editora da UnB, 2005.

SAES, Décio. *A formação do Estado burguês no Brasil (1881-1891).* Rio de Janeiro : Paz & Terra, 1985.

SAES, Décio. *A formação do Estado burguês no Brasil (1881-1891).* Rio de Janeiro : Paz & Terra, 1985.

SANTOS, Wanderley Guilherme dos. *Ordem burguesa e liberalismo político.* São Paulo : Duas Cidades, 1978.

SCHWARCZ, Lilia M. *As barbas do imperador.* São Paulo: Companhia das Letras, 1998.

SCHWARCZ, Lilia Moritz. *O espetáculo das raças*. São Paulo: Companhia das Letras, 1993.

SCHWARCZ, Lilia. *As barbas do Imperador. D. Pedro II, um monarca nos trópicos*. São Paulo: Companhia das Letras, 1998.

SCHWARCZ, Lilia. *O espetáculo das raças; cientistas, instituições e questão racial no Brasil (1870-1930)*. São Paulo: Companhia das Letras, 1993.

SCHWARCZ, Lílian M. *O espetáculo das raças*. Cientistas, instituições e pensamento racial no Brasil: 1870-1930. São Paulo, Companhia das Letras, 1993.

SCHWARCZ, Lílian. *As barbas do imperador*. São Paulo: Companhia das Letras, 1998.

SILVA, Alberto da Costa e. Quem fomos no século XX: as grandes interpretações do Brasil. In: MOTA, Carlos Guilherme (org.) *Viagem incompleta: a experiência brasileira (1500-2000) - a grande transação*. São Paulo: Editora do Senac São Paulo, 2000.

SKIDMORE, T. E. *Preto no Branco: Raça, Nacionalidade no Pensamento Brasileiro*. Rio de Janeiro: Paz e Terra, 1976.

SKIDMORE, Thomas. *Preto no branco: raça e nacionalidade no pensamento brasileiro*. Rio de Janeiro: Paz e Terra, 1976.

SOUSA, A. C. de M. e. *Formação da literatura brasileira; momentos decisivos*. 6 ed. Belho Horizonte: Itatiaia, 1981. v. 2.

SOUSA, A. C. de M. e. O escritor e o público. In: *Literatura e sociedade*: estudos de teoria e história literária. 7 ed. São Paulo: Companhia Editora Nacional, 1985.

SUASSUNA, Ariano. *Romance d'A Pedra do Reino e o príncipe do sangue de vai-e-volta*. Rio de Janeiro: José Olympio, 2004.

SZMRECSÁNYI, Tamás. Celso Furtado e o início da industrialização no Brasil, *Revista de Economia Política*, v. 22 (2), 2002.

SZMRECSÁNYI, Tamás. Retomando a questão do início da historiografia econômica no Brasil, *Nova Economia*, v. 14 (1), 2004.

VIANA, F.J. de O. *Populações meridionais do Brasil* (1920) e *Evolução do Povo Brasileiro*, 1923.

VIANA, Francisco José de Oliveira. *Populações meridionais do Brasil e instituições políticas brasileiras.* Brasília : Câmara dos Deputados, 1982.,

VVAA. *Gilberto Freyre na UnB.* Brasília, Editora da UnB, 1981.

VVAA. *Sérgio Buarque de Holanda. Terceiro colóquio Universidade Estadual do Rio de Janeiro.* Rio de Janeiro, Imago, 1992.

VVAA. *Sérgio Buarque de Holanda: vida e obra.* São Paulo, Secretaria de Estado da Cultura, 1988.

WEBER, Max. *Economia y sociedad:* esbozo de sociología comprensiva. 2 ed. México: Fondo de Cultura, 1987.

WEHLING, Arno (org.) *Origens do Instituto Histórico e Geográfico Brasileiro: ideias filosóficas e sociais e estruturas de poder no Segundo Reinado.* Rio de Janeiro: IHGB, 1989;

WIEACKER, Franz. *História do Direito privado moderno.* 2 ed. Trad A. M. Botelho Espanha. Lisba: Fundação Calouste Goulbenkian, 1993.

Capítulo 9

O patriarcalismo como *topus* e como sina[1]

Em um estudo de juventude, que foi minha dissertação de mestrado, defendida em 1992 e publicada como *Os brancos da lei. Liberalismo, escravidão e mentalidade patriarcal no Império do Brasil*, o velho debate sobre o "lugar das ideias", protagonizado nos anos 1970 por Roberto Schwarcz e Maria Silvia de Carvalho Franco, perpassava toda reflexão. Meu argumento, seguindo de perto Sérgio Buarque, era então o de que a estrutura patriarcal da sociedade escravista, herança colonial persistente no império, transbordava das relações domésticas e coloria todo o espectro social, atingindo inclusive a esfera pública e o Estado (a política e o Direito). A seguir, procurarei demonstrar como esse *topus*, a centralidade da família patriarcal, foi basilar no pensamento social brasileiro (historiografia incluída), durante boa parte do século XX, tendo sido subitamente defenestrado da pauta por volta dos anos 1970. Não cabe aqui entrar no mérito de porque isso aconteceu, mas talvez seja paradigmática ilustração a crítica contundente promovida por um autor da envergadura de Jessé Souza desde o início dos anos 2000, em seu instigante estudo sobre o que chamou de *A modernização seletiva: uma reinterpretação do dilema brasileiro* (SOUZA, 2000). Partindo da crítica do que batizou de

1 Esse texto começou a ser formulado para a mesa temática "As ideias sempre estiveram no lugar? Vocabulário, conceitos e políticas no Brasil", dentro do *EPHIS Encontro de Pesquisa Histórica*, "Brasil em Perspectiva: passado e presente", realizado na UFMG, Belo Horizonte, de 6 a 10 de junho de 2016.

culturalismo atávico, Souza promove a desconstrução dos arautos do que ele chamou de "sociologia da inautenticidade", a qual teria como cerne de sua impropriedade a concepção da modernidade ocidental como sendo algo uniforme e homogêneo. Trajetória dotada, portanto, de uma unicidade imaculada.

E como essa sociologia da inautenticidade interpreta o Brasil? Jessé parte da análise de três intérpretes - Sérgio Buarque, Raimundo Faoro e Roberto DaMatta – entre os mais representativos da "concepção de mundo ibérica" por meio da qual se construiu uma concepção dominante na forma como os brasileiros nos autocompreendemos. Resumindo grosseiramente a sofisticada tese de Jessé, as interpretações de Sérgio Buarque, calcadas na ideia da formação patriarcal e rural do Brasil, herança ibérica aclimatada e revigorada na colônia, seriam obsoletas para pensar o país hoje, posto que um processo de modernização avançado teria soterrado aquelas características estruturais da interpretação buarqueana do Brasil.

Não é minha proposta confrontar as teses do distinto cientista político mineiro, mas propor a partir delas algumas provocações intelectuais. Para isso, primeiramente repassarei por algumas matrizes bem diversas do pensamento social brasileiro, mostrando como o *topus* da família patriarcal já foi não só recorrente, como central para o entendimento da história do Brasil. Depois, vou retomar algumas ponderações daquele estudo de juventude sobre nosso pensamento jurídico oitocentista; em seguida, conscientemente incorrendo no pecado mortal do anacronismo, ousar trazer a questão para os dias atuais a fim de pensar os recentes eventos dramáticos no cenário político brasileiro.

O PATRIARCALISMO COMO *TOPUS* NO PENSAMENTO SOCIAL BRASILEIRO

Então, permita-se resgatar, cronologicamente, meia dúzia de referências importantes sobre o patriarcalismo na sociedade e na política brasileiras. Não precisaríamos recuar no tempo André João Antonil

(João Antônio Andreoni), que já em 1711 destacava em seu *Cultura e opulência do Brasil por suas drogas e minas* a centralidade política e econômica do senhor patriarcal.

> O ser senhor de engenho, é título a que muitos aspiram, porque traz consigo o ser servido, obedecido e respeitado de muitos. E se for, qual deve ser, homem de cabedal, e governo, bem se pode estimar no Brasil o ser senhor de engenho, quanto proporcionadamente se estimam os títulos entre os fidalgos do reino.(...) Dos senhores dependem os lavradores, que tem partidos arrendados em terras do mesmo engenho, como os cidadãos dos fidalgos; (...) Servem ao senhor de engenho em vários ofícios, além de escravos de enxada e foice, que tem nas fazendas e na moenda, e fora dos mulatos e mulatas, negros e negras da casa, ou ocupados em outras partes; barqueiros, canoeiros, calafates, carapinas, carreiros, oleiros, vaqueiros, pastores e pescadores. Tem mais cada senhor destes necessariamente hum mestre de açúcar, um banqueiro e um contra-banqueiro, um purgador, um caixeiro no engenho e outro na cidade, feitores nos partidos e nas roças, um feitor-mor do engenho; e para o espiritual um sacerdote seu capelão; e cada qual destes oficiais tem soldada.[2]

Podemos deixar à parte os cronistas, viajantes e primeiros historiadores do Brasil e saltar direto para o pensamento social brasileiro no século XX. No ano da Semana de Arte Moderna, 1922, o clássico do pensamento autoritário no Brasil Oliveira Viana, estudando em *Populações meridionais do Brasil* a gênese dos clãs e o espírito de clã nos três primeiros séculos, chamava a atenção para o estado de violência permanente, a

2 André João Antonil *apud* Simonsen, 1978, p. 105

desproteção do homem do povo, desprovido de solidariedade parental e de classe. A proteção só vinha, efetivamente, do grande senhor:

> Essa função tutelar só a exerce, e eficientemente, o fazendeiro local. Só à sombra patriarcal deste grande senhor de engenhos, de estâncias, de cafezais vivem o pobre e o fraco com segurança e tranquilidade. Pela sua riqueza, pelo seu poder, pelo seu prestígio, mesmo pela sua força material, só ele é capaz, neste regime de pilhagem e prevaricação gerais, de reagir contra as arbitrariedades e as injustiças. Só ele, no mundo rural, tem meios para dar à sua patronagem uma eficiência prática, que nem a patronagem do cura, ou do médico, ou do advogado, ou mesmo da autoridade local possuem. (VIANA, 1982, p. 156)

Ao investigar as origens do prestígio e da ascendência incontestáveis da "nobreza paulista", Vianna asseverava seu fundamento local: "... o domínio rural é o centro de gravitação do mundo colonial (...). Sobre ele a figura do senhor de engenho se ateia, prestigiosa, dominante, fascinadora."[3]

Em 1928, em seu clássico *Vida e morte do bandeirante* Alcântara Machado reitera a tese de Vianna:

> É no instinto de conservação que [se] solidariza a parentela. É a necessidade de defesa que faz da família colonial um corpo estável e homogêneo. Organização defensiva, o agrupamento parental exige um chefe que o conduza e governe à feição romana, militarmente. Daí a autoridade incontrastável do pai de família sobre a mulher, a prole, os escravos e também agregados ou familiares, proletários livres que se acolhem ao calor de sua fortuna e à sombra

3 VIANA, 1982, p. 84 e ss. Sobre a obra de Oliveira Viana, BASTOS e MORAES, 1993.

> de seu prestígio, e que lembram a clientela do patriciado. (Machado, 1972, p. 145-146)

Mas o grande formulador da onipresença do patriarcalismo na sociedade brasileira é sem dúvida Gilberto Freyre. Na primeira página do primeiro volume de sua clássica trilogia, que tem por subtítulo justamente *Introdução à história da sociedade patriarcal no Brasil*, Freyre lavrava sua tese tão fértil e duradoura no nosso pensamento social.

> A base, a agricultura; as condições, a estabilidade patriarcal da família, a regularidade do trabalho por meio da escravidão. A união do português com a mulher índia, incorporada assim à cultura econômica e social do invasor (...) formou-se na América portuguesa uma sociedade agrária na estrutura, escravocrata na composição (...) defendida menos pela ação oficial do que pelo braço e a espada do particular (...) A formação patriarcal do Brasil explica-se, tanto em suas virtudes como nos seus defeitos, menos em termos de raça e religião do que em termos econômicos, de experiências, de cultura e organização da família, que foi aqui a unidade colonizadora(...) Vivo e absorvente órgão da formação social brasileira, a família colonial reuniu, sobre a base econômica da riqueza agrícola e do trabalho escravo, uma variedade de funções sociais e econômicas".[4]

Em 1942, numa embocadura teórica completamente diversa, materialista, Caio Prado Jr. asseverava em *Formação do Brasil contemporâneo*:

---

4 Freyre, 1952, p. 95; 123. Sobre Freyre e a família patriarcal, cf. SOUZA, Jessé. Gilberto Freyre e a singularidade cultural brasileira. *Tempo Social* São Paulo, v. 12, n. 1: 69-100, 2000; Itaboraí, 2005; VELHO e FIGUEIRA, 1981; ARAÚJO, 1994; CORRÊA, Mariza. Repensando a família patriarcal brasileira. In ARANTES, 1994; NICOLAZZI, F. 2011.

> Em tal terreno [na análise dos aspectos organizados da vida colonial, ao mundo da ordem] um logo ocorre que, com a escravidão que lhe constitui a base essencial, domina o cenário da vida na colônia: é o *clã patriarcal*, - emprego uma expressão consagrada, unidade em que se agrupa a população de boa parte do país, e que, na base do domínio rural, reúne o conjunto dos indivíduos que participam das atividades dele ou se lhe agregam. (Unidade econômica, social, administrativa, e até de certa forma religiosa. Quando me ocupar da organização administrativa da colônia, veremos como este poder verdadeiramente soberano dos grandes proprietários, com aquelas unidades sobre que se estende, se ajusta à estrutura da administração colonial..." (Prado Jr, 1983, p. 286)

Sete anos depois aparecia como volume 263 da prestigiosa coleção Brasiliana o livro *Lutas de famílias no Brasil*. Estudando a violência endêmica e os crimes de vingança no Brasil, Luiz de Aguiar Costa Pinto assim pensava a "sociedade de parentes":

> De fato, na colônia, nas condições da economia agrícola – monocultora, latifundiária e escravagista - , o grupo econômico quase que por completo se identificou com o grupo de parentesco, acrescido de agregados e dependentes que constituíam a vasta clientela da família patriarcal. A família-grande, hipertrofiada e multifuncional, em que os laços de sangue se aumentavam pelos da servidão, foi a unidade colonizadora do Brasil, e por isso mesmo, fez-se centro e núcleo, quase absoluto, da vida social. (...) Submetendo à sua autoridade outras agências e instituições de poder e controle social, hierarquizando abaixo de si o vasto grupo de parentes e a massa de seus exércitos privados, o *pater famílias* brasileiro, mais que um

> simples caudilho, foi, como seu modelo romano, centro irradiador de força estável – "legítima ou não, mas sempre efetiva, que é o fato mais notável daquela organização política". (Costa Pinto, 1980, p. 25; 27)

Um ano antes do golpe civil militar de 1964, dissecando as injustiças do sistema fundiário brasileiro, Alberto Passos Guimarães recuperava o peso de engenhos e fazendas e do latifúndio cafeeiro em nossa formação histórica:

> O Engenho havia de ser, muito mais que a fazenda, uma unidade produtora autônoma e forte. Sua força residia menos na sua riqueza econômica do que nos privilégios que lhe eram conferidos: as torres, as armas, o monopólio feudal da terra, o domínio sobre as coisas e sobre os homens (...) Um misto de senhorio feudal e patriciado rural, numa combinação de atividades agrícolas e manufatureiras(...) Essa unidade produtora – o engenho – foi a célula da sociedade colonial, tornando-se, por muito tempo, a base econômica e social da vida brasileira. (Guimarães, 1968, p. 63)

Três anos depois, já em pleno regime de exceção, Nestor Duarte, em *A ordem privada e a organização política nacional,* estudava a hipertrofia da ordem privada em detrimento da organização pública na formação brasileira, chegando a seguinte síntese:

> Vida familiar – vida agrícola, vida agrícola – vida familiar. Nesses termos se equacionam a vida, a morfologia e o espírito da colônia brasileira em três séculos de fundação de uma sociedade no Brasil. (Duarte, 1966, passim)

Mas vamos aqui dar uma atenção maior àquele a quem Jessé Souza dirige sua crítica. De minha parte, um contato mais sério com

Raízes do Brasil ocorreu-me lá pelas épocas do mestrado. Àquela altura eu procurava parâmetros para entender o pensamento jurídico no Brasil do século XIX. Por tantos lugares por onde passei, tantas obras e autores, entre os quais uns quarenta glosadores do Código Criminal do Império, de 1830, todos os caminhos me conduziam à questão da preeminência da família de tipo patriarcal na sociedade brasileira. O patriarcado como chave para o entendimento da sociedade brasileira. Dei-me conta de que essa tinha sido "a" grande questão entre os pensadores brasileiros entre os anos 1920 e 1960, como procurei ilustrar acima.

Também para Sérgio Buarque o domínio rural definia-se como elemento celular da vida colonial. Comungando o entendimento de grande parte da inteligência brasileira até então, Holanda detecta sob a mão do proprietário rural a célula doméstica, praticamente autossuficiente, autárquica, carecendo suprir-se de um número reduzido de produtos do exterior. Esse teria sido o fundamento do predomínio total do privado sobre o público, desde o período colonial.

Semelhante forma de organização econômica, análoga ao *óikos* grego teorizado por Max Weber[5], pulverizada em células praticamente autônomas, teria atribuído amplitude praticamente incontestável ao poder do patriarca. Sérgio Buarque conta no número daqueles para quem a explicação do poder patriarcal está na organização do grande domínio rural, como se lê em passagem clássica de *Raízes*:

> Nos domínios rurais é o tipo de família organizada segundo as normas clássicas do velho direito romano-canônico, mantidas na Península Ibérica através de inúmeras gerações, que prevalece como base e centro de toda a organização. Os escravos das plantações e das casas, e não somente os escravos, como os agregados, dilatam o

5 Note-se que a ascendência do sociólogo alemão sobre o pensamento buarqueano não se limita aos tipos ideais! Para além da metodologia, ela estrutura todo o arcabouço teórico do historiador. Cf. WEBER, 1987, p. 311 ss.

> círculo familiar e, com ele, a autoridade imensa do pater-famílias. Esse núcleo bem característico, em tudo se comporta como seu modelo da Antiguidade, em que a própria palavra "família", de *famulus*, se acha estreitamente vinculada à ideia de escravidão, e em que mesmo os filhos são apenas os membros livres do vasto corpo, inteiramente subordinado ao patriarca, os *liberi*.[6]

Não foram poucos os autores, de grande nomeada, que, ao analisarem a construção do Estado nacional no século XIX, enxergaram haver um conflito ou um hiato entre sociedade e Estado naquele contexto. Maria Odila da Silva Dias, tomando em conta, de um lado, a hipertrofia do Estado imperial e do poder das elites dirigentes e, de outro, uma "sociedade dividida em pluralismos raciais e sociais", afirma a existência "de um profundo abismo entre sociedade e Estado" (DIAS, 2008, p. 323 ss). Essa perspectiva, a rigor, aproxima-se mais da visão de Gilberto Freyre, para quem a sociedade dos "*Sobrados & mocambos*" assistira à emergência de uma nova "ordem já burguesa, mas ainda patriarcal, que constituía a segurança da sociedade brasileira". Para Freyre, quase um lamento, o processo de civilização operado pelo Estado imperial promove a paulatina desaparição da variedade de tipos e formas da sociedade colonial, com a imposição de uma nova ordem impessoal. Com isso, romper-se-ia a aliança Estado-patriarcado.[7]

---

6 HOLANDA, 1984, p. 49. Raimundo Faoro aprofunda a reflexão sobre a centralidade da concepção familista-patriarcal na história do Brasil e, conceitualmente, na obra de Sérgio Buarque – não obstante fazendo ressalva (a afirmação constante no prefácio de Antonio Candido) de que Sérgio jamais afirmou que a ordem político-social imperial fosse "patrimonialista", mas o contrário: que o patrimonialismo seria ali impossível como ordem política, obstado pela ambiência patriarcal, incapaz de escapar à ordem privada. Cf. FAORO, 2007, p. 267-282.

7 Tais pressupostos foram claramente expostos por Sérgio no ensaio 'Sociedade patriarcal", incluído no livro *Tentativas de mitologia*: questionando a metodologia freyrena, bebida em Simmel, entre "forma" e "conteúdo", Holanda derriba

A chave de Sérgio, parece-me, é completamente outra. Como apontaram inúmeros críticos, se manteriam intactas as tensões entre, de um lado, as formas de sociabilidade, originadas no seio da família patriarcal e marcadas pela cordialidade e, de outro, as novas formas próprias da vida citadina, do mundo moderno, caracterizadas pela impessoalidade nas relações e pela definitiva separação das esferas pública e privada. O diagnóstico é o de que, embora uma mudança germinal tenha sido anunciada pela vinda da corte portuguesa para o Brasil e, principalmente, pela abolição da escravidão (e, sugestivamente, pela imigração em massa), aquelas formas arcaicas, personalistas, ainda permeariam as relações sociais no Brasil, de modo a travar otimistas projetos de reforma. Como corolário de seu ensaio, o projeto para o Brasil, o caminho da "nossa revolução" proposto por Sérgio seria o da superação do passado ibérico, colonial e rural, por meio de uma revolução nos costumes.

Pois onde muitos viram um conflito ou um abismo entre sociedade e Estado, Sergio Buarque me permitiu ver continuidade, contiguidade, mesmo uma "homologia estrutural" entre as duas formas, a Casa e o Estado, a sociedade civil e a política, o privado e o público, uma invasão do público pelo privado, um apagamento de suas fronteiras. Retomando meu estudo de juventude (MALERBA, 1994), minha tese então era a de que o ordenamento jurídico do Estado imperial, construído no Brasil desde a Independência e ao longo do XIX, assentou-se sobre a base sólida de uma concepção patriarcal de poder, que tinha origem remota na própria tradição política portuguesa. Cimento ideológico incontestável, essa ancestral concepção patriarcal aderiu vigorosamente à arquitetura mental própria da sociedade escravista da época imperial. Não foi mera coincidência o fato de os mentores ideológicos da nação-estado no sécu-

o postulado freyreano de que a "forma" patriarcal da sociedade brasileira teria sido gerada na área da cana-de-açucar, sendo genuinamente brasileira; ao contrário, teria vindo "acabada do velho mundo, adaptando-se aqui, mal ou bem, às circunstâncias geográficas, étnicas, econômicas, próprias das diferentes áreas, e assumindo uma feição diversa". Cf. HOLANDA, 1979, p. 105.

lo XIX, senhores numa sociedade escravocrata moderna, terem buscado no Direito romano as fundações jurídicas do Estado em construção: este se ergue para resguardar basicamente o direito de propriedade privada e o pátrio-poder.[8]

O patriarcalismo como chave analítica do Brasil escravista

Juridicamente, o predomínio da esfera privada sobre a pública no Império do Brasil arranjou-se na forma do *oikos* grego. Para Weber, sua função fundamental, enquanto grande fazenda doméstica autoritariamente dirigida, não seria necessariamente a aquisição capitalista de valores monetários, mas suprir organizadamente as necessidades do senhor. De modo que o fundamento jurídico do poder doméstico nas sociedades baseadas na exploração da grande propriedade monocultora voltada ao mercado externo, como foi o caso do Brasil no XIX, reside na convivência pessoal, permanente e íntima da comunidade. Para a mulher, este fundamento do poder doméstico significaria a superioridade normal da energia física e espiritual do homem. Para o filho jovem, sua necessidade natural de ajuda. Para o escravo, sua falta de proteção fora da jurisdição do senhor, a serviço do qual se encontra desde a infância por circunstâncias da vida (WEBER, 1987, p. 311). Essa matriz - a onipotência do pater-familias - é determinante para o entendimento do Brasil oitocentista. Sua força atinge a própria configuração do Estado imperial.

Foi assim, legitimando juridicamente a violência privada, que nossos letrados imperiais buscaram fundamentação doutrinária para conter a escravaria. Na lógica jurídica, a legitimidade da violência privada no escravismo é *ex natura*, como na relação entre pai e filho. O senhor detém o direito legal da aplicação do castigo moderado, como pai e protetor de seus *famuli*, responsável pela garantia da ordem em seus domínios. Na casa

8 GUTIÉRREZ-ALVIS Y ARMARIO, 1976; WIEACKER, 1993.

grande esse preceito deveria ser, e efetivamente foi, insofismável. Na apologia dos jurisconsultos à obediência passiva, ressaltava-se a veneração pelo dever filial à voz paterna. Muitos deles afirmavam que "... o exercício do poder legítimo arrasta á necessidade de fazer o mal, para reprimir o mal (...) pois que ninguém quereria mais ser magistrado, ou pai, se não houvesse segurança de seu poder". (MONTENEGRO, 1860, p. 148)

O próprio regime servil contribuía para legitimar o poder patriarcal. Segundo a historiadora Emília Viotti da Costa, quando o trabalho se desmoraliza e é resultado de uma imposição, os dominantes veem-se obrigados a apelar à violência física (COSTA, 1989. p. 303). Para os juristas imperiais, o mal causado pelo castigo doméstico tendia à conservação da tranquilidade doméstica: "o mal que resulta do castigo infligido pelo pai ao filho, pelo senhor ao escravo, pelo mestre ao discípulo se redunda em beneficio dos que o sofrem – é empregado para fazê-los entrar no circulo de suas obrigações" (MONTENEGRO, 1860, p. 181). Dessa doutrina derivaram outras igualmente veneradas pelos nossos juristas, como o respeito às hierarquias, à obediência passiva frente aos superiores, à família, à honra da mulher, sua condição de natural inferioridade e dependência ao homem etc.

O gerenciamento da casa dava poderes quase ilimitados ao senhor, que detinha o monopólio da violência física dentro de seu domínio. De um tal ordenamento jurídico, apoiado numa sociedade escravocrata, fundou-se um Estado estruturalmente homólogo, organizado como uma família ampliada, gerida por uma *summa potestas* com poderes similares ao do senhor em seu domínio - o imperador. Por isso torna-se mais compreensível a concepção aristotélica de Estado dos juristas imperiais, para os quais não haveria diferença qualitativa na constituição da casa e do Estado. O exercício do poder público era como uma extensão do privado: sua diferença não era de ordem qualitativa. De acordo com Ilmar R. de Mattos, governar o Estado consistia não apenas em regulamentar a ação dos dirigentes da "casa", mas principalmente em garantir-lhes a continuidade de seus monopólios: "Governar o Estado era, no fundo e no essencial, elevar cada um dos governantes da casa à concepção da vida estatal" (MATTOS, 1987 p. 120). Noção análoga filia-se à tradição aristotélica da origem do Estado, baseada na reconstrução histórica das etapas que a humanidade teria experimentado desde as formas políticas mais primitivas às mais evoluídas. As fases fundamentais são a família e a aldeia (BOBBIO e BOVERO, 1987. p. 40-48), e vão se expandindo em círculos concêntricos até atingirem a extensão dos Estados. Semelhante concepção paternalista, que vigorou até Hobbes, tem na família a origem do Estado, este apenas uma forma quantitativamente ampliada daquela.

Hobbes inaugura uma ruptura no pensamento político ocidental. Seu ponto de partida para a explicação racional abstrata (e não mais histórica como a de Aristóteles) encontra-se no estado de natureza, no qual a ausência de organização política configuraria o caos da luta de todos contra todos[9]. A diferença fundamental entre os dois modelos, de acordo com Norberto Bobbio, está na relação entre indivíduo e sociedade. No aristotélico, vem no princípio a família, que será o núcleo de todas as formas sociais posteriores. Em Hobbes, o indivíduo é o princípio de tudo. No primeiro caso – o estado pré-político por excelência - a sociedade é compreendida no sentido amplo da organização da casa, do oikos. Por casa deve compreender-se tanto a sociedade doméstica quanto a senhorial: "... é um estado no qual as relações fundamentais são relações entre superior e inferior e, portanto, são relações de desigualdade, como é o caso, precisamente das relações entre pais e filhos e senhor e escravos" (BOBBIO e BOVERO, 1987., p. 44).

O modelo hobbesiano rompe com esse padrão paternalista, estabelecendo o modo de ser pré-político - o estado de natureza - como um agregado de indivíduos isolados, de liberdade e igualdade ou de inde-

9 Cf. BOBBIO, 1988. p. 107-16. Sobre o estado de natureza, diz o autor: "... a razão pela qual os indivíduos deixam o estado de natureza para ingressar na esfera do Estado é que o primeiro, não regulado por leis impostas por um poder comum, se resolve numa situação de conflito permanente (o famoso *bellum omnium contra omnes*)."

pendência recíproca, pressuposto para a hipótese contratualista – base do liberalismo burguês[10]. Não é por mero acaso ser esse modelo jus-naturalista o reflexo teórico e, ao mesmo tempo, o projeto político da sociedade burguesa em formação. Nele, pela primeira vez, aparta-se a esfera econômica como distinta da política, a privada da pública [11].

Era como se nossos juristas não conhecessem os cortes hobbesiano e rousseauniano. Em 1864, dizia Tomás Alves Jr, um insigne comentador do CCIB

> O exercício do poder legitimo arrasta à necessidade de fazer mal para reprimir o mal. *O poder legítimo divide-se em político e doméstico.* O magistrado, ou pai, ou aquele que o representa, não podiam fazer respeitar sua autoridade, um no Estado, outro na família, se não estivessem armados de meios coercitivos contra a desobediência. O mal que eles infligem tem o nome de pena ou castigo. *Por estas vias de fato só procurarão obter o bem da grande como da pequena sociedade*, e não é preciso dizer que o exercício de sua autoridade legítima é um meio completo de justificação, pois que ninguém quereria ser pai se não tivesse toda a segurança no emprego de seu poder (...).

10 "Através desta separação do indivíduo da sociedade e da natureza, separação essa intimamente relacionada com outras dualidades filosóficas, tais como pensamento e ser, essência e aparência, (...), o conceito de indivíduo livre que o pensamento burguês opõe à Idade Média é concebido como uma firme entidade metafísica. O indivíduo deverá ser abandonado a si próprio". HORKHEIMER, 1983. p. 72. Nesta obra se faz uma crítica acurada da mistificação do "indivíduo livre" do pensamento burguês, mostrando como, quando da transição para um regime de pastagens, os rendeiros foram afastados do campo, sendo libertados no sentido negativo, já que aquilo não era exatamente sinônimo de possibilidade de escolha de local e tipo de trabalho.

11 Sobre o modelo jusnaturalista, o contrato social e a sociedade civil, comparados ao aristotélico, ver BOBBIO e BOVERO, 1987, p. 13-102.

> *Não se pode, pois, duvidar do Direito que existe no pai, no senhor e no mestre de castigar o filho, o escravo e o discípulo.* (ALVES Jr., 1864. t. I, p. 284)

Para a elite jurídica oitocentista brasileira, a diferença entre Estado e família é apenas quantitativa, ou seja, somente uma questão de dimensões diferentes de uma mesma forma. Um no Estado, outro na família, magistrado e pai devem fazer respeitar sua autoridade, por meios coercitivos se necessário. Semelhante maneira de ordenar a sociedade - leia-se: disciplinar as hierarquias -, tanto a pequena como a grande, é um "meio completo" e incontestável de justificação do direito à "correção" dos inferiores.

Valores na sociedade patriarcal

Lançamos mão do modelo aristotélico sobre a origem do Estado, que tem na unidade doméstica sua explicação genética, para tentar compreender a relevância que ganham autoridade e obediência no ideário escravista. A deferência para com semelhantes valores é um reforço substantivo do exercício do poder de mando concentrado na figura do senhor (do fazendeiro que administra a casa ou do dirigente do Estado), tal como via Aristóteles - análogo ao pátrio poder, que se define pela tendência a dissimular o excesso de autoridade sob a forma de proteção.

A família era o núcleo tanto da "grande como da pequena sociedade". Uma vez ameaçada, o próprio Estado corria perigo. É na família que se produzem e reproduzem as hierarquias e a noção de obediência; é o núcleo onde se ensinam os fundamentos do viver em sociedade: a educação é um meio de disciplinar, de estabelecer uma ordem - no caso, a ordem da desigualdade[12]. A família era o átomo da conservação e sua

12 Sobre a pena de morte para os escravos que cometessem ofensa física contra os senhores (lei de 10.06.1835), concorda em 1862 José Liberato Barroso em seu *Indice alphabetico ao Codigo Criminal*, p. 94 : "Esta disposição é uma consequen-

estrutura precisava ser preservada a qualquer preço. Para os segmentos dominantes, pelo menos, devia constituir-se de acordo com as normas da Igreja, já que não se praticava ainda o casamento civil. O desrespeito a essa regra, em razão das consequências funestas que acarretava, sofria por isso reprovação absoluta[13].

Os agentes corrosivos do matrimônio, dos quais se destaca primeiramente o adultério - previsto no diploma penal nos artigos 250 a 253 -, são matéria de reflexão de todos os juristas. Os artigos mencionados punem o adúltero e a adúltera igualmente e nenhum poderia ser castigado em separado daquele com quem perpetrou o crime. A pena era de prisão com trabalho por um a três anos. Francisco Luís assim justifica tamanho rigor:

> Na observancia da fé e felicidade conjugal, na conservação e moralidade da familia, na educação da prole, repousa a sociedade; e tem por isso o maior interesse. (...) Atacando-as e perturbando-as, não póde deixar de ser punido o adulterio, que é por isso o mais grave dos crimes, o mais funesto dos desvios, que podem ser practicados pelo marido ou pela mulher. (LUÍS, 1885, p. 461)

Ao discorrer sobre o crime de poligamia – artigo 249 –, Paula Pessoa menciona a opinião de diversos autores quanto à moralidade da questão e pondera que, uma vez que o esposo ofendido consentisse em perdoar o ultraje, à sociedade não interessaria mais a punição. Porém

---

cia da escravidão: o legislador a considerou necessaria para manter a obediencia e subordinação domestica, e a disciplina dos estabellecimentos, em que o trabalho se faz por braços escravos. Em um paiz de escravatura a legislação não póde deixar de conter disposições repugnantes á civilização christã".

13 "O matrimonio contrahido clandestinamente, ou entre individuos, que não se mostrão habituados na forma das leis, ataca os Direitos do estado civil e domestico, que toda sociedade deve garantir, como uma condição de sua existencia". BARROSO, 1862., p. 27.

adverte que "o crime de bigamia ataca a mesma sociedade, porque esta tem por base a boa família, que repousa sobre a unidade do casamento; e é um crime social" (PESSOA, 1885, p. 423). A vítima maior do crime de bigamia não seria o cônjuge ofendido, mas a própria sociedade. O jurista constrói um argumento à base de outros peritos e exemplos históricos de culturas antigas, para provar como o crime de adultério sempre pesa e é mais reprovável quando perpetrado pela mulher do que pelo homem. [14]

Talvez seja um anacronismo afirmar que essa era uma moralidade machista. Mas não resta difícil sustentar que, numa cultura que tinha o pater no topo, à mulher não cabia muito espaço e voz[15]. Ela era tida como tão inferior quanto filhos e escravos. Não comparável a estes porque estava fora do círculo dos que mandavam e obedeciam. Via-se a mulher como um ser inferior porque mais frágil, carente de proteção[16]. Tinha

14 Ele não está sozinho: "Os desvios do homem casado não tem os perigos, nem produzem os mesmos resultados que os da mulher casada; como os d'esta não fazem penetrar a perturbação e a discordia no lar domestico; não introduzem no seio da familia filhos que lhe são estranhos. Acresce ainda que a mulher adultera nunca pode ser boa mãi de familia; a sua falta desgraça a todos - esposo e filhos. O adulterio do homem não ateia a guerra senão entre duas mulheres; guerra terrivel, mas rara vez mortífera". Cf. LUÍS, 1885, p. 461.

15 Não será demais lembrar que tais inferências partem da análise do ponto de vista "de cima", daqueles que criavam a norma. Todo um mundo de resistência a essa norma, driblando-a, negando-a, existia latente e pulsante. A recuperação da ação desses "sujeitos informais" (mulheres, crianças, minorias étnicas, sexuais, etc) vêm sendo perscrutada por toda uma historiografia mais recente, como, no caso da história da mulher, bem ilustram os trabalhos de Michelle Perrot. A obra de DIAS, 1983, inaugurou esse importante veio de pesquisa e reflexão no Brasil.

16 "Quem abusa da sua superioridade em sexo, forças e armas para opprimir o desarmado, o fraco, a mulher, collocada pela propria natureza sob proteção do homem, denota um caracter baixo e ignobil". (JM) LUÍS, 1885, p. 57. ALVES Jr., 1864, t. 2, p. 552, explicando a doutrina do artigo 150, sobre o empregado público solicitar ou seduzir uma mulher, nota que o legislador quis reprimir um abuso

que viver, portanto, à sombra daquele que devia socorrê-la, e em troca havia de saber honrá-lo.

Em suas observações ao artigo 43, que proíbe a execução de mulheres "prenhes", Paula Pessoa apela à caridade e à justiça no sentido de se reconhecer a inferioridade da mulher, para poupá-la da hedionda ideia que constitui a simples prisão de uma gestante. Para o autor, as penas deveriam ser aplicadas diferenciadamente em razão do sexo, já que a mulher "vive tanto pelas leis do coração, com muita brandura de caráter":

> E basta lembrar que, sendo a mulher reduzida a um estado necessario de menoridade e incapacidade, como collocal-a, a esse ser tão fraco, esse menor, sobre o mesmo nivel do homem, seu senhor e seu mestre, sendo que a sua debilidade relativa do corpo, de temperamento e intelligencia, deveria ser em vista da severidade das leis pennaes uma causa geral de attenuação... (PESSOA, 1885, p. 54)

Daí procede a um longo tratado sobre como a mulher é o anjo da guarda do lar doméstico, o motivo da felicidade e da lapidação da rudeza do homem - naturalmente mais bruto - e sua salvação, citando gregos e latinos e apelando para que os espíritos superiores abolissem a pena de morte, "... máxime em relação à mulher". (PESSOA, 1885, p. 115)

No império do *pater* todas as licenças lhe são dadas; à mulher, nada. Assim no governo da casa, assim no Estado. Se os legisladores do Brasil independente, imbuídos da tarefa de estabelecerem as regras da nova nação, lograram definir os devidos lugares dos grupos sociais, a partir dos critérios da liberdade e propriedade, esse não foi o único critério. A distinção que eles próprios estabeleceram entre cidadãos ativos

---

muito possível, "... defendendo assim a fraqueza natural da mulher, em que facil e naturalmente se poderia exercer esse abuso". (JM).

e cidadãos não-ativos, a partir unicamente da "metáfora da renda" - do critério censitário - é omissa quanto a outro contingente da população:

> Se porém é condição necessaria para votar e ser votado a qualidade de brasileiro, isto é, de cidadão, nem todos os cidadãos brasileiros gozão deste direito, o qual se acha sujeito a certas clausulas ou qualidades de cidadãos activos e não activos: aquelles que podem votar e ser votados, e estes que não podem votar nem ser votados, e nesta classe se acham comprehendidas as mulheres. (ALVES Jr., 1864, t. 2, p. 241)

A cidadania, além dos expedientes excludentes de classes sociais inteiras, pertencia ao mundo masculino. Dele a mulher estava excluída por estar em permanente estado de menoridade e incapacidade, como se lê acima. Não participava do exercício do poder pela alegação de sua condição inferior e, sublinhe-se, de sua menoridade em relação ao homem[17]. A atribuição ao *pater* (senhor de escravos, pai ou mestre de aprendizes) do uso privado da violência - o "castigo moderado" - repõe mesmo o que está fora dessas relações verticais sob a vontade do senhor, a quem cabia ofertar proteção em troca de obediência. Não parece abusivo o argumento de que o fundamento coercitivo da relação senhor *versus* escravo se legitimava nas mentes escravistas pelo caráter intransponível, insuperável do escravo como menor, no sentido jurídico de "menor de idade" - o que

17 Isso fez Tobias Barreto, em texto de 1884, indignar-se com a legislação que reconhece a maioridade civil da mulher apenas aos 21 anos e a criminal aos 17: "A mulher que na opinião de todos os cavalleiros de um baile, ou todos os convivas de um banquete, inclusive legisladores e juristas (...), a mulher que, na opinião de todos êstes, quando os sons de uma linda valsa convidam a dançar, ou o sabor dos licores desafia a *musa do brinde*, é a princesa dos salões e a estrêla que mais brilha nas grandes solemnidades, volta a ser no dia seguinte, na opinião dos *peritos*, uma creança permanente, que não pode ter completa autonomia, que não deve ser abandonada a si mesma!..." MENEZES, 1851. p. 57 e ss.

o fazia dependente da benévola tutela de seus senhores. Assim quanto aos filhos. Assim quanto às mulheres.

A família patriarcal, do privado ao público

Do ponto de vista da organização política, do que então se entendia pelo conceito de *público*, esse modelo patriarcal extravasava da casa para a esfera pública. Na sociedade patriarcal, as facções políticas eram constituídas, à semelhança da família, em todos indivisíveis, cujos membros se encontravam associados por sentimentos e obrigações - não por interesses e ideias. Coube a Sérgio Buarque de Holanda explicar a essência da morfologia política do Estado imperial, considerado uma espécie de prolongamento ou ampliação da sociedade doméstica[18].

Retomando a antiga tópica do lugar das ideias, a concepção paternalista de sociedade e de Estado, própria aos valores escravistas, apresenta um sólido argumento contra as teses que sustentam o liberalismo como doutrina vigente no Brasil imperial. As ideias revolucionárias inspiradas na filosofia da ilustração, fundamentais na derrubada do absolutismo francês, cuja teoria do poder se expressa no jus-naturalismo, assenta-se nos seguintes traços principais: laicização do Estado e subordinação do príncipe às leis naturais - que são as leis da razão; primado da lei sobre o costume; relações impessoais entre o príncipe e o funcionário, de onde nasce o Estado como estrutura burocrática, e entre o funcionário e o súdito, donde o Estado de direito; e, finalmente, como ensina Bobbio, uma concepção anti-paternalista do poder estatal, harmônica com os princípios do iluminismo, "... definido como a era na qual o homem fi-

18 "O primeiro princípio da economia política", segundo Cairu, "é que o soberano de cada nação deve considerar-se como chefe ou cabeça de uma vasta família, e consequentemente amparar a todos que nela estão, com seus filhos e cooperadores da geral felicidade". *Apud* HOLANDA, 1984., p. 52 e ss.

nalmente se tornou adulto, no Estado que tem como meta não fazer os súditos felizes, mas torná-los livres."[19]

Pimenta Bueno, marquês de São Vicente, talvez o mais conhecido crítico do direito público brasileiro, mostra-se avesso às teses liberais esboçadas acima. Defende, ao contrário, o Estado eudemonista - que busca a felicidade para seus súditos, como o pai ao filho -, distante, portanto, da concepção formal-racional (segundo Weber) da filosofia política moderna[20]. São expressivas as funções que o renomado fidalgo atribui ao direito civil, que determina o estado das pessoas, "marca a maior e a menoridade, os direitos do pátrio poder e dos filhos", enfim, as relações pessoais dos particulares entre si. (BUENO, 1978, p. 10)

A noção paternalista de Estado só poderia dotá-lo de um caráter eudemonista; daí sua permissividade quanto ao arbítrio, tanto ao pai em sua casa como ao monarca, que deveria dirigir o país como uma grande família, num verdadeiro exercício tutelar[21]. O jurista pernambucano

---

19 BOBBIO e BOVERO, 1987, p. 93 e ss. Ver também a obra clássica de LASKI, 1973.

20 "Estes dois direitos ou interesses, estas duas sociedades política e civil, são ambos filhos da razão esclarecida e da complexa natureza social, ambos eles têm um igual e mesmo fim, a felicidade de todos e de cada um. A diferença está somente em proceder-se, segundo a refletida natureza de cada um deles, do todo para os indivíduos, ou dos indivíduos para o todo. É, certamente, necessário que não só a comunidade, mas também cada indivíduo seja feliz; é o bem ser destes que compõe o bem-estar geral." (JM) BUENO, 1978, p. 6. São impagáveis as críticas de Tobias Barreto ao marquês. Ver o texto de 1881 de MENESES, T. B. de. Direito público brasileiro. In:____. *A questão do poder Moderador e outros ensaios brasileiros.* cit., p. 122-51.

21 Oliveira Viana, na obra comentada, vai na mesma direção, mas em sentido contrário: ao falar da gênese dos clãs e do espírito de clã, afirma que a concentração de centenas de pessoas em torno de um senhor rural não é de natureza religiosa, militar ou econômica. O que os impele à congregação é a "necessidade de defesa contra a anarquia branca", originada pela corrupção e abuso de cabedal dos homens de prestígio, motivo de toda sorte de prevaricações e anarquia. O

Tobias Barreto, comparando Monarquia e República em 1882, simpatizante do regime republicano, via com maus olhos a forma centralizada e autoritária de poder que, "... com seu chefe de Estado perpétuo e hereditário, é uma tutela política, que desagrada ao povo; porque ninguém quer ser dirigido pelos outros, e o caráter de perpétua minoridade é ultrajante à nação".[22] Para Barreto, a hereditariedade monárquica vigente no Brasil era o que mais acentuava seu caráter odioso de tutela perpétua. Diferentemente de uma burocracia racionalmente constituída a partir de relações informais, o Estado imperial foi hipertrofiado e ineficiente, servidor dos interesses daqueles aduladores áulicos fincados ao pé do trono à espreita de suas sinecuras. Um exemplo de sua onipotência está na literatura e nas artes. Até o final do Império, à falta de um público de leitores e consumidores, o Estado era feito seus sucedâneos.[23] Todos grandes artistas e literatos imperiais viveram das benesses do bolsinho do rei e/ou retiravam sua sobrevivência de um cargo público, como aconteceu com Alencar, Pedro Américo e Machado, entre todos.

Por outro lado, "*privado*", no conceito fundido e difundido pela classe superior, refere-se a *doméstico*, a *familiar*, não ao moderno conceito burguês relacionado à intimidade, ao individual. O espaço privado por excelência é definido nos limites do *oikos* ou *dominus*, onde a família tu-

---

que colocaria em permanente estado de desproteção "os cidadãos sem fortuna (...), as camadas proletárias contra a violência, o arbítrio e a ilegalidade". Caberia somente ao fazendeiro esta função tutelar. Toda a legislação colonial, inclusive, tende a fazê-lo "centro histórico da gravitação colonial do povo rural". Cf. VIANA, Francisco José de Oliveira. *Populações meridionais do Brasil e instituições políticas brasileiras.* Brasília : Câmara dos Deputados, 1982., p. 148-56.

22 MENESES, T. B. de. Preleções de direito constitucional. In: ____. *A questão do poder moderador...*, cit., p. 129.

23 Ver SOUSA, A. C. de M. e. O escritor e o público. In: ____. *Literatura e sociedade*: estudos de teoria e história literária. 7 ed. São Paulo: Companhia Editora Nacional, 1985. p. 73-88. Também SCHWARCZ, Lílian. *As barbas do imperador.* São Paulo: Companhia das Letras, 1998.

telada e protegida pelo *pater* é extensa: inclui toda sorte de dependentes, agregados e trabalhadores escravos - todos, por padecerem de um estado permanente de menoridade, desprovidos de vontade (jurídica-política, notoriamente) e à mercê do comando paterno.

Essa arquitetura de poder, centrada na figura poderosa do *oikos despotes*, ou do *summa potestas*, tem uma contrapartida simétrica no governo do Estado imperial. O que garantiu essa simetria foi a figura do *poder moderador*, criada na constituição "outorgada" por D. Pedro I em 1824, que garantia para si a soberania do país e se sobrepunha aos outros três poderes pensados por Montesquieu[24]. O moderador é o sinal mais flagrante da fenda que se abria na Constituição daquela que se pretendia monarquia parlamentar à inglesa. Mercê de seus atributos, o rei estava acima dos demais poderes. O monarca era considerado infalível e inimputável. O modo de exercício do poder pelo monarca não era estranho às estruturas presentes na sociedade. Era o mesmo modo autoritário e incontestável com que os senhores administravam suas casas.

Para além de legal, a onipotência do imperador era absolutamente legítima, na exata medida em que, de fato, tratava-se de um *pater familias* gerindo sua casa. Esse valor estava assentado de tal maneira nos corações e mentes dos homens do Império, que se transcreveu em lei. [25] A lógica de tais ideias resume-se no seguinte enunciado: havia uma homologia estrutural entre a *casa* e o *Estado*, entre o privado e o público. O senhor da casa era o soberano em seu domínio; ou seu duplo: o soberano da

24 Art. 98. O Poder Moderador é a chave de toda a organização política e é delegada privativamente ao Imperador, como Chefe Supremo da Nação e seu Primeiro Representante, para que incessantemente vele sobre a manutenção da independência, equilíbrio e harmonia dos mais Poderes políticos.

25 "Em virtude da mesma Constitução a pessoa do monarcha é inviolavel e sagrada e nenhuma de suas acções se reputam criminosas, nem é submettida á tribunal algum." Cf. MONTENEGRO, 1960, p. 22.

nação a dirigia como sua família.[26] Em momento algum a soberania estaria no povo. Na *casa* ela pertence ao senhor; no Estado, ao imperador. Ambos são inatingíveis em seus domínios. O uso e abuso da nação pelo soberano, como faz o *pater* em sua casa, não passou despercebido aos olhos atentos dos juristas. A crítica voraz de alguns revela o descomedimento do *summa potestas* imperial e o aproxima do *oikos despotes* ou *pater famílias*.

No Império em construção, na primeira metade do século XIX, efetiva-se esse vício. O personalismo, o apadrinhamento, a proteção e o arbítrio, valores próprios do círculo doméstico, são a regra também na gestão do Estado. Quando não mais agradam as regras, que se as mudem, como está ilustrado em vários momentos de nossa história, desde a dissolução da Assembleia Constituinte por D. Pedro I (ARMITAGE, 1972, p. 51-62). Inúmeros autores imperiais irão acusar a imoralidade e a corrupção, desde os escalões mais baixos da administração até os mais superiores. Todos são unânimes em denunciar o torpe desvio dos funcionários e dos mandantes governamentais, comparando a falência do Brasil à queda do Império Romano.[27]

O patriarcalismo como sina

Na década de 1930, Sérgio Buarque conclamava à necessidade de superação dessas formas de sociabilidade geradas no seio da família e que ainda corroíam as nossas instituições públicas. Jessé Souza escamoteia Sérgio Buarque, sustentando que aquele Brasil de remotas origens ibéricas, rurais e patriarcais teria sucumbido ante a um processo avançado de modernização. Aqui, parafraseando Walter Benjamin, eu dou um

---

26 MENESES, T. B. de. A questão do poder moderador (o governo parlamentar no Brasil), 1976, p. 82 e ss.

27 Cf. PESSOA, 1885, p. 233. Outros juristas imperiais vociferaram contra as excentricidades do regime monárquico brasileiro. Cf. PERDIGÃO, 1882, p. VII; AZEVEDO, 1851., p. 181. Ver também ALVES Jr., 1864, p. 252.

salto tigrino no tempo, buscando observar nosso quadro político atual à luz dessas discussões. Para isso, evoco aqui o fatídico dia 17 de Abril de 2016, quando se votou no congresso nacional a admissibilidade da abertura do impeachment contra a presidenta Dilma Roussef.

Ali, os limites entre o público e o privado se esboroam no espetáculo dantesco. Representantes eleitos que deveriam agir na esfera pública com base no cálculo racional, em valores republicanos abstratos como justiça e liberdade com vistas ao bem comum, deixam-se mover por paixões personalistas privadas e interesses escusos no momento dramático do julgamento do mais alto mandatário da política nacional. [28] Alguns *insights* analíticos ressoaram na mídia em relação à essa performance e a subsequente patacoada de factoides bizarros que vimos assistindo na sequência da comédia política nacional. Christian Dunker, na *Revista Brasileiros*, 10/05/2016, se vê obrigado a retomar Sérgio Buarque como instrumento teórico de análise.

> Sergio Buarque de Holanda, ao escrever sobre o homem cordial, em 1936, abordou um problema que ele entendia como crucial para o futuro do Brasil. Estariam as famílias em condições de abrir mão de seu poder, transferindo sua autoridade para a formação de suas crianças pelo Estado, que as trataria em igualdade de condições e criaria uma equidade de oportunidades, capaz de criar futuros sujeitos autônomos? Oitenta anos depois a pergunta do autor de Raízes do Brasil recebeu uma resposta sumariamente negativa. A maioria dos deputados justifica seu voto apelando para a família, para a sua cidade natal e para figuras divinas. (...) a corrupção não tem origem no trato

28 Cf. http://www.jb.com.br/pais/noticias/2016/04/17/votos-e-frases-que-surpreenderam-na-sessao-do-impeachment/; http://www1.folha.uol.com.br/poder/2016/04/1762082-veja-frases-dos-deputados-durante-a-votacao-do-impeachment.shtml. Acessos em 21/06/2016.

> da coisa pública, como se o contato com o poder fosse a fonte da corrupção. A corrupção é exatamente comportar-se no espaço público como se estivéssemos em família. Corrupto é aquele que entende que diferenças e privilégios têm fundamento divino-familiar, que a autoridade equivale à força e que a vantagem que as circunstâncias colocaram no seu caminho serve aos seus propósitos pessoais de defender "os seus" familiares, amigos e adjacentes. (...) essa concepção predatória e não cívica provém justamente do excesso de família, e não da falta dela.[29]

Já Tereza Cruvinel, no artigo "Golpe contra Dilma é, de todos, o mais violento", publicado no *Brasil 247* em 11/05/ 2016, paralelamente à "guerra de facções" revestida da legalidade do impeachment, lembrava outro aspecto perverso desse processo:

> Dilma vem sendo acossada com um grau de violência talvez só dedicado a Getúlio. (...) A violência contra Dilma foi maior porque incluiu a misoginia política, o horror patriarcal ao governo de mulheres. Num estádio lotado, em plena Copa do Mundo, a massa com a mente mandou a presidente "tomar no c". O mesmo fez um artista de segunda categoria como Fábio Júnior num show em Nova York. (...) Foi sob a batuta de Eduardo Cunha, autorizados por Michel Temer e tangidos pelo PMDB, que ressentidos, bandidos e oportunistas uniram-se ao longo do processo e naquela noite para acertar contas com Dilma. Ela certamente não lhes dava tapinhas nas costas nem com eles trocava piadas. Tentou governar de modo litúrgico, embora entregando-lhes cada vez maiores na-

---

29 DUNKER, Christina Ingo Lenz. A divina família brasileira, *Revista Brasileiros*, , 10/05/2016. Link curto: http://brasileiros.com.br/vT59O.

> cos de poder. Mas eles precisavam encerrar o ciclo petista e defenestrar a mulher que ousou chegar à Presidência e, no cargo, os olhou de frente, com aquela altivez insuportável, dizendo sempre o que pensava.[30]

Em artigo publicado na Folha de São Paulo, de 01/05/2016, Jorge Coli pintou com letras poéticas o quadro, mostrando a inversão antirrepublicana que a evocação da família representou face ao altruísmo inscrito na ideia verdadeiramente republicana de que o bem comum vale o sacrifício dos próprios filhos, como representaram pintores clássicos como o neoclassicista, Jacques Louis David, pintor oficial da corte francesa e de Napoleão Bonaparte. Diz Coli:

> Na enxurrada de dedicatórias repetitivas pelo "sim", a família se destacou. Declarações no avesso das convicções iluministas que levaram à Revolução Francesa." (...) O grande pintor David encarregou-se de ilustrá-los em seus quadros militantes: "O Juramento dos Horácios" (1784) põe a defesa de Roma acima dos sentimentos familiares; "Os Litores Trazendo a Brutus os Corpos de seus Filhos" (1789) mostra o desespero do cônsul romano obrigado a condenar à morte seus próprios filhos por terem conspirado contra a república. Mãezinhas, netinhos, sobrinhada e filhotes dos deputados põem em xeque o gesto de Brutus. (...) Na sociedade sonhada pelos iluministas, o público separa-se e se sobrepõe ao privado. No domingo do impeachment, quando um deputado oferecia seu "sim" aos filhos, à mãe, ao neto, ao sobrinho, nem sequer procedia a uma mistura entre público e privado. Mostrava antes

30 Cruvinel, Tereza. Golpe contra Dilma é, de todos, o mais violento, Brasil 247, 11 de Maio de 2016 [disponível em http://www.brasil247.com/pt/blog/terezacruvinel/231397/Golpe-contra-Dilma-%C3%A9-de-todos-o-mais-violento.htm]

> uma completa ausência de consideração pelo público, por qualquer perspectiva pública. Eliminava simplesmente o princípio de bem público ao tratar o voto como questão privada. [31]

Em outro contexto, pós-golpe, Fernando Nicolazzi[32] analisou recentemente desdobramentos da ação deletéria de desmantelamento do pensamento de esquerda por meio da chamada da proposta de caráter fascista da "escola sem partido", reiterada capilarmente em projetos de lei de alcance federal, estadual e municipal, como o PLL 124/2016 aberto na Câmara Municipal de Porto Alegre. No dia 24 de maio, a Câmara Municipal de Porto Alegre deu abertura ao processo referente ao PLL 124/2016, de autoria do vereador Valter Nagelstein (PMDB). Diz Nicolazzi:

> A situação é de tal gravidade que o projeto do deputado federal Izalci Lucas Ferreira foi apensado ao PL 7.180/2014, de autoria do deputado Erivelto Santana, que pretende alterar o artigo 3°. da Lei de Diretrizes e Bases da Educação (Lei 9.394/1996) em prol do "respeito às convicções do aluno, de seus pais ou responsáveis, tendo os valores de ordem familiar precedência sobre a educação escolar nos aspectos relacionados à educação moral, sexual e religiosa, vedada a transversalidade ou técnicas subliminares no ensino desses temas".
>
> Estamos diante de uma projeção do espaço familiar, ou seja, do âmbito privado, sobre o ambiente amplo da so-

31 COLI, Jorge, Da representação. Folha de São Paulo, 01/05/2016. Cf. http://www1.folha.uol.com.br/colunas/jorge-coli/2016/05/1766117-da-representacao.shtml acesso 21/06/2016.

32 NICOLAZZI, Fernando. Qual o partido da escola sem partido? http://www.sul21.com.br/jornal/qual-o-partido-da-escola-sem-partido-por-fernando-nicolazzi/, 2/jun/2016. Acesso em 21/06/2016.

> ciedade, onde a dimensão pública deve prevalecer como condição fundamental para as discussões sobre o bem comum e sobre a justiça social. Em outras palavras, o que tais projetos pretendem é realizar um esvaziamento da dimensão pública do ensino e, consequentemente, a suposta despolitização da prática educacional.

Haveria muitas outras maneiras de se estudar a persistência dessas formas políticas anacrônicas, patriarcais, na vida política e social brasileira. O machismo e a misoginia são manifestações fortes delas[33]. Outra seria a renitência das dinastias políticas familiais em nossa história. Renderiam boas teses a investigação dos juniors, filhos, netos e sobrinhos em nossa trajetória política. Só na primeira formação do governo interino de Michel Temer, de 23 ministros, foram nove os herdeiros políticos: Sarney Filho, Helder Barbalho, Mendonça Filho, Leonardo Picciani, Ricardo Barros (filho de Silvio de Magalhães Barros, ex caudilho do Norte do Paraná), Henrique Eduardo Alves (filho de Aluízio Alves, ex-governador do RN), Geddel Vieria Lima (filho de Afrísio Vieria Lima, deputado es-

33 Dois singelos exemplos são o modo como um estádio lotado de futebol se dirigiu a uma senhora, presidente da república, na abertura da copa do mundo de futebol de 2014 [http://g1.globo.com/sao-paulo/noticia/2014/06/dilma-e-hostilizada-durante-abertura-da-copa-do-mundo-em-sao-paulo.html]. Outra, o tratamento dirigido pelo presidente do Senado, Renan Calheiros, à senadora Vanessa Grazziotin (PCdoB/AM) : "Senadora Vanessa, o meu pai me ensinou três coisas na vida: comer pouco, dormir muito e não brigar com mulher." A leitura de uma cronista do episódio foi certeira: "Um discurso indiscutivelmente coerente rebatido da maneira mais vil e vergonhosa possível. De fato, Calheiros não tem argumentos à altura do que foi dito por Vanessa, mas tem, como todo homem, o álibi do poder patriarcal: quem precisa de argumentos quando se pode simplesmente tentar desqualificar a própria figura do oponente?" Cf. MACEDO, Nathali. O machismo e a falta de argumentos de Renan Calheiros. *Diário do Centro do Mundo DCM*, 20/05/2016. http://www.diariodocentrodomundo.com.br/o-machismo-e-a-falta-de-argumentos-de-renan-calheiros-por-nathali-macedo/ Acesso em 20/06/2016.

tadual da Bahia por ARENA; PDS; PMDB; UDN[34]), Maurício Quintella Lessa (filho de *José Márcio Malta Lessa*, ligado às oligarquias alagoanas)[35], e Fernando Coelho Filho (filho de Fernando Bezerra Coelho, senador pernambucano ex-ministro da integração). Certamente uma investigação criteriosa nos quadros de outros braços do Estado brasileiro, como o poder judiciário e o Itamaraty revelaria padrões semelhantes de transmissão dinástica.

Conclusão

Meu objetivo aqui, mais do que oferecer qualquer análise acabada, não foi mais do que propor uma provocação intelectual. Para concluir meu argumento, eu apenas destacaria esses dois fenômenos que me chamam a atenção. Primeiro, o fato de o tema do patriarcalismo, onipresente na primeira metade do século XX, chave maior para entendimento da sociedade e da história brasileiras, ter praticamente desaparecido da pauta dos historiadores – com digníssimas exceções como a de um Richard Graham, um exemplo por todos. Pergunto-me: por quê? Teriam aqueles velhos pensadores errado tão grosseiramente em suas análises? Não será o patriarcalismo, para usar a expressão de Freyre (cujo subtítulo de sua clássica trilogia é justamente *Introdução à história da sociedade patriarcal no Brasil*!), não será o patriarcalismo essa chave importante na análise da história da formação do Brasil?

Desdobrando dessa questão, uma outra que deriva é o postulado de que, como propõe Jessé Souza, os conceitos que estruturam o pensamento analítico de Sérgio Buarque teriam se tornado obsoletos para se entender um Brasil que hoje, modernizado, já não é o mesmo da

34 http://www.al.ba.gov.br/deputados/Deputados-Interna.php?id=318, acesso em 21/06/2016.

35 Cf. http://www.alagoas24horas.com.br/828299/lessa-empossa-novo-secretario--de-educacao/ acesso em 21/06/2016.

época do aparecimento de *Raízes do Brasil*.[36] Trata-se de questão justamente pertinente. Mas, sem pretender resolvê-la aqui, creio que a crítica pode ser ao menos atenuada. Se de fato o Brasil se modernizou, em muitas frentes, na esfera civil das relações econômicas e mesmo em alguns setores da administração pública, acredito, mãos dadas com Fernand Braudel, que valores e mentalidades demoram mais para se transportar e transformar no tempo. Como provocação, afirmo que um grosso lastro de cordialidade, enformado por sentimentos, valores e ideias gerados no seio da família patriarcal, permeia ainda as relações sociais no Brasil, tanto na esfera privada como na pública. Os episódios recentes na história política brasileira evidenciam a força dessas heranças e tradições, ainda que seja no plano do discurso legitimador de um golpe de Estado – promovido por machos brancos, velhos e ricos

Bibliografia

ALVES Jr., Tomás. *Annotações theoricas e practicas ao Codigo Criminal.* Rio de Janeiro, :Francisco Luís Pinto, 1864. 2 t. I.

ARAÚJO, Ricardo Benzaquen de.*Guerra e Paz: Casa Grande & Senzala e a obra de Gilberto Freyre nos anos 30*. Rio de Janeiro: Editora 34, 1994.

ARMITAGE, John. *História do Brasil.* São Paulo : Martins, 1972.

AZEVEDO, Manoel Mendes da Cunha. *Codigo Penal do Imperio do Brazil com observações sobre alguns de seus artigos.* Recife : Meira Henriques, 1851.

BARROSO, José Liberato. *Indice alphabetico do Codigo Criminal.* Rio de Janeiro : Laemmert, 1862.

BASTOS, Elide Rugai, MORAES, João Quartim (orgs.). *O pensamento de Oliveira Vianna.* Campinas: Editora da Unicamp, 1993.

36 Tese lançada em SOUZA 2000 e retomada em outros de seus estudos.

BOBBIO, N. *A teoria das formas de governo*. Trad. S. Bath. 5 ed. Brasília, UnB: 1988..

BOBBIO, Norberto, BOVERO, Michelangelo. *Sociedade e Estado na filosofia política contemporânea*. Trad. C. N. Coutinho. 2 ed. São Paulo: Brasiliense, 1987.

BUENO, José Antônio Pimenta. *Direito público brasileiro e análise da Constituição do Império*. Brasília : Senado Federal/UnB, 1978.

COLI, Jorge, Da representação. Folha de São Paulo, 01/05/2016. Cf. http://www1.folha.uol.com.br/colunas/jorge-coli/2016/05/1766117-da-representacao.shtml acesso 21/06/2016.

CORRÊA, Mariza. Repensando a família patriarcal brasileira. In ARANTES, Antônio Augusto *et al.*: *Colcha de retalhos: estudos sobre a família no Brasil*. 3 ed. São Paulo: Editora da Unicamp, 1994.

Costa Pinto, Luiz de Aguiar. *Lutas de famílias no Brasil*. 2 ed. SP : Cia Editora Nacional, 1980.

COSTA, Emília Viotti da. *Da senzala à colônia*. 3 ed. São Paulo : Brasiliense, 1989.

Cruvinel, Tereza. Golpe contra Dilma é, de todos, o mais violento., Brasil 247, 11 de Maio de 2016 [disponível em http://www.brasil247.com/pt/blog/terezacruvinel/231397/Golpe-contra-Dilma-%C3%A9-de-todos-o-mais-violento.htm]

DIAS, Maria Odila da Silva. *Cotidiano e poder em São Paulo*. São Paulo: Brasiliense, 1983.

DIAS, Maria Odila Leite da Silva. Negação das negações. In: MONTEIRO, Pedro Meira; EUGÊNIO, João Kennedy, *Sérgio Buarque de Holanda. Perspectivas*. Rio de Janeiro/Campinas: Editora Unicamp/EdUerj, 2008

DUARTE, Nestor. *A ordem privada e a organização política nacional.* SP: Brasiliense, 1966.

DUNKER, Christina Ingo Lenz. A divina família brasileira, *Revista Brasileiros,* , 10/05/2016. Link curto: http://brasileiros.com.br/vT59O.

FAORO, Raimundo. Sérgio Buarque de Holanda: analista das instituições brasileiras. In: *A república inacabada.* (organização Fábio Konder Comparato). São Paulo: Globo, 2007

FREYRE, Gilberto. *Casa Grande & Senzala.* 7 ed. RJ: José Olympio, 1952

GUIMARÃES, Alberto Passos. *Quatro séculos de latifúndio.* RJ: Paz & Terra, 1968.

GUTIÉRREZ-ALVIS Y ARMARIO, Faustino. *Diccionario de Derecho romano.* 2 ed. Madrid : Reus, 1976.

HORKHEIMER, Max. *Autoridade e família; parte geral.* Trad. M. Sanches e T. R. Cadete. Lisboa: Apáginastantas, 1983.

ITABORAÍ, Nathalie Reis. A família colonial e a construção do Brasil: Vida doméstica e identidade nacional em Gilberto Freyre, Sérgio Buarque de Holanda e Nestor Duarte, *Revista ANTHROPOLÓGICAS,* ano 9, v. 16(1), 2005.

LASKI, Harold. *O liberalismo europeu.* Trad. A. Cabral. São Paulo: Mestre Jou, 1973.

LUÍS, Francisco. *CCIB; theorica e practicamente annotado pelo...* Maceió : T. de Menezes, 1885.

MACEDO, Nathali. O machismo e a falta de argumentos de Renan Calheiros. *Diário do Centro do Mundo DCM,* 20/05/2016. http://www.diariodocentrodomundo.com.br/o-machismo-e-a-falta-de-argumentos-de-renan-calheiros-por-nathali-macedo/ Acesso em 20/06/2016.

MACHADO, Alcântara. *Vida e morte do bandeirante.* São Paulo: Martins; Brasília: INL, 1972.

MALERBA, Jurandir: *Os brancos da lei.* Liberalismo, escravidão e mentalidade patriarcal no império do Brasil. Maringá: Eduem, 1994.

MATTOS, Ilmar Rohloff de. *O tempo saquarema.* São Paulo : Hucitec, 1987.

MENEZES, T. B. de. *Menores e loucos em direito criminal: estudo sobre o artigo 10 do Codigo Criminal.* Rio de Janeiro: Organizações Simões, 1851.

MONTENEGRO, M. J. B. *Lições academicas sobre os artigos do Codigo Criminal.* Recife : Universal, 1860.

NICOLAZZI, F. *Um estilo de história: a viagem, a memória, o ensaio.* Sobre Casa-Grande & Senzala e a representação do passado. São Paulo: Editora Unesp, 2011.

NICOLAZZI, Fernando. Qual o partido da escola sem partido? http://www.sul21.com.br/jornal/qual-o-partido-da-escola-sem-partido--por-fernando-nicolazzi/, 2/jun/2016. Acesso em 21/06/2016.

PERDIGÃO, Carlos Frederico Marques. *Manual do codigo penal brasileiro :* estudos syntheticos e practicos. Rio de Janeiro : B. L. Garnier, 1882.

PESSOA, Vicente Alves de Paula. *CCIB commentado e augmentado com os principios do Direito; legislação de diversos povos, leis do paiz, decretos, jurisprudencia dos tribunaes, avisos do governo, interpretando, alterando ou revogando diversas de suas disposições.* Rio de Janeiro : A. A. da Cruz Coutinho, 1885.

PRADO Jr, Caio. *Formação do Brasil contemporâneo.* 18 ed. SP: Brasiliense, 1983.

SCHWARCZ, Lílian. *As barbas do imperador*. São Paulo: Companhia das Letras, 1998.

Simonsen, Roberto. *História econômica do Brasil*. 8 ed. SP: Cia Editora Nacional, 1978.

SOUSA, A. C. de M. e. O escritor e o público. In:. *Literatura e sociedade*: estudos de teoria e história literária. 7 ed. São Paulo: Companhia Editora Nacional, 1985.

SOUZA, Jessé. Gilberto Freyre e a singularidade cultural brasileira. *Tempo Social* Sâo Paulo, v. 12, n. 1: 69-100, 2000.

SOUZA, Jessé. *A modernização seletiva: uma reinterpretação do dilema brasileiro*. Brasília: Editora Universidade de Brasília, 2000.

VARGAS, Everton Vieira. *O legado do discurso: brasilidade e hispanidade no pensamento social brasileiro e latino-americano*. Brasília: Fundação Alexandre de Gusmão, 2007.

VELHO, Gilberto & FIGUEIRA, Sérvulo A. (orgs.). *Família, psicologia e sociedade*. Rio de Janeiro: Campus , 1981.

VIANA, Francisco José de Oliveira. *Populações meridionais do Brasil e instituições políticas brasileiras*. Brasília : Câmara dos Deputados, 1982.

VIANA, Francisco José de Oliveira. *Populações meridionais do Brasil e instituições políticas brasileiras*. Brasília : Câmara dos Deputados, 1982.

WEBER, Max. *Economia y sociedad* : esbozo de sociología comprensiva. 2 ed. México : Fondo de Cultura, 1987.

WIEACKER, Franz. *História do Direito privado moderno*. 2 ed. Trad A. M. Botelho Espanha. Lisba: Fundação Calouste Goulbenkian, 1993.

Alameda nas redes sociais:
Site: www.alamedaeditorial.com.br
Facebook.com/alamedaeditorial/
Twitter.com/editoraalameda
Instagram.com/editora_alameda/

Esta obra foi impressa em São Paulo no outono de 2017. No texto foi utilizada a fonte Minion Pro em corpo 10,25 e entrelinha de 15 pontos.